우리는 지난 100년 동안 어떻게 살았을까 4

우리는 지난 100년 동안 어떻게 살았을까 4

한국역사연구회 지음

전면 개정판 펴낸날 2023년 11월 10일 초판 1쇄
초판 1쇄 펴낸날(1, 2권) 1998년 11월 5일
초판 1쇄 펴낸날(3권) 1999년 11월 1일
펴낸이 김남호 | 펴낸곳 현북스
출판등록일 2010년 11월 11일 | 제313-2010-333호
주소 07207 서울시 영등포구 양평로 157 투웨니퍼스트밸리 801호
전화 02)3141-7277 | 팩스 02)3141-7278
홈페이지 http://www.hyunbooks.co.kr | 인스타그램 hyunbooks
ISBN 979-11-5741-390-4 04910 ISBN 979-11-5741-287-7 (세트)

편집 전은남 이영림 | 디자인 디.마인 | 마케팅 송유근 함지숙

한국역사연구회

우리는 지난 100년 동안 어떻게 살았을까

|전면 개정판|

문화와 과학, 생태환경 4

현북스

전면 개정판을 내며

역사학자들이 역사 대중화의 기치를 내걸고 대중과 소통하던 열정 넘치는 시대가 있었다. 1990년대 치열했던 역사 대중화를 위한 연구 활동과 열정, 그리고 그 성과로 '어떻게 살았을까' 시리즈가 시대별로 잇달아 나왔다. 부담 없이 무겁지 않게 옛사람들의 삶의 이야기를 담은 이 시리즈는 역사 대중화를 선도하여 스테디셀러가 되었다.

그로부터 20년이 넘게 흐른 지금, 역사는 여전히 무겁게 느껴진다. 21세기에 들어서 본격화되었던 역사 전쟁이 국정교과서 파동을 정점으로 잠시 잠잠해졌지만, 교과서 문제는 언제 폭발할지 모르는 휴화산에 가깝다. 하지만 역사 전쟁에서 싸움터가 되는 것은 정치사이지 생활사가 아니다. 그러다 보니 삶의 역사에 관한 관심도 잦아들어 가는 듯하다. 삶의 역사를 놓고는 역사 전쟁이 일어나지 않는다는 사실도 많은 생각을 하게 한다.

삶의 역사를 들여다본다는 것은 그 삶을 살아가는 사람들의 말과 행동에 관심을 가진다는 것을 의미한다. 흔히 생활사라고 하면 사람들의 의식주 또는 사람들을 둘러싼 물질세계를 떠올린다. 또한 삶에 기운을 북돋우거나 삶을 제약하기도 하는 정신세계를 떠올리기도 한다. 하지만 생활사는 그 물질세계와 정신세계를 빚고 엮어 가는 사람들의 이야기이다.

한편으로 생활사는 과거를 살았던 사람들과 오늘날을 살아가는 현대인을 이어 주는 연결고리이기도 하다. 어떤 점에서는 우리와 너무나 다른 것 같지만, 또 크게 변하지 않는 과거 사람들을 만나는 시간여행이기도 하다. 따라서 생활사는 결코 '작고 시시한' 이야기가 아니다. 그 안에서도 시대적 특징을 고스란히 드러내는 진중한 역사를 만날 수 있다.

첫 번째 책이 발간된 1996년으로부터 26년이 지난 2022년, '어떻게 살았을까' 시리즈는 새로운 개정판으로 다시 세상에 나오게 되었다. 이번 개정판의 기획은 지난 2020년 당시 여호규 회장(고대사분과)의 발의로 시작되었다. 정요근 회원(중세사 1분과)이 기획위원장을 맡고 각 분과 소속의 기획위원들이 내용 구성의 기획과 필자 섭외를 담당하였다. 정동준 회원과 권순홍 회원(이상 고대사분과), 정동훈 회원(중세사 1분과), 박경 회원과 최주희 회원(이상 중세사 2분과), 한승훈 회원과 고태우 회원(이상 근대사분과), 이정은 회원(현대사분과) 등 모두 8명이 기획위원을 맡아 주었다. 전상우 회원(고대사분과)은 간사로서 출판사와의 연락 등을 비롯한 잡다한 실무를 도맡아 처리하였고, 위가야(고대사분과) 회원은 미디어·출판위원장으로서 기획위원회 활동에 최선의 지원을 다해 주었다. 전 김정인 회장(근대사분과)의 배려와 지원 역시 이번 개정판 출간에 큰 동력이 되었다.

이번 개정판의 출간과 관련해서는 나름의 복잡한 과정이 담겨 있다. 그 내용을 간략히 기록으로 남기고자 한다. '어떻게 살았을까' 시리즈는 지난 1996년 조선시대 편 1, 2권이 청년사에서 발간된 이래, 1997년에 고려시대

편 1, 2권, 1998년에 고대사(삼국시대) 편이 청년사에서 출간되었다. 이로써 이른바 '전근대 생활사' 시리즈가 총 5권으로 완성되었으며, 2005년에는 5권 모두 개정판이 발간되었다. 한편 '근현대 생활사' 시리즈는 역사비평사를 통해서, 1998～1999년에 《우리는 지난 100년 동안 어떻게 살았을까》라는 제목으로 3권의 책이 발간된 바 있다.

그런데 지난 2020년 청년사의 폐업으로 '전근대 생활사' 시리즈의 출간이 더는 어렵게 되었다. 그러나 다행히도 현북스의 제안으로 새로운 개정판의 출간이 가능하게 되었다. 나아가 역사비평사의 양해를 얻어 근현대 편 3권의 판권을 인수하였고, 이 역시 현북스를 통해 개정판을 발간하기로 하였다. 이에 두 시리즈를 합쳐서 전근대와 근현대의 생활사 모두를 아우르는 '어떻게 살았을까' 시리즈의 '통합' 개정판 출간이 실현되기에 이른 것이다. 이 지면을 통해 역사비평사 정순구 대표에게 다시 한번 깊은 감사의 뜻을 표한다. 아울러 이 과정에서 여호규 전 회장의 수고와 노력이 큰 역할을 하였음은 두말할 나위 없다.

기획위원회에서는 최초 발간으로부터 20년이 넘은 원고를 그대로 실어 개정판을 내기에는 부담이 있었다. 다행히도 검토 결과, 기존의 원고들이 여전히 생명력을 가지고 있다고 판단되어 대부분의 기존 원고를 그대로 싣되, 필자들에게는 필요한 부분에 대한 수정을 요청하여 반영하였다. 한편 기존의 원고에서 다루지 못한 주제 가운데, 그동안 연구가 축적되어 원고 집필이 가능한 사례도 여럿 확인되었다. 그리하여 이번 개정판에서는 기존에 1권이었던 고대사(삼국시대사) 분야를 2권으로 늘리고 기존에 3권이었던 근현대사 분야를 4권으로 늘렸다. 이를 통해 한국사 전체를 아우르는 '어떻게 살았을까' 시리즈를 모두 10권으로 구성하였다. 다만 논의되었던 모든 주제를 원고로 포함하지 못한 점이 아쉬울 따름이다.

기존 원고의 필진 중에는 현역에서 은퇴하여 일선에서 물러난 연구자도 있다. 화살같이 빠른 세월의 흐름을 새삼 느낀다. 새로 추가된 원고는 학계에서 왕성하게 활동하는 40대 전후의 연구자들이 맡아서 집필하였다. 따라서 이번 개정판은 신구 세대를 아우르는 회원들로 필진이 구성된 셈이 된다. 어느덧 한국사학계의 중추가 된 한국역사연구회의 연륜과 위상을 실감하게 하는 대목이다.

책을 처음 낼 때만큼은 아니겠지만, 기존 책의 개정판을 내는 것 또한 결코 쉬운 작업은 아니다. 특히 '어떻게 살았을까' 시리즈는 20년 넘게 스테디셀러로 명성을 쌓은 터라, 개정판의 발간을 추진하는 일은 부담이 작지 않았다. 기존 원고에 비하여 새로운 원고가 많은 편은 아니라서, 독자들의 반응이 어떠할지도 걱정이 앞선다. 하지만 소박하게 한 걸음을 더한다는 태도로 용기를 내어 출간에 이르게 되었다. 출판계의 어려운 상황 속에서도 흔쾌히 출간을 맡아 좋은 책으로 만들어 준 현북스 김남호 대표와 전은남 편집장, 이영림 편집자에게 깊은 감사의 뜻을 표한다.

2022년 1월 한국역사연구회

전면 개정판 근현대 편

머리말

《우리는 지난 100년 동안 어떻게 살았을까》(총3권, 1998~1999년 발간)가 세상에 빛을 본 지 사반세기가 되었다. 그 개정판을 발간하려면 책 제목을 100년이 아니라 120년 또는 125년으로 수정하는 것이 맞을 것이다. 그렇지만 한 세기를 뜻하는 100년이 갖는 상징성을 고려할 때 과거 제목을 그대로 유지해도 무방하리라는 판단이 든다. '장기20세기'라는 말에서도 보듯이 우리는 여전히 20세기에 상당 부분 만들어진 체제 속에서 살고 있다.

20세기 들어 화석에너지 체제가 전 세계에 보급되었고, 자본주의의 전 지구적인 확산과 함께 대량생산·대량소비 체계가 갖춰졌으며 세계 인구는 급속하게 늘어났다. 제국주의가 쇠퇴하고 많은 나라가 식민지 상황에서 벗어나면서 국민국가 단위의 세계 정치가 형성되었다. 여성과 어린이, 장애인, 성 소수자가 자기 목소리를 내는 등 사회 전반의 민주화가 진전되었다. 정보화와 지구화 역시 촉진되었다. 동시에 지난 100년 동안 벌어진 일들은 현재 급격한 기후변화와 생태계 파괴, 불평등, 혐오의 확산 등 인류에게 많은 과제를 안기고 있다. 한반도의 분단체제는 끝날 기미가 안 보인다.

초판이 나온 지난 20여 년 동안 한국 근현대사 연구에도 많은 변화가 있었다. 국가와 민족, 계급에 놓였던 연구의 무게 중심은 일상생활과 문화, 지역과 인권, 젠더와 생태환경 등으로 옮겨 가고 있다. 해방과 분단 문제에 집중되었던 현대사 연구는 이제 시기적으로 확장되고 있고 현시대의 문제를 해명하는 데도 참여할 것을 요청받고 있다. 이러한 연구 주제의 다변화와 시기 확대를 반영하여 이번 전면 개정판에서는 근현대 편의 권수를 네 권으로 늘렸다. 초판의 구성이 '정치와 경제', '사람과 사회', '삶과 문화'였다면, 개정판은 '존재와 사람', '근대화와 공간', '생활과 경제', '문화와 과학, 생태환경' 등으로 바뀌었다.

1권은 지난 100여 년 한국인의 삶을 풀어 가는 것으로 시작했다. 그중에서도 특히 존재에 주목했다. 존재의 사전적 의미는 현실에 실제로 있거나 주위의 주목을 받을 만한 대상을 뜻한다. 여성, 장애인, 성 소수자, 어린이는 사회적 약자로서, 그들이 권리의 주체로 주목받게 된 것은 최근의 일이었다. 이에 1권에서는 인간으로 존중받지 못했던 사회적 약자의 삶을 먼저 이야기하고자 했다. 한편 한국의 근현대사는 격변의 시대였다. 격변의 시대 속에서 한국인들이 살아온 궤적을 보여 주기 위하여 군인, 지주, 기업가, 농민, 노동자에 주목하고 징병, 징용에 대해 다루었다.

2권은 전통사회에서 근대사회로의 변화, 즉 근대화를 다루었다. 근대화라 하면 '발전' 혹은 '성장'을 생각할 수도 있고, 그 폐해를 떠올릴 수도 있다. 근대화의 '명'과 '암'의 경계가 불분명하고 복잡다단하기 때문이다. 이에 2권에서는 근대화에 따른 삶의 변화를 보여 주는 접경, 시공간, 농촌과 도시, 서울과 지방·지역이 다층적이고 복합적으로 존재하는 '공간'에 주목했다. 100여 년 전 통신판매를 통해서 포도주를 마셨던 지방 사람의 모습에서 오늘날 우리의 삶을 반추할 수도 있다. 사회 구성원 대다수가 농민의 삶을 영위하다가 밤낮이 따로 없는 도시인이 되었고, 이제는 도시와 농촌을 가리지 않는 '디지털 유목민'이 되어 가는 여정을 엿볼 수도 있을 것이다.

3권은 근현대 사람들의 생활문화와 경제활동 변화를 살펴보았다. 초판에서는 시대 변화의 긴 흐름 속에 가족·가문의 위상이나 관혼상제, 교육열과 출세의 기준 등이 어떻게 바뀌어 나갔는지 등을 추적했다. 개정판에서는 이 구도에 합성섬유, 원조물자, 커피, 군 피엑스(PX) 등 구체적인 생활의 소재부터 토지 소유권 변동, 성매매 문제 등 굵직한 사안까지 다루는 원고를 추가했다. 이러한 구성 변화는 20여 년 사이에 생활과 경제에 관한 연구 관심사가 다양해진 결과라고 할 수 있다.

4권은 크게 세 주제의 글들로 구성되었다. 현실 역사의 전개에 거대한 영향을 미친 사회주의와 반공주의부터 개신교, 불교 등 각종 종교·사상의 영역을 다룬 글들이 첫 번째 묶음이며, 스포츠와 가요, 영화를 아우르며 근현대 대중문화를 탐구한 글들이 두 번째 소주제를 이룬다. 세 번째 과학과 생태환경 부문은 최근 피부에 와 닿는 현안으로 부상한 만큼, 기존 원고에 더하여 과학과 환경에 대한 문제의식을 심화할 수 있도록 이 주제를 집중적으로 연구하고 있는 신규 집필자들이 참여했다.

근현대 편 개정판 발간 과정에는 우여곡절이 많았다. 지난 20여 년 한국 사회 변동의 속도와 폭을 고려할 때, 초판 원고의 일부는 그 시의성이 떨어지는 것이 더러 있었다. 새로운 연구자가 집필해야 한다며 원고 게재를 사양하는 기존 필자도 있어서, 초판 원고 중 여전히 생명력이 있었지만 게재하지 못하는 경우도 발생했다. 이러한 어려움과 아쉬움을 남긴 채로 신규 필자 29명을 포함하여 총 60명이 쓴 원고가 모일 수 있었다. 적절한 보답을 해 드리지 못하는 사정을 양해해 주시고 흔쾌히 원고를 보내 주신 필자들께 감사의 말씀을 드린다.

끝으로 개정판 발간에 힘써 주신 분들을 기록으로 남긴다. 발간 기획위원인 근대사분과의 한승훈 회원과 고태우 회원, 현대사분과의 이정은 회원은 전체 기획과 새 주제 발굴, 필자 섭외 및 원고 수합을 맡아 주셨다. 고대사분과의 전상우 회원은 계속 지연되는 원고 수합에 인내의 미덕(?)을 발휘하며 마지막까지 편집 실무에 수고해 주셨다. 무엇보다 '어떻게 살았을까' 마지막 편의 새 생명을 불어넣은 현북스 측에 깊이 감사드린다.

2023년 2월 한국역사연구회 근대사분과·현대사분과

초판 근현대 편

책을 내면서

초판 1, 2권 책을 내면서

역사에는 비약이 없다. 역사에서 저절로 이루어지는 일은 아무것도 없다는 뜻이다. 현재 우리 사회에서 일어나는 일은 과거 언젠가에 역사적 연원을 두고 있다. 멀리는 고대사회로부터 온 것도 있지만, 가까이는 지난 100년 동안 이루어진 것도 있다. 우리가 양복을 입게 된 것도, 전기를 사용한 것도, 영화를 보게 된 것도 100년이 안 되는 사이에 이루어진 일이다.

우리는 최근에 일어난 일이라 하여 잘 안다고 여기기도 하지만 생각보다는 최근의 일을 제대로 알지 못한다. 아주 먼 옛날의 역사에 대해서는 관심이 많은 듯하지만, 최근에 일어나는 일일수록 쉽게 잊어버린다. 텔레비전에 나오는 사극에는 관심이 많지만, 우리가 지난 100년 동안 어떻게 살아왔는가는 제대로 알지 못한다.

최근 우리는 국가적 위기 상황을 맞이하였다. 국제통화기금(IMF)의 지원을 받지 않으면 국가부도 사태에 이를 정도가 되었다. 이러한 상황은 갑자기 온 것이 아니다. 적어도 수년 전부터 예고되어 온 것이다. 재벌의 방만한 경영과 봉건군주 같은 생활, 정부 당국자의 해이, 부정부패의 만연 등으로 이미 예고된 일이었다. 그럼에도 불구하고, 세계 11위의 무역대국이니, 경제협력개발기구 가입이니 떠들면서 샴페인을 터뜨리던 때가 불과 1년 전이 아닌가? 국가부도 상황이 다가오고 있다는 사실이 여러 면에서 나타나고 있음에도 불구하고, 그러한 사실을 무시하거나 애써 외면하려고 한 탓에 이러한 상황을 맞고 만 것이다. 모두 역사에 대한 이해와 역사의식이 부족한 탓이다.

우리는 개항 이후 문호를 개방하고, 나름대로 서양의 발달한 문물을 받아들이면서 공업화를 이루고 근대화를 달성하려고 노력을 기울여왔다. 그러나 그러한 노력은 성과를 거두지 못하여, 결국 일본의 식민지로 전락하였다. 그리고 그 때문에 우리는 나라를 잃고 노예와 같은 생활을 할 수밖에 없지 않았던가? 그러한 역사적 전철을 잊어버리고 모래성을 쌓아 올리기에 바빴다. 쌓아 올리기만 하면 다 되는 것으로 생각하였다. 그리고 다 되었다고 춤을 추었다. 1인당 국민소득 1만불 시대의 달성……, 세계 11위의 무역대국……, 선진국으로의 진입…… 등을 외쳐대면서.

우리는 어떻게 살아왔는가? 우리는 지금 어디쯤 와 있는가? 이제 한번쯤 이것을 되돌아볼 때이다. 그것을 바탕으로 우리가 어떻게 살아가야 할 것인가를 다시 다짐해야 할 것이다. 그래야만 지금의 고난을 전화위복의 계기로 삼을 수 있을 것이다. 그러한 반성의 기운마저 없다면 우리는 또 한 번 좌절을 겪고 열강의 경제적 식민지가 될지도 모른다.

이 책은 우리가 지난 100년 동안 어떻게 살아왔는가를 살펴본 것이다. 오늘의 우리가 있기까지 어떠한 변화를 겪어왔는가를 사람과 생활의 측면에서 고찰하였다. 우리는 이 책에서 '근대'를 화두로 삼았다. 근대란 무엇인가, 우리는 근대사회를 이루기 위하여 어떠한 노력을 하였는가, 우리는 근대를 어떻게 건설해왔는가, 근대를 이루려는 과정에서 얻은 것은 무엇이며, 잃은 것은 무엇인가, 그러한 근대화 과정에서 낙오된 사람들은 어떻게 살아가고 있는가 하는 여러 가지 질문을 던져보았다.

우리는 이에 대한 대답을 딱딱한 이론이나 굳어진 제도에서 찾으려 하지 않았다. 아주 구체적으로 살아 움직이는 인간과 그들의 삶의 모습 속에서 살펴보려고 하였다. 먹고, 입고, 일하고, 즐기고, 싸워가는 모습을 그대로 묘사함으로써 그 실상을 생생하게 드러내려고 하였다. 그 생생함 속에서 우리가 어떻게 살아왔고, 현재 어떻게 살아가고 있는가를 찾아보고자 하였다.

이 책을 만들기 위하여 많은 사람들이 노력하였다. 한국역사연구회의 근대사1분과, 근대사2분과, 현대사분과 등 세 분과에서 기획위원이 선발되었다. 기획위원들이 몇 차례의 논의를 거쳐 기획안을 마련하였으며 회원들에게 집필을 의뢰하였다. 주제에 따라서는 회원이 아닌 분들에게 원고 청탁을 하기도 했으며 그분들은 흔쾌히 응해 주셨다. 더욱이 몇 차례에 걸쳐 원고를 수정해 주시기도 하였다. 그분들께 깊은 감사를 드린다. 특히 기획위원들은 2년간 기획안 작성, 원고 청탁 및 교열 등에 헌신적인 노력을 하였다. 오랫동안 끌어왔던 작업을 마무리하는 데는 이들의 노력이 컸다.

이 책은 한국역사연구회에서 그동안 펴낸 '~사람들은 어떻게 살았을까' 시리즈의 완결편이라고 할 수 있다. 그 책들과 함께 읽는다면 한국인의 생활상을 전체적으로 조감할 수 있으리라 여겨진다. 현재 깊이 있는 생활사에 관한 책이 많지 않은 현실에서 좋은 안내서가 될 수 있으리라 기대한다. 끝으로 이 책의 출판을 흔쾌히 맡아 주신 역사비평사의 장두환 사장님께 감사드리며, 아담한 책을 만드느라고 노력하신 단행본팀의 윤양미 님에게도 감사드린다.

1998년 10월 한국역사연구회

초판 3권 책을 내면서

이제 21세기를 눈앞에 맞고 있다. 새로운 밀레니엄을 기념한다는 소리가 여기저기서 드높다. 새로운 시대를 맞기 위해서는 우선 지나간 시대를 돌이켜보며 그 의미를 생각해보는 것이 급선무이다. 그러나 요즘 요란한 밀레니엄 논의에서는 천년은커녕 지난 100년을 차분히 점검하려는 모습조차 찾아보기 힘들다. 그저 눈요깃거리 행사만으로 사람들의 이목이나 끌어보려고 하는 것이 아닌지 걱정스럽다.

물론 우리가 겪은 지난 100년을 점검하는 일은 그리 간단하지 않다. 우리 역사에서 가장 많은 일들이 일어났던 100년이며 온갖 우여곡절로 점철된 100년이기 때문이다. 남들이 수백 년에 걸쳐서 겪은 일들을 우리는 단 100년 만에 겪어야 하였다. 그래서 '압축성장'이니 '돌진적 근대화'니 하는 말들이 나도는 것이다.

그러니 이러한 와중에 살았던 우리들은 어지러울 수밖에 없었다. 역사의 수레바퀴는 20세기 한반도에서 너무나 빠르게 굴러갔다. 이렇게 앞만 보고 달렸던 시대가 바로 20세기였다. 그러나 21세기를 눈앞에 두고 있는 지금

한번쯤은 숨을 돌려 지나온 길을 돌아볼 필요가 있지 않을까?

20세기 우리 역사가 격동의 역사였다고 하지만 그 가운데에도 긴장과 갈등이 가장 첨예했던 곳은 정치와 경제 부분이었다. 전통시대에서 식민지시대를 거쳐 분단시대로 이어지는 동안 외세와의 대결과 계급적 갈등의 도가니 속에서 우리는 살아갈 수밖에 없었다. 그렇기 때문에 우리 근대사는 늘 '주의(主義)'와 '이념'이라 하는 엄숙하게 굳은 얼굴을 하고 있었다. 그러다 보니 가까이 하기에는 무언가 무겁고 부담스러운 것으로 여겨지기 일쑤였다.

그러나 이렇게 엄숙한 정치와 경제도 그 근본을 따지자면 사람들이 꾸려나가는 것이며, 그곳에는 사람들의 생활이 녹아 있는 것이다. 그것은 결코 우리에게서 멀리 엄숙하게 서 있기만 한 것은 아니다. 따라서 이 책에서는 지난 100년 동안 정치와 경제 부문에서 일어난 이러저러한 일들을 사람과 삶이라는 측면에서 짚어보려고 하였다.

근대사회에서 사람들은 여러 가지 통로로 정치와 연관을 맺지 않을 수 없다. 이것은 뭇 민초의 경우도 마찬가지이다. 따라서 이 책에서는 먼저 우리 삶의 여러 장면을 통해서 근대 정치의 모습을 그려보려 하였다. 이어 우리 정치를 이끌어간 여러 인간형들을 살펴보았으며 우리 민족의 자기 정체성을 외국과 외국인이라는 거울을 통해서 들여다보고자 하였다.

지금은 급작스럽게 몰아닥친 경제위기로 말미암아 많이 퇴색되었지만, 경제는 얼마 전까지만 해도 우리가 무엇보다도 자부하던 부문이다. 지난 100년 동안 우리가 겪은 물질적 변화는 가히 경이적이라고 해도 과언이 아니며 그래서 한때 우쭐해 있었던 것이 사실이다. 그러나 그 이면에는 많은 허점들이 도사리고 있었으며 그 뒤안길에 눈물짓는 사람들도 있었다. 이 책에서는 이러한 여러 가지 모습에도 눈길을 돌리고자 하였다.

지난 1998년에 《우리는 지난 100년 동안 어떻게 살았을까》를 간행한 바 있다. 이 책은 세 번째 권으로서 속편에 해당한다. 앞의 책이 근대의 사회와 문화를 생활사라는 방식으로 다루었다고 한다면 이 책은 정치와 경제 부문을 다루었다. 물론 정치·경제 부문의 특성 때문에 글의 결이 앞의 책과는 다를 수밖에 없었다. 그렇지만 기본적인 문제의식이나 생활사라는 접근방법은 앞의 책과 마찬가지이다.

이 책을 만들기 위해서 많은 분들이 애를 썼다. 한국역사연구회의 근대사1분과, 근대사2분과, 현대사분과 등 세 분과에서 선발된 기획위원들이 여러 차례의 논의 끝에 기획안을 마련하였다. 주로 회원들에게 집필을 의뢰하였지만, 주제에 따라서는 회원이 아닌 분들에게 원고청탁을 하기도 하였다. 청탁에 흔쾌히 응해 주시고 기획위원회의 요구에 따라 몇 차례에 걸쳐서 원고를 고치시느라 애를 쓰신 필자들께 감사드린다. 또한 오랫동안 끌어왔던 작업을 마무리하는 데는 기획위원들의 노력이 매우 컸다. 끝으로 오랜 기간 이 책의 원고를 기다려주신 역사비평사의 장두환 사장님께 감사드리며 책을 만드느라 애를 쓰신 단행본팀 윤양미 님께도 감사드린다.

1999년 10월 25일 한국역사연구회

차례

3. 과학과 생태환경

차례

차례

대한민국우표
7
1965.
5.1
4.00
식량증산
개년계획 기념

차례

1부 사상과 종교

사회주의와 반공주의의 한 세기

식민지 신종교의 두 얼굴

개신교는 어떻게 '개독교'가 되었을까

상처 입은 법당, 거듭나는 불교

사회주의와 반공주의의 한 세기

이준식

세상은 변했다

1990년 12월 한 시사 월간지에는 사노맹 곧 남한사회주의노동자동맹 사건 관련자가 쓴 글이 실렸다. 이 사람은 "사회주의 혁명의 기치를 치켜든 나는 …… 이 땅의 작품이다."라고 외쳤다. 그로부터 채 10년이 지나지 않은 1999년 그는 "사회주의 체제는 무너졌고, 나도 무너졌다. …… 나는 여전히 사회주의자인가? 사회주의적 가치를 변함없이 간직하고 있다는 점에서 나는 아직 사회주의자다. 하지만 새롭고 다양한 사상을 향해 열려 있는 내 존재를 어떤 이념의 틀에 묶을 수 없기 때문에 나는 더 이상 사회주의자가 아니다."라고 고백했다. 이 사람은 노동자 출신의 '얼굴 없는 시인'으로 유명하던 박노해이다. "세상은 변했다."라는 말로 압축되는 그의 '변신'은 한때 자칭 타칭 사회주의자이던 사람들 가운데 상당수가 세기말의 변화를 현실로 받아들이고 있었음을 상징적으로 보여 준다.

여기서 몇 가지 확인하고 넘어갈 것이 있다. 그 하나는 사회주의란 고정불변의 단일한 실체가 아니라는 사실이다. 인류의 역사가 시작된 이래 많은

한 사회주의자의 변화
왼쪽은 1991년 3월 사노맹 사건으로 구속될 당시 불평등한 세상에 대해 분노를 터뜨리는 박노해의 모습이며, 오른쪽은 8년 뒤인 1998년 8·15 특별사면으로 경주교도소를 나서는 모습이다.

사람이 꿈꾸어 오던 이상향 곧 모든 사람이 두루 잘사는 사회, 사람이 다른 사람을 억압하거나 착취하지 않는 사회를 추구하는 이념으로서의 사회주의의 뿌리는 인류의 역사 그 자체로까지 거슬러 올라간다. 그런 가운데 자본주의가 역사의 큰 흐름으로 정착된 19세기 이후 현재에 이르기까지 자본주의에 대한 반(反)명제로서의 사회주의 안에는 과학적 사회주의 곧 공산주의를 비롯해 무정부주의, 사회 민주주의 등 다양한 흐름이 형성된 바 있었다. 좌에서 우에 이르는 사회주의의 스펙트럼에서 최소한의 공통점을 찾는다면 궁극적으로는 자본주의의 시장 경제 체제를 지양하고 계급과 불평등이 없는 사회를 지향하는 것이다.

흔히 20세기를 격동의 세기라고 한다. 20세기 앞에 붙는 수많은 수식어야말로 100년 동안의 격동을 상징적으로 보여 준다. 사회주의도 그 가운데 하나이다. 20세기는 사회주의의 세기였다. 1917년 러시아 혁명에서 시작된 20세기의 사회주의 혁명은 역사의 방향을 크게 바꾸어 놓았다. 한국 사회라고 예외는 아니었다. 사회주의는 지난 한 세기 동안 우리 민족의 곁에 늘 존재하면서 긍정적이든 부정적이든 사람들의 생각과 행동을 규정해 왔다. 그런데 역사적으로 보았을 때 한국 사회에 가장 큰 영향을 미친 것은 다양한 사회주의 가운데 공산주의 특히 마르크스–레닌주의였다.

다른 하나는 일부의 혁명가들에 의해 사회주의가 처음 받아들여진 1910년대 중반 이후 20세기 내내 특히 대한민국 정부 수립과 한국전쟁 이후 수십년 동안 한국 사회에서는 사회주의가 국가에 의해서도 사회적으로도 억압되어 왔다는 사실이다. 하물며 공산주의는 그 말을 꺼내는 것조차도 조심스러울 정도였다. 고무줄 놀이를 하며 부르던 "무찌르자 공산당 몇백 만이냐"라는 노래 가사나 학교에서 군대에서 외쳐 대던 "때려잡자 김일성! 쳐부수자 공산당!"이라는 구호를 통해 우리는 사회주의란 무조건 '나쁜 것'이라는, 상식 아닌 상식을 갖게 되었다. 사회주의자를 지칭하는 빨갱이가 모든 악의 근원으로 여겨지던 시절도 있었다.

대한민국 헌법은 모든 국민의 양심의 자유, 언론·출판의 자유, 집회·결사의 자유, 학문·예술의 자유를 보장하고 있다. 국민의 자유를 "국가 안전 보장, 질서 유지 또는 공공복리를 위하여 필요한 경우에 한하여 법률로써 제한"할 수 있지만 그 경우에도 "자유의 본질적인 내용을 침해할 수 없다."고도 규정하고 있다. 필요에 의해 제한된 대표적인 보기를 하나만 든다면 사회주의일 것이다. 불과 얼마 전까지만 해도 사회주의 사상을 지니는 것, 그 사상에 입각해 활동하는 것이 모두 금지의 대상이 되었다.

세계에는 사회주의를 표방하는 정당이나 단체가 합법적으로는 존재하기 어려운 극소수의 나라가 있다. 그 가운데 하나가 바로 대한민국이다. 심지어 같은 분단 국가인 타이완에서는 2008년 공산당 금지령이 해제되면서 공산당이 출범했지만 한국에서는 사회당이나 노동당은 있어도 여전히 공산당은 존재하지 않는다.

그리하여 한국에서 사회주의는 여러 가지 위장된 형태로 명맥을 유지할 수 있었다. 혁신이니 진보니 변혁이니 하는 이름이 사회주의의 대체물로 쓰여 왔다. 사회주의자임을 공개적으로 밝히는 것은 엄청난 용기를 필요로 하는 일이었다.

1968년 12월 강원도 평창의 두메산골에 사는 아홉 살 난 한 어린이가 "나는 공산당이 싫어요."라는 한 마디 때문에 무장 공비에 의해 무참하게 살해되었다고 한다. 나중에는 그 진위 여부가 논란이 되기도 했지만 백보를 양보해 그것이 사실이었다고 치자. 그 누구보다도 이데올로기부터 자유로울 어린이가 공산당에 대해 알면 얼마나 알았을까? 그렇지만 이승복이라는 이 어린이는 죽음과 동시에 '국민적 추앙'의 대상이 되었다. 심지어 '반공 영웅' 이승복을 기리는 기념관이 세워졌고 많은 사람에게 순례의 대상이 되었다. 한국 근·현대사의 인물 가운데 기념관이 세워진 경우가 손가락으로 꼽을 정도였다는 사실에 비추어 볼 때 이승복 기념관이야말로 한국에서 사회주의와 그 대척점으로서의 반공주의의 현주소를 보여 주는 좋은 보기일 것이다.

'마르크스 보이'의 형성

이 땅에 사회주의가 하나의 사조로 본격적으로 소개된 것은 20세기 초였다. 이때의 사회주의는 물론 우리 사회에서 자생적으로 만들어진 것이 아니었다. 그렇지만 사회주의를 받아들일 수 있는 토양은 조선 후기 이래의 사회 변화에서 부분적으로 배태되고 있었다. 이를테면 경자유전(耕者有田), 토지 균등 분배 등으로 상징되는 사회 개혁의 요구는 세련된 교리로서의 사회주의는 아니었지만 다분히 사회주의적인 요소를 갖고 있었다. 우리 사회의 내재적 요소가 사회주의라는 외래 사상과 결합할 가능성은 얼마든지 존재하고 있었던 셈이다.

1917년의 러시아 볼셰비키 혁명에 이어 1919년에는 세계 사회주의 운동의 중심기관으로 코민테른이 성립되었다. 그 사이인 1918년 5월 우리 역사상 사회주의를 내건 최초의 결사체인 한인 사회당이 러시아에서 창립되었다. 이 무렵부터 사회주의는 식민지 조선에 영향을 미치기 시작했다. 보기를 들어 1919년의 3·1운동에서는 "조선 독립의 그날에는 재산이 평등하게 분배된다."라는 구호가 등장했다. 이는 원초적이기는 하지만 민중 사이에서 사회주의에 대한 인식이 생기고 있었음을 보여 준다.

이어 1919년 말부터는 국내에서도 사회 혁명당 등 사회주의를 표방하는 여러 조직이 창립되었다. 3·1운동, 대한민국 임시 정부, 무장 독립 운동 등 다양한 형태의 민족 운동에 종사한 경험을 갖고 있었지만 새로운 이념과 조직을 바탕으로 한 새로운 운동 노선을 모색하던 젊은 세대는 독립을 가능하게 하는 유일한 길은 제국주의에 맞서 적극적으로 싸우는 데 있다는 사회주의의 설명을 받아들였다. 일제로부터 해방을 쟁취하고 자주적인 민족 국가를 건설하고 사회의 발전을 이루는 길을 사회주의에서 찾기 시작한 것이다.

그렇다면 초기 사회주의자들은 민족 해방과 사회 혁명에 대해 어떤 생각을 갖고 있었을까? 이를테면 1920년 6월에 창립된 사회 혁명당은 "일본 제국주의를 몰아내고 그 다음에 사회주의 국가를 세울 것"을 표방했다. 시기와 분파에 따라 조금 차이가 있기는 하지만 대부분의 초기 사회주의자는 민족 해방을 사회주의 운동의 일차 과제로 설정하고 있었다. 일제의 식민 지배라는 상황에서 사회주의를 해방의 이념으로 받아들이는 것은 단지 몇몇 사람에게만 국한된 것이 아니었다.

3·1운동 이후 문화 정치라는 미명 아래 한글과 한문을 섞어 쓰는 신문과 잡지가 발간되었다. 그러자 제한적으로 허용된 언론·출판의 자유를 통해 사회주의가 청년층을 중심으로 광범위하게 확산되었다. 당시 신문과 잡지에는 사회주의를 소개하는 글이 빈번하게 실렸다. "경향 각처에서 입으로 사회주의를 말하지 않으면 시대에 뒤진" 것같이 생각하는 상황이 된 것이다.

이는 많은 사람이 사회주의에 관심을 갖고 나아가 사회주의를 새로운 이념으로 받아들이고 있었음을 의미한다. 이러한 사람을 당시에는 '맑스 보이'라고 불렀다. '맑스 보이'들은 단지 사회주의를 이야기하는 데 그치지 않고 사회주의 비밀 결사에 가입하거나 전국 각지에서 사상 단체, 청년 단체, 노동 단체, 농민 단체를 만들어 자신들이 아는 바를 실천에 옮겨 나갔다. 그리하여 1920년대 초반부터 우리 사회에는 사회주의자라는 새로운 집단이 상당한 규모로 형성되고 있었다.

그리하여 의병이나 3·1운동을 제외한다면 1920년대 이후에는 사회주의 계열이 민족 운동의 가장 큰 흐름을 형성하게 되었다. 이는 당시 일제도 인정하고 있던 사실이었다. 보기를 들어 한 일제 경찰은 "조선 곳곳에서 붉은 색 검거가 성행했다. 조선 신문지상의 특호 활자는 모두 공산당 사건으로 인쇄되어 있다고 해도 지나친 말이 아니다."고 적은 바 있다. 실제로 1920년대 중반 이후 각종 신문과 잡지에는 사회주의 계열 민족 해방 운동에 대한 기사가 넘쳐나고 있었다.

일제는 1925년부터 악법 중의 악법이라고 일컬어지던 치안 유지법을 시행했다. 일제는 치안 유지법을 내세워 "국체의 변혁이나 사유 재산의 부정을 목적으로 하는 일체의 행위를 금지"했다. 이 법의 목표는 사회주의를 근절하는 데 있었다. 치안 유지법에 따라 수많은 사상범이 양산되었다. 이를테면 1925년부터 1938년 사이에만 무려 18,000여 명이 치안 유지법 위반으로 검거되었다. 이 숫자는 당시 전체 조선인 인구의 1,000분의 1에 해당하는 것이었다. 곧 조선인 1,000명 가운데 한 사람이 일제에 의해 처벌을 받아야 할 사회주의자였던 셈이다.

이는 역으로 사회주의 운동이 활발하게 이루어지고 있었음을 보여 준다. 심지어 합법 단체에서 노골적으로 "맑스주의를 지침"으로 활동하겠다는 의지를 밝히는 경우도 있었다. 그러나 일반적으로는 신사회 같은 표현을 즐겨 쓰고 있었다. 여기서 신사회란 "빈부의 차이가 없는 사회, 계급의 알력이 없는 사회, 모든 인간이 노동하고 최고의 문화적 향락 생활을 누리게 되는 사회"를 의미했다. 곧 신사회란 사실상 사회주의 사회의 완곡한 표현이었던 것이다.

일제의 경찰 문서에 따르면 1930년대 초 함경남도의 정평 농민 조합에 속한 농민들의 독서 목록에는 "《마르크스-엥겔스 전집》, 《무엇을 할 것인가

(레닌)》, 《유물사관 해설》, 《마르크스 경제학》, 《사회주의와 철학》" 등이 포함되어 있었다고 한다. 물론 모든 농민이 이 책들을 읽었고 그 결과 사회주의를 제대로 이해했다고는 볼 수 없을 것이다. 그러나 제목만으로도 그 내용을 짐작할 수 있는 책을 농민들이 접하고 있었다는 사실은 일제의 탄압에도 불구하고 사회주의를 이해할 수 있는 통로가 열려 있었으며 이 통로를 통해 사회주의가 민중에게도 광범위하게 퍼져 나가고 있었음을 의미한다.

평양적색노조사건의 연루자 15명
사진의 왼쪽 맨 아래가 1931년 5월 평원고무공장 파업 때 을밀대 지붕에서 고공농성을 감행했던 평양 지역 파업지도자 강주룡이다. 지식인 명망가가 사회주의자들의 대부분이었던 1920년대와는 달리 이 무렵 노동자들도 사회주의사상을 받아들여 선진노동자로 성장하였다.

이에 일제는 사회주의자의 혐의가 있다고 인정될 경우 닥치는 대로 검거했다. 검거 뒤에는 경찰과 검찰에서의 취조가 이루어졌다. 그것은 단순한 취조가 아니었다. 길면 2~3년에 이르는 취조 과정에는 상상을 초월한 고문과 악형이 따랐다. 심지어 검찰에 송치되기 전에 경찰서에서 목숨을 잃는 활동가들도 적지 않았다. 다행히 이 과정에서 살아남으면 장기간의 형이 기다리고 있었다.

여기에 치안유지법이라는 악법으로도 사회주의 계열 민족 해방 운동을 막을 수 없게 되자 일제는 사상 전향 정책을 실시했다. 경찰, 검찰, 감옥에서 '주의'를 포기하겠다는 뜻을 밝히면 석방과 감형의 조치가 취해졌다. 그러면서도 일제는 전향하지 않는 활동가에게는 일벌백계의 엄벌주의를 적용했다.

사회주의를 바탕으로 한 민족 해방 운동은 일신의 안녕은 물론이고 심할 경우 목숨까지도 내놓아야 하는 위험을 수반하는 것이었다. 그런데도 수천수만 명의 활동가들이 사회주의를 바탕으로 민족의 해방을 이루려는 운동에 참여한 것이다.

그렇다면 식민지 조선에서 사회주의가 급속도로 확산될 수 있었던 이유는 무엇이었을까? 그 답은 사회주의가 내건 해방 곧 억압과 착취가 없는 평등 사회의 필연적 도래라는 이상과 식민지 피압박 민족에 대한 국제 사회주의 운동의 지원이 민족 해방과 사회적 평등의 실현이라는 조선 민중의 열망과 쉽게 결합할 수 있었다는 데 있을 것이다.

1910년대 말 이후 1945년 해방에 이르기까지 사회주의는 민족 해방 운동의 한 가운데 위치하고 있었다. 특히 일제의 가혹한 탄압과 끊임없는 위협 아래에서도 사회주의자들은 민족 해방이라는 꿈을 포기하지 않고 일제와의 싸움을 계속했다. 일제의 탄압이 극에 달한 중일 전쟁과 태평양 전쟁의 전쟁 기간에 비록 공개적인 활동은 할 수 없었지만 많은 사회주의자들이 지하에서 해방의 날을 준비하기 위한 활동을 벌임으로써 민족 해방 운동의 순결성과 도덕성을 지켜 나갔다.

대한민국의 국시는 반공

1945년 8월 15일 해방과 분단이 동시에 이루어졌다. 이후 한국 사회의 이념적, 정치적 상황은 분단과 남북 대결이라는 요소에 의해 규정되기 시작했다.

해방 직후만 하더라도 북한은 말할 것도 없고 남한에서도 한때는 사회주의에 친화적인 분위기가 나타나고 있었다. 해방이 되자마자 조선 건국 준비 위원회가 출범한 것을 비롯해 조선 인민 공화국, 남로당을 비롯한 사회주의 계열의 여러 정당, 민주주의 민족 전선 등이 인원이나 사회적 역량에서 다른 조직을 압도한 것이야말로 남한의 친사회주의적 경향을 단적으로 보여 준다. 이는 한반도의 남쪽을 점령한 미국도 인정하고 있던 바였다. 곧 "한국인들의 적극적인 동조와 참여에 비추어 볼 때 남한의 정치 지형은 의심의 여지없이 좌경적"이라는 것이다. 실제로 미군정이 좌익에 대한 대대적 탄압을 가했음에도 불구하고 1946년 여름 미군정의 자체 조사에 따르면 서울 시민 가운데 경제 체제에서 사회주의와 공산주의를 원하는 비율이 전체 응답자의 70퍼센트와 10퍼센트를 차지하고 있었다.

해방 정국의 상황에서 사람들은 "모두가 같이 더불어 살 수 있는" 평등한 사회를 바랐고 그러한 바람이 사회주의에 대한 선호로 나타났던 것이다. 보기를 들어 사회주의 진영에 속해 있던 한 활동가의 회고에 따르면 "학생들은 대개 좌익 성향이었지만 사회주의 이론을 정식으로 알고 활동했다기보다는 그냥 이게 좋은 것이다 해서 다들 열심히 띤 것"이라는 것이다. 활동가가 그랬다면 보통 사람의 경우에는 더했을 것이다. 여기에 당시 우익 진영에 속한 인물들 가운데 김구, 이승만 등 해외에서 민족 운동을 벌이던 일부를 제외하고는 상당수가 일제강점기 말기에 친일 활동을 했다는 사실도 민중이 친사회주의적 경향을 보이는 데 작용했다. 어쨌거나 “다들 열심히 띤” 결과 친사회주의적 경향이 친자본주의적 경향을 압도했지만 이러한 상황은 남한에 반공 국가를 수립하려는 의도를 갖고 있던 미국의 개입에 의해 반전되었다. 미군정은 한반도를 소련의 영향력에서 분리시키기 위해 반공 단체를 적극 지원하는 한편 사회주의를 탄압했다.

이와 함께 1945년 12월 말에 시작된 반탁 운동은 반공주의가 대중적으로 확산되는 데 큰 역할을 했다. 그 도화선이 된 모스크바 삼상 결정은 임시 정부 수립과 신탁 통치 실시라는 서로 다른 내용을 갖고 있었다. 이는 소련의 즉시 독립안과 미국의 신탁 통치안 사이의 타협의 결과였다. 이것이 반공 노선에 충실하던 한 신문사의 ‘의도적 오보’에 의해 국내에는 실제 내용과는 달리 소련의 주장에 의한 신탁 통치안으로 알려졌다. 그러자 수세에 몰려 있던 우익은 “반탁은 자주 독립의 길이요 민족 통일의 길인데 찬탁은 매국의 길이요 민족 분열의 길이다.”라는 논리 아래 대규모의 반탁 운동을 전개했다. 사회주의자들에게는 ‘찬탁=친소=빨갱이’라는 비난이 가해졌다.

반탁 운동은 반공주의가 대중적으로 확산되고 그것이 나름대로의 명분을 얻는 데 중요한 계기로 작용했다. 빨갱이 사냥만 내세우면 과거의 민족 반역 행위도 정당화되었다. 반탁 운동 이후 미군정은 친일파가 장악하고 있던 경찰을 통해 더욱 노골적으로 우익 진영을 지원했다. 민중이 일종의 ‘경찰 공포감’을 가질 정도로 사회주의에 대한 유혈 탄압이 빈번하게 일어났다. 그리하여 사회주의 진영의 대중 활동은 점차 축소될 수밖에 없었던 것이다.

1948년 8월 남한에 단독 정부가 수립됨으로써 사회주의는 합법 영역에서 완전히 사라질 운명에 처했다. 정부는 일제의 치안 유지법을 계승한 국가 보안법을 1948년 12월에 제정했다. 그런데 형사법의 기본인 형법은 이보다 5년이나 늦은 1953년에 제정되었다. 이는 반공주의가 정부 수립과 함께 지배 이데올로기로 굳어졌음을 의미한다. 거창 등지의 양민 학살 사건, 보도연맹 사건 등에 의해 빨갱이 또는 그 동조자로 몰려 학살된 사람이 100만 명에 이를 것이라는 주장이 있을 정도로 많은 사람이 반공이라는 이름 아래 희생되었다. 한편으로는 폭력과 공포 분위기 속에서 다른 한편으로는 이데올로기 공세 아래 사람들은 사회주의를 반대하는 것이 유일한 생존의 길이라는 것을 터득했다.

지배 집단과 일부 민중에 국한되어 있던 반공주의는 한국전쟁의 체험을 배경으로 대다수 민중에게 확산되었다. 민중의 입장에서 본다면 이전에는 반공주의라고 해도 수동적으로 수용을 강요받은 것인 데 비해 한국전쟁을 통해 반공주의를 내면화하게 된 것이다. 이제는 반공의 차원을 넘어서서 승공, 멸공의 구호까지 등장했다. 사회주의는 단순히 반대하는 데 그칠 것이 아니라 무찔러야 할 것, 없애 버려야 할 것으로 규정된 것이다. 민중이 잠재적으로 갖고 있던 친사회주의적 경향은 반공주의의 위세 앞에 급격하게 위축되었다.

대한민국 국민으로서의 정체성의 핵심은 자유 민주주의도 자본주의도 아닌 반공이었다. 심지어 사회주의의 위협으로부터 대한민국을 지키기 위해서는 자유 민주주의의 자유도 기꺼이 포기할 수 있어야 했다. 사회주의를 반대하는 것이 국민이 되기 위한 최소한의 자격이었던 것이다.

이러한 상황에서 사회주의는 혁신이나 진보라는 이름 아래 명맥을 유지

공판정에 선 조봉암
1958년 1월 검거되어 공판정에 선 진보당 사건 관련자들. 맨 왼쪽이 조봉암이다. 조봉암은 식민지시기 조선공산당 활동으로 옥살이를 했다. 해방 이후 진보당을 창당해 대통령 선거에 나설 정도로 정력적인 활동을 벌였던 그는 반공의 올가미에 걸려 쓰러져야 했다.

할 수밖에 없었다. 그러나 1956년의 대통령 선거에서 과거에 사회주의자이던 조봉암이 진보를 내세워 215만 표를 얻은 데서 알 수 있듯이 사람들의 정서 밑바탕에는 반공 의식과 더불어 기존의 사회 체제를 바꾸어야 한다는 갈망이 내재해 있었다. 이에 이승만 정권은 1958년 진보당 사건을 일으켜 사회주의에 대한 탄압을 다시 강화했다.

1960년 3월 15일 4월혁명의 도화선이 된 마산 시위가 일어나자 경찰은 시위대가 파출소에 던진 돌이 '북괴'에서 가져온 것이라고 주장하는가 하면 관제 빨갱이 시위를 시도했다. 그 결과 정부는 4·19의 "배후에는 적색 마수가 개재된 협의"가 있다고 공식적으로 발표하기도 했다. '북괴산 짱돌'의 일화는 해방 이후 반세기 동안 한국 사회에서 사회주의에 대한 탄압이 어떤 형태를 띠고 있었는지를 잘 보여 준다.

4월혁명 이후 아주 짧은 기간에는 진보와 혁신의 움직임이 고조되는 것으로 보였다. 여러 혁신 정당이 만들어졌고 승공 통일과는 질적으로 다른 차원의 통일 운동이 활발하게 이루어졌다. 그러나 이러한 상황도 채 1년을 넘기지 못했다. 1951년 5·16 군사 쿠데타의 주역들은 "반공을 국시의 제1의로 삼고 지금까지 형식적이고 구호에만 그친 반공 체제를 재정비 강화한다."고 주장했다. 지금까지의 반공을 형식적이라고 규정한 데서 알 수 있듯이 군사 정권 아래에서의 사회주의에 대한 탄압은 더욱 교묘해지고 강력해졌다.

1960년대 말과 1970년대에 학교를 다닌 사람들은 여러 씁쓸한 기억을 갖고 있다. 이유도 모른 채 무조건 외워야만 했던 국민 교육 헌장과 관련된 추억도 그 가운데 하나이다. 국민 교육 헌장의 "반공 민주 정신에 투철한 애국 애족이 우리의 삶의 길"이라는 구절에서 알 수 있듯이 우리는 오랫동안 반공이 곧 애국이라고 배워 왔다. 반공을 내면화하는 데는 학교를 비롯해 국가의 모든 기구가 동원되었다. 보기를 들어 학교에서는 반공 웅변 대회, 반공 글짓기, 반공 표어 작성, 반공 포스터 그리기, 반공 미술 대회 등의 이름 아래 반공 교육이 강력하게 이루어졌다. 조회 때건 수업 시간이건 학생들은 '무찌르자 공산당'을 반복해서 외쳐야 했다. 반공 교육을 통해 학생들은 사회주의가 무엇이며 사회주의 사회의 실상은 어떠한지 왜 사회주의를 반대해야 하는지에 대해 생각할 여지도 없이 사회주의를 무조건 반대하고 미워하도록 훈련받았다. 그리하여 학교 교육을 정상적으로 받은 사람이라면 빨갱이를 뿔 달린 도깨비로 생각하는 것은 너무나도 당연한 일이었다.

박정희정권 아래에서는 사상의 자유를 포함해 헌법에 보장된 각종 기본권이 반공이라는 이름 아래 억압되었다. 군사 정권은 정치적 반대자에 대해 '좌경·용공·이적'의 낙인을 전가의 보도처럼 행사했다. 그리하여 이승만 정권 때보다 더 많은 사상 사건이 일어났고 더 많은 빨갱이가 엄벌의 대상이 되었다. 심지어 노동자들이 법에 노동자의 기본적 권리라고 분명히 규정된 단체 행동권을 행사해도 빨갱이짓으로 간주되었다.

사회주의의 이상은 죽었는가?

1980년대에 들어서면서 한국 사회에는 큰 변화가 일어났다. 국가 권력에 의한 반공주의의 교화가 아무리 강력하더라도 거기에는 한계가 있기 마련이었다. 직접 한국전쟁을 경험하지 않았고 따라서 상대적으로 이데올로기 대립에 객관적일 수 있는 새 세대가 인구의 대다수를 차지하게 된 현실에서 반공주의는 이전과 같은 힘을 발휘할 수 없었다. 게다가 민주화 운동의 진전에 따라 역대 독재 정권이 정적을 탄압하기 위해 내세운 반공주의가 사실상 민주화의 장애 요소였다는 인식이 점차 확대되었다. 따라서 사회주의에 대해서도 반공주의의 낡은 틀을 벗어나 새로운 생각을 하는 사람이 늘어나기 시작했다. 이들은 일제강점기의 '맑스 보이'처럼 억압과 불평등의 반명제로서의 사회주의, 해방과 평등의 이상을 추구하는 이념으로서의 사회주의에 주목했다. 우리 사회의 정치적, 경제적, 사회적 현실이 어두울수록 그러

아직도 반공은 국시
1998년 서울 봉천동에 있는 만남의 집에서 8·15특사 소식에 귀기울이는 출소 장기수들. 이 무렵에도 17명의 장기수가 여전히 전향서 쓰기를 거부하고 감옥에 남아 있었다. 1980년대 이후 등장한 젊은 '사회주의자'들은 옥중에서 이들을 만나 역사의 불행한 연속을 확인하곤 했다.

한 현실을 타개하려는 움직임도 활성화되기 마련이다. 그 움직임이 국가 권력에 의해 오랫동안 탄압을 받아 왔고 그 결과 역사에서 잊혔던 사회주의의 재생으로 이어졌다.

특히 1980년의 광주 민주화 운동은 반공주의 아래 은폐되어 오던 민족 모순과 계급 모순이 한꺼번에 드러나는 계기가 되었다. 이에 사람들은 한국 현대사에서 미국이란 어떤 존재인가 나아가 미국으로 상징되는 자본주의 체제란 우리에게 무엇을 의미하는가를 고민하기 시작했다. 그리고 미국과 자본주의의 대안으로서의 사회주의에 대해 다시 생각하게 되었다. 그 결과 한국 사회의 현실을 설명하기 위한 이론적 틀 또는 한국 사회의 모순을 극복하기 위한 이론적 무기로 사회주의를 받아들이는 경향이 두드러지기 시작했다.

여기에 군사 정권 아래에서 민주화 운동으로 일자리를 잃고 학교에서 쫓겨난 사람들이 운영하던 수많은 사회과학 출판사를 통해 사회주의를 다루는 책, 이른바 사회과학 서적의 출판 붐이 일어났다. 이것이 이 무렵 주류 인문 사회 과학의 이데올로기적 보수성을 비판하면서 한국 사회에 대한 새로운 접근의 필요성을 주장하던 젊은 연구자들의 학술 운동과 연결되면서 사회주의에 대한 관심은 한껏 고조되었다.

한때 한국 사회에서 '제3의 길'의 주창자로 유명하던 기든스(A. Giddens)라는 영국 사회학자가 쓴 《자본주의와 사회 이론》이라는 책의 번역본은 한때 공공 도서관에서 일반의 열람이 금지되었다. 이유는 간단했다. 이 책에서 마르크스의 이론을 현대 사회를 설명하는 여러 이론 가운데 하나로 다루고 있었기 때문이다. 곧 마르크스의 이름이 언급된 책은 보통의 사람들이 읽어서는 안 되는 불온 서적으로 간주된 것이다. 공안 당국에 의해 작성된 금서 목록은 사회주의에 대한 국가 권력의 대응을 보여 주는 단적인 보기였다. 여기에 비추어 보면 한때는 지하 출판물이던 마르크스, 엥겔스, 레닌 등 주요 사회주의자의 저작이 1980년대 말과 1990년대 초에는 공공연하게 번역 출간된 것이야말로 의미 있는 변화였다. 여기에는 1987년의 6월 민주화 운동과 그에 뒤이은 7~9월 노동자투쟁 이후 한국 사회의 이념적 지형이 크게 바뀌었다는 사실도 크게 작용했다.

새로운 이념을 받아들인 사람들은 대학에서, 생산 현장에서, 학술 단체에서 집단을 이루었고 한국 사회의 현실에 대해 자기 목소리를 내기 시작했다. 그것은 변혁 운동, 민족 민주 운동, 통일 운동이라는 이름으로 구체화되었다. 지배 권력은 이전처럼 빨갱이의 낙인을 찍고 국가 보안법의 족쇄를 채우려고 했다. 반공주의의 유산은 예전처럼은 아니지만 않더라도 여전히 그 힘을 떨치고 있었다. 심지어 어느 정도 민주화가 진행되었다고 하는 1980년대 후반에도 국회의원이 국회에서 "반공이 국시인가?"라는 발언을 했다가 사법 처리의 대상이 되기도 했다.

1989년 11월 베를린 장벽의 붕괴에서 촉발된 소련과 동구권의 몰락은 한국 사회에도 영향을 미쳤다. 그것은 외견상 자본주의와 반공주의의 승리였지만 동시에 반공주의가 힘을 잃게 되는 계기로도 작용했다. 사회주의권의 몰락은 역설적으로 반세기 동안 우리 현실을 규정해 오던 냉전 체제의 해체, 이데올로기적 대립 구도의 해체를 의미하는 것이었다. 곧 세계적으로 사회주의의 힘이 약화되는 상황이 냉전 체제의 산물인 반공주의로는 더 이상 변화된 현실을 설명할 수 없게 만든 것이다.

1980년대 후반 이후 대표적인 반공 단체이던 한국 자유 총연맹은 1999년 초 극우 노선의 배격을 선언했다. 그리고 이 단체가 발간하는 잡지에는 한때 빨갱이라는 비판을 받던 리영희 교수와의 인터뷰 기사가 실렸다. 그러자 일부 언론은 바로 한국 자유 총연맹이 잘못된 길을 가고 있다고 비판하기도 했다. 이는 반공주의와 사회주의의 이념적 지형에 상당한 변화가 나타나고 있음을 보여 준다.

사회주의권의 몰락이 사회주의적 이상의 죽음을 의미하는 것은 아니다.

현재도 한국 사회에는 불평등과 억압은 온존하고 있다. 아니 어떤 의미에서는 강화되고 있기도 하다. 이는 한국뿐만 아니라 다른 나라에서도 나타나고 있는 전세계적 현상이다. 세계화니 글로벌라이제이션이니 하는 미사여구도 현실의 모순을 완전히 감출 수는 없다. 단지 변화된 현실이 이상을 표현하는 방식의 변화를 요구하고 있을 뿐이다.

사회주의에 대한 반대를 국가 운영의 기본으로 삼는 나라는 지구상에 별로 없다. 그러한 특이함 속에 살아온 시간이 반세기 이상이었다. 1998년에 이루어진 박노해의 사면에 대해 한 저명한 문학 평론가는 "박노해가 자유로워졌다는 것은 우리 사회에서 사회주의 사상 또는 그 활동이 상당히 허용되고 또 그를 대하는 우리의 태도가 관대해졌다는 것을 뜻하는 것"이라고 주장했다. 그러나 박노해의 자유가 곧 사회주의의 자유는 아니다. 아직도 많은 사람이 "20대에 사회주의에 빠지지 않으면 가슴이 없는 사람이고 40대까지 거기서 빠져 나오지 못하면 머리가 없는 사람이다."이라고 믿는 한 한국 사회에서 사회주의가 자유로워질 날은 요원할 것이다.

이준식 _전 독립기념관 관장

식민지 신종교의 두 얼굴

김정인

유사종교와 신종교

1937년 4월 13일 조선총독부의 기사 해금 결정에 따라 각 일간지에는 일제히 백백교(白白教)에 관한 기사가 실렸다. 《조선일보》에도 2, 3면에 걸쳐 아래와 같이 끔찍한 제목을 단 기사들이 등장했다.

- 자전거 뒤 시체 싣고 종로대가로 운반
  — 한강철교에서 투기를 필두로 근기(近畿) 12처에 평토장(平土葬)
- 야반(夜半) 양평으로 탈주
  — 애첩과 시녀 등 3명을 참살
- 살인귀 전용해는 양평 산중서 자살
  — 주요간부 문봉조(文奉朝) 탈주 중 4명 살해
  — 교도 검거 150명

세인의 비상한 관심 속에 4년여를 끌던 백백교 소동은 1940년 12명의 교단 간부들이 살인죄로 사형 판결을 받으면서 일단락되었다. 이로써 백백교는 내부적으로는 교주의 자살, 사회적으로는 식민 권력과 언론의 맹공격으로 인해 사교(邪敎)로 낙인 찍히며 와해되었다.

白白敎의 正體!!

殺人鬼金龍海는

楊平山中서 自刎

追一峯天險속에

幽閉된密林地帶

親父狂信에憤慨

敎主와對質相鬪

백백교 관련 기사
1937년 4월 13일 《조선일보》 2~3면에 걸쳐 게재된 백백교의 살인 행각은 세상을 놀라게 했다.

그런데 오늘날까지 백백교 사건이 조선총독부에 의해 조작되었으며 세간에 와전되어 전해진 것이라는 풍문이 끊임없이 이어지고 있다. 당시에도 상당수의 종교 단체가 백백교 사건이 자신들에 대한 탄압의 신호탄이 아닌가 하여 전전긍긍했다고 한다. 실제로 1930년대 말 많은 종교 단체가 식민 권력에 의해 사교로 지목되어 강제 해산당했다.

당시 조선총독부에 의해 사교로 지목된 종교 단체를 지칭하는 공식 명칭은 유사종교였다. 그 상대개념은 공인종교였다. 공인종교와 유사종교를 가르는 기준은 종교 내부에 있는 것이 아니라 국가의 공인 여부에 있었다. 조선총독부에 의해 식민지 조선에서 공인된 종교는 기독교, 불교, 국가신도교(國家神道敎)뿐이었다. 반면에 식민지 조선 내 유사종교는 1935년 현재 60여 개로 동학(東學) 이래 창도된 모든 신종교를 포괄하고 있었다. 일본에서는 개항 이후 발생한 국수적인 신생종교를 흡수·통합해 국가신도교를 만들어 공인 종교로 대우한 것에 비한다면 대조적이고 차별적인 조치였다. 조선총독부는 본국과 식민지에서의 종교 정책에 이와 같이 이중적인 기준을 적용하면서 동시에 적용법령과 관할 부서도 차별했다. 공인종교는 포교규칙을 적용하면서 조선총독부 학무국 종교과에서 관할하도록 했다. 그러나 유사종교는 '집회취체의 건(集會取締의 件)'을 적용하면서 조선총독부 경무국(지금의 경찰청)의 감독과 통제를 받도록 했다.

《조선의 유사종교》란 책을 펴낸 조선총독부 촉탁 무라야마[村山智順]는 유사종교의 발흥 원인으로 첫째, 조선시대 이래 지배계급이 민중을 지속적으로 억압해 왔고 둘째, 이지(理智)에 눈을 뜨지 못한 조선의 민중이 합법적인 병합 이후의 새로운 신생활에 적응하지 못하고 있다는 점을 지적했다. 즉 60여 개의 유사종교가 난립하게 된 책임을 조선의 지배층과 민중에게 전가했다. 이는 유사종교가 갖고 있는 민족주의적 에너지, 즉 반체제성을 호도하기 위한 언급이라 볼 수 있다. 그의 파악대로 유사종교가 반봉건과 더불어 반외세의 기치를 내세우며 동학농민전쟁을 일으켰던 동학에서 비롯되었다면, 유사종교는 태생부터 반체제적일 수밖에 없었다. 이념적으로도 유사종교는 전통적으로 반체제 사상이라고 할 수 있는 후천개벽 사상을 공통분모로 하고 있었으므로 식민 권력에게는 반일 에너지가 가진 불순한 존재일 수밖에 없었다.

식민지시기 내내 식민 권력에 의해 유사종교로 불리던 신종교의 교세는 공인종교를 훨씬 능가했다. 어느 정도의 과장은 있겠지만 교인 수에 있어서 천도교는 300만, 보천교(普天敎)는 100만의 교도를 과시하며 각각 조선 제1

의 종교임을 자인하던 시절도 있었다. 기층 민중을 조직화하는 데 있어 유사종교가 공인종교를 수적으로 압도하고 있었던 것이다. 이처럼 식민지시기에 유사종교라 불리는 조직이나 단체들이 상당한 세력을 유지할 수 있었던 이유는 이들이 망국과 식민통치라는 고통스러운 현실을 잊고 싶어 하는 민중의 현실도피적인 성향을 흡수해 냈기 때문이다. 이들은 때로는 복고적이고 신비주의적인 방식으로, 때로는 좀더 세련된 근대적인 방식으로 교단을 운영하면서 기층민중을 포섭했다. 물론 민중을 현혹하는 사기성이 농후한 단체도, 식민 권력의 주구가 되었던 단체도 존재했지만 그러한 종교단체의 생명은 그리 길지 못했다. 보천교의 급격한 몰락은 교단의 친일화에 따라 민심이 이반했기 때문이었다. 백백교 역시 교단 내부의 문제와 그를 빌미로 한 식민 권력의 탄압으로 인해 급격히 몰락할 수밖에 없었다. 이러한 신종교의 부침 속에서 가장 큰 영향력을 갖고 있던 대표적인 종교단체로는 대종교, 보천교, 천도교를 들 수 있다.

무장투쟁에 나선 대종교

대종교는 식민지시기 무장투쟁노선을 마다하지 않았던 대표적인 신종교였다. 대종교는 국운이 기울던 1909년 개명한 유학자이자 관료 출신인 나철에 의해 창건되었다. 민족의 시조인 단군을 숭배함으로써 민족의식을 고양시킬 목적으로 근대 서구에서 도입된 종교 형식을 빌려 창건한 것이었다. 이처럼 강렬한 민족주의를 표방하던 대종교가 무단통치가 자행되는 공간에서 활동하기란 사실상 불가능했다.

대종교는 교단의 존속과 지속적인 민족운동을 위해 1914년 만주로 근거지를 옮겼다. 그리고 민족주의를 유지·고양시키고 민족운동을 위한 인적 토대를 구축하기 위해 화룡, 연길, 왕청, 훈춘 등에서 각종 학교를 운영했다. 동시에 무장투쟁을 전개하기 위해 지도자인 윤세복과 서일은 각기 흥업단과 중광단을 조직하기도 했다. 특히 중광단은 3·1운동 이후 만주에서의 민족주의 운동을 대표하는 정의단과 북로군정서로 계승·발전되었다. 이처럼 확고한 민족주의 이념 아래 당시 만주지역의 민족운동을 선도함으로써 박은식, 신채호 등 만주에서 활약하던 민족운동가 대부분이 대종교와 관련을 맺고 있었다고 해도 과언이 아닐 정도로 대종교의 영향력은 상당했다.

나철과 그의 동지들
나철은 1907년 3월 오적암살단을 조직했다. 왼쪽에서 두 번째가 나철이며 그는 이후 대종교를 중광(重光)했다.

그러나 1920년대 중반 일본이 만주의 군벌과 협력하고 길림성 정부와의 비밀협상을 통해 만주에서의 영향력을 확대하는 동시에 직접적인 군사 진출을 도모하면서 대종교는 또다시 존립에 위협을 느껴야 했다. 1926년에는 길림성 정부의 포교 금지 처분으로 인해 교단 본부를 부득이 삼림지대인 밀산으로 옮겨야 했다. 1931년 만주사변 이후에는 활동이 더욱 어려워졌다. 궁지에 몰린 대종교는 식민 권력과의 타협을 통해 종교단체로서나마 명맥을 유지하려는 현실적인 노선으로 선회하고 말았다. 그 결과, 일본이 만주를 지배하던 1934년 일제와의 타협 끝에 포교할 수 있는 권리를 획득할 수 있었다.

그러나 1937년 중일전쟁 이후 조선총독부가 본격적으로 민족말살정책을 실시하게 되면서 대종교 또한 탄압을 피할 길이 없게 되었다. 1942년 20명의 대종교 간부가 검거되었으며 이 중 10명이 옥사했다. 당시 죄목은 대종교가 '단군문화를 발전시켜 조선민중에게 조선정신을 함양시키고 민족자결의식을 선전한다'는 것이었다. 식민 권력에 대한 굴종과 타협도 대종교에 대한 그들의 의구심을 모두 씻어 주지는 못했던 것이다.

왕조 개창을 꿈꾼 보천교

암울한 현실을 외면하고 싶어 하는 민중에게 다분히 복고적인 신왕조 개창을 호소해 큰 세력을 형성했던 종교단체로는 보천교가 있었다. 교주 차경석은 전라도 지역을 기반으로 '대사상과 신통묘술로 신정부를 건설한다'는 새 왕조 개창설과 '조선의 독립을 음모하고 황제되기를 도모한다'는 천자 등극설을 주장하며 확고한 카리스마를 구축하는 데 성공했다. 차경석의 카리스마는 그가 천자가 되기 위해 대궐을 신축한다는 소문에 아예 전답을 모두 팔고 보천교의 본부가 있는 전북 정읍으로 들어오는 일명 탄갈자(彈竭者)가 속출해 사회 문제화될 만큼 상당한 위력을 갖고 있었다. 이러한 보천교의 모습은 매우 복고적이기는 하지만 내각 명단을 준비하고 신정부를 건설한다는 측면에서 일본에게는 반체제적이고 그래서 매우 불온한 것으로 비칠 수밖에 없었다.

보천교 본부의 정문
증산 사후 차경석에 의해 전북 정읍에서 창시된 보천교는 1920년대 엄청난 교세를 자랑하였다. 당시 이곳에는 차경석의 대궐을 짓는다는 소문이 돌았다.

그런데 1920년대 중반 들어 보천교단 내에서 붕괴 조짐이 나타나기 시작했다. 1923년 물산장려운동의 이사로 보천교 경성진정원(京城眞正院) 간부들이 참여하면서 정치·사회활동의 참여 범위를 놓고 노골화된 내분은 1924년 《시대일보》 인수 과정에서 더욱 증폭되었다. 또한 갑자년 등극설(1924년)이 허구로 드러나면서 차경석의 카리스마도 결정적인 타격을 입게 되었다. 그러자 이러한 위기를 타개하기 위해 보천교 지도자들은 친일노선을 선택했다. 1926년 보천교는 친일단체인 각파유지연맹(各派有志聯盟)과 함께 시국대동단(時局大同團)을 결성해 '서양세력이 동양을 침입하는 때를 당해 동양 황인종은 상호간 대동단결로써 세력을 공고히 하자'라는 친일적 구호의 선전대로 나섰다. 그러나 그 결과는 참담했다. 곳곳에서 보천교 박멸을 주장하는 성토 대회가 열렸고 민중도 보천교를 외면했다. 이후 보천교는 겨우 명맥만이 유지되다가 1936년 조선총독부에 의해 강제 해산되었다.

이처럼 한편으로는 왕조 개창과 천자 등극을 내걸어 민중을 규합하고 다른 한편으로는 합법화를 위해 식민 권력과 협력함으로써 교세 확장과 정치·사회 세력화의 두 마리 토끼를 쫓으려 했던 보천교의 시나리오는 민중으로부터는 외면당하고 식민 권력으로부터는 강제 해산당하는 비극으로 막을 내리고 말았다.

정치세력화를 도모한 천도교

천도교는 1905년 동학을 기반으로 창건되었다. 동학 교주였던 손병희는 이미 이전부터 교리와 조직의 근대화를 꾀하였으며 이를 바탕으로 부르주아적 기반이 강한 북부지방에서의 포교에 성공했다. 그리고 러일전쟁 이후 적극적인 정계 진출을 위해 일진회를 조직하고 갑진개화운동을 펼쳤지만 이용구의 배신으로 실패하고 말았다. 그러자 손병희는 권동진, 오세창, 양한묵 등과 함께 서구 종교를 원용해 천도교를 창건하였다. 천도교 창건 때 표면적으로는 정교분리를 내걸었지만 내면적으로는 초창기부터 보다 적극적인 포교의 방편으로 정치 진출을 모색하고 있었다. 이러한 초창기 천도교의 지향성은 식민지시기에 들어와서도 일관되게 유지되었다. 1910년대 중앙집권적인 운영체제를 갖추고 꾸준한 교세 신장을 통해 내실을 기하는 한편 교육운동이라는 형태로 사회활동을 지속하던 천도교는 3·1운동 당시 기독교·불교와 연대하고 기독교 측에 5,000원을 제공하며 독립선언서를 인쇄·배포하는 등 실무와 자금을 도맡는 실질적인 주도체로서 활약했다.

3·1운동 이후 식민 권력의 문화통치로 인해 정치·사회활동의 공간이 확대되자 천도교는 천도교청년당을 통해 정치세력화를 꿈꾸며 노동자·농민·여성·학생 등 계층별 조직을 꾸리고 사회운동을 전개했다. 1920년대를 대표하는 잡지 《개벽》을 발간하고 손병희의 셋째 사위였던 방정환이 어린이 운동을 전개한 것도 천도교청년당 활동의 일환이었다.

그런데 천도교 역시 1920년대 중반 민족운동전선이 분화되는 소용돌이에 휘말리면서 타협적 민족주의 계열인 신파, 비타협적 민족주의 계열인 구파, 사회주의적 지향을 갖고 있는 연합회파 그리고 순일(純一)한 종교적 색채를 강조하는 육임파(六任派) 등 네 개의 파벌로 분화되었다. 이 가운데 천도교 신파가 전체 교인의 90퍼센트를 장악했는데 그들의 정치 노선은 자치론이었다. 즉 영국이 인도에서 자치를 실시하는 것처럼 식민지 조선에서도

천도교 중앙대교당
서울 종로구 경운동 88번지에 있으며, 1921년 2월 준공되었다. 이곳에서는 천도교의 종교행사뿐만 아니라 정당, 사회단체의 집회도 활발하게 열렸다.

자치가 실현되도록 일본 정계를 상대로 운동을 벌이고 만약 자치가 실현될 경우 천도교청년당을 중심으로 천도교 세력이 제1의 정치세력이 된다고 하는 지향점을 갖고 있었다. 천도교 신파 지도자인 최린과 정광조는 모두 일본 유학파로 이 가운데 최린은 3·1운동의 실질적 주모자로 알려지면서 일약 명사가 된 인물이었고 정광조는 손병희의 둘째 사위라는 후광을 업고 있었다.

한편 천도교 구파는 비타협적 민족주의 세력의 중추 역할을 하면서 사회주의 세력과의 연합전선인 신간회의 결성과 활동을 주도했다. 연합회파는 일찍이 만주로 옮겨 가 이상촌 건설운동을 도모하면서 만주와 연해주 지역에서 민족주의자와 사회주의자의 연합전선인 고려혁명당을 결성하기도 했다. 이처럼 천도교 내 각 분파는 종교적인 활동보다는 오히려 정치·사회 활동에 주력하면서 이를 빌미로 분열하고 때로는 다시 합동하는 양상을 보였다.

1930년대 들어와 일본이 대륙침략을 강행하게 되면서 천도교 신파의 자치 구상은 좌절되었다. 신파는 자치운동을 포기하고 대동방주의(大東方主義)를 표방하며 식민 권력에 적극 협력했다. 구파 역시 1930년대 말에 이르러서는 조선총독부의 탄압에 더 이상 버티지 못하고 신파와 합동한 뒤 친일대열에 합류했다. 결국 천도교의 친일 행보는 해방 이후 지탄의 대상이 되었고 남북분단과 함께 급격한 교세의 위축을 겪지 않을 수 없었다.

‘미신을 믿지 말라’

한편, 체계적이고 근대적인 조직을 갖추지는 못했지만 민중에게 고통스러운 현실을 잊게 해 주는 도피처로서 여러 가지 신앙 행위가 존재했다. 신도신앙(新都信仰)이 가장 대표적인 예이다. 신도신앙이란 지금은 육해공군 본부가 들어서 있는 계룡산 신도를 새 왕조의 도읍지라고 예언한 《정감록》을 신봉하면서 가산을 정리해 그곳에 정착하고자 몰려드는 현상을 가리켜 부르는 말이었다. 이와 같이 반체제적, 현실부정적인 성격을 갖고 있던 각종 신앙 행위들은 조선총독부에 의해 사이비로 규정되어 탄압당하거나 신종교의 사이비성을 부각하는 데 활용되었다.

당시 지식인들이 각종 신종교의 신앙 행위를 바라보는 시각은 냉담했다. 그들이 볼 때, 그러한 신앙 행위는 과학이 아니라 미신에 불과한 것으로 타파해야 할 대상이었다. 1920년대에는 "신선의 술법에 능통해 천지간 모든 일을 뜻대로 하고 항상 구름을 타고 다닌다."고 하는 교주 차경석이 이끄는 보천교가 가장 혹독한 비판대상이었다. 그러나 차경석을 직접 만난 한 논객이 그에 대해 "현시대의 지식은 결여했다 하더라도 구시대의 지식은 상당한 소양이 있다. 그의 엄격한 태도와 정중한 언론은 능히 사람을 감복케 할 만하다. 그는 한갓 미신가가 아니요 상당한 식견이 있다."고 인물평을 했듯이 보천교에 대한 세간의 소문 중에는 상당히 과장된 것들이 많았다.

비교적 근대적인 종교로 대접받았던 천도교조차 지식인들의 비판을 면하지는 못했다. 1930년 전후에 진행된 사회주의자들의 반종교운동에서 그들은 천도교를 자신들이 전취해야 할 민중을 미혹시키는 타도의 대상이라며 맹공을 퍼부었다. 이처럼 당대의 지식인들이 신종교에 대해 호의적이지 못했던 이유를 역설적으로 표현하자면 그들 역시 '합리적이고 과학적인 서구 문명'을 신봉하는 오리엔탈리즘적 시각에서 벗어나지 못했기 때문이라 할 수 있다.

신종교, 정치인가 종교인가

지금까지 우리가 식민지시기 신종교를 바라보는 시각은 매우 '종교적'이었다. 종교라는 잣대를 놓고 특히 사이비와 사이비 아닌 것의 구분을 강조하면서 신종교가 해방 후 비중 있는 종교 세력으로 성장하지 못하는 이유를 전근대성에서 찾아왔다. 그러나 이상에서 살펴보았듯이 신종교는 식민지시기 제국주의 침략에 신음하는 민중의 정서와 에너지에 기반해 있었다. 경우에 따라서는 식민지시기 정치활동, 즉 민족운동의 장에서 상당한 역할을 수행하기도 했다. 식민 권력 역시 신종교의 정치 지향성에 주목해 그들을 '조선 민족정기의 온상이자 항일정신의 훈련단체'로 파악하고 있었다. 그럼으로써 더욱 혹독한 탄압을 견뎌야 했고 친일을 해야 했으며 해방 후 세력을 거의 상실하는 길을 걸었다.

결국 신종교는 일부 종교단체의 비리나 문제를 신종교의 기본 성향인 양 과장하던 식민 권력과 비과학은 곧 미신으로 간주하던 당대 지식인들의 시각, 그리고 그것으로부터 영향을 받은 대중의 신종교에 대한 부정적인 시각을 다시 성찰할 기회마저 상실하고 말았다.

김정인 _춘천교대 교수

개신교는 어떻게 '개독교'가 되었을까

강성호

늦바람이 무섭다는 말이 있다. 늦게 불기 시작한 바람이 초가집 지붕마루에 얹은 용마름을 벗겨 갈 만큼 세다는 의미다. 흔히 사람도 늙은 후에 한번 바람이 나기 시작하면 걷잡을 수 없음을 비유적으로 표현한 속담이다. 종교도 마찬가지다. 100년도 되지 않은 짧은 시간 동안 급속한 성장세를 이룬 한국 개신교는 무섭게 불어닥친 늦바람의 종교라 할 수 있다. 어디 그뿐이랴. 식민 지배, 분단, 전쟁, 독재로 이어지는 한국 근현대사의 질곡 속에서 개신교는 끈질기게 살아남았다. 아니, 한 순간도 성장을 멈추지 않은 채 무시무시한 영향력을 발휘하고 있다. 그 위세는 세계에서 가장 큰 교회 50개 가운데 절반 정도가 한국에 있다는 사실에서도 알 수 있다.

자생적 공동체의 등장

조선 후기가 되면 이곳저곳을 돌아다니면서 책을 파는 서적 외판원이 등장한다. 흔히 이들을 책쾌(冊儈)라 부른다. 장사를 하려면 자신이 파는 상품에 대해 잘 알아야 하는 건 당연지사. 그러다 보니 책쾌는 책의 저자가 누구인지, 목차와 내용이 어떻게 되는지, 책의 소장자와 소장 연도 등을 줄줄이 꿰고 있었다. 책에 관한 한 이들은 전문가였다. 생계유지를 위해 몰락 양반들 중에서도 책쾌가 등장할 정도였다.

한국 개신교의 시작을 자생적으로 이룬 권서(勸書)는 일종의 책쾌다. 권서란 여기저기를 방문하면서 성서를 판매하고 개신교를 전파한 이들을 가리킨다. 1870년대 중후반 스코틀랜드 선교사와 의주 장돌뱅이들의 만남은 권서의 시작을 알렸다. 예전에는 1885년 4월 5일에 미국에서 온 아펜젤러와 언더우드 선교사가 제물포에 당도한 날을 한국 개신교의 시작으로 알고 있었지만, 이미 1880년대 초에 자생적인 신앙공동체가 형성되어 있었다. 권서의 활약으로 말이다. 언더우드 선교사가 1887년 가을에 평북 의주를 방문했을 때는 이미 세례(죄를 용서받는 의례를 통해 교회의 정식 일원이 되는 절차)를 받기 원하는 사람이 100여 명이나 있었다. 소래의 신앙공동체에 자극을 받은 언더우드 선교사는 그 길로 서울로 달려가 교회를 세웠다. 그게 바로 1887년에 설립된 새문안교회였다. 권서는 1880년대에 초기 교회가 형성되는 데 결정적인 역할을 했다고 볼 수 있다.

1880년대가 권서의 '전성기'였다면, 1890년대는 선교사들의 주도성이 나타나기 시작한 시기라고 할 수 있다. 1890년대 초반부터 선교사들의 내륙 진출과 거주가 어느 정도 허용되면서 선교사들은 전국의 주요 도시에 교회를 개척하기 시작하였다. 이러한 과정에서 선교사들 간에 충돌과 갈등이 발생했다. 선교지역이 중첩되다 보니 일어난 일이었다. 정리가 필요했다. 그래서 1890년대에는 선교사들이 협약을 통해 담당 구역을 조정하기 시작하였다. 교파별로 선교지 분할이 이루어졌다. 선교사들은 내륙 진출을 통해 자신들의 활동이 자유로워지자 신앙생활의 기본이 되는 성서와 찬송가를 한국어로 번역하기 시작하였다. 문제는 성서를 번역하는 과정에서 선교사들 간에 용어를 둘러싸고 첨예한 논쟁이 발생했다는 점이다. 대표적인 논쟁으로는 신 명칭을 '천주'로 하느냐 아니면 '하나님'으로 결정하느냐에 관한 것이었다.

또한, 1890년대는 예배당 건축이 시작되는 시기이기도 했다. 1880년대에 자생적인 신앙공동체가 세워질 때는 예배당을 따로 짓지 않았다. 공동체 멤버가 살던 집을 예배당으로 이용했을 뿐이다. 그러다 공동체가 커지면서 좀 더 넓은 공간이 필요해졌고, 이는 예배당 건축으로 이어졌다. 흥미로운 점은 내외 구별이 심한 조선 문화를 예배당 공간에 반영했다는 사실이다. 초기 예배당은 한옥을 교회 용도에 맞게 개축하거나 신축하는 경우가 많았다. 크게 일(一)자형과 기역(ㄱ)자형으로 나눌 수 있는데, 일자형은 강대를 중심으로 좌우를 나누어 남녀석을 구별했다. 기역자형은 남자석과 여자석을 기역의 양 날개처럼 분리하였다. 이는 기독교가 선교의 과정에서 유교의 내외법을 수용하고 타협한 결과였다.

자생적 신앙공동체, 한옥 예배당, 선교사들이 번역한 한글성서 등을 토대로 형성된 초기 교회는 1900년대를 거치면서 일종의 토착화가 이루어지기 시작하였다. 그 절정은 1907년 평양 대부흥 운동이었다. 이때부터 한국 개신교만의 독특한 관습인 새벽기도와 통성기도가 널리 퍼지게 되었다. 새벽기도가 새벽에 치성을 드리는 조선의 풍습이 개신교와 만나서 나타난 현상이라면, 통성기도는 마음속으로 기도하는 데 익숙한 선교사들이 처음 접하고 크게 놀랐을 정도로 한국적인 현상이었다. 이를 계기로 한국 개신교는 한국인들의 심성에 맞는 종교로 탈바꿈하였다.

근대 문물의 전파자

초기 한국 개신교 역사는 '미션 스테이션의 역사'였다. 선교사들은 자신들의 종교를 전파하되 교육과 의료 서비스를 함께 제공하는 전략을 짰다. 선교-의료-교육이라는 세 가지 틀로 구성된 선교 전략이라고 해서 흔히 삼각 선교(Triangle Method)이라고도 한다. 조선에 일반 선교사들뿐만 아니라 교육 선교사와 의료 선교사가 오는 이유이기도 하다. 그런데 제한된 인원을 전국 방방곳곳에 보낸다는 건 비효율적인 일이었다. 전략적인 장소가 필요했다. 선교사들은 교파별로 배정받은 지역 가운데 활동하기가 좋은 도시를 물색했다. 그러고는 주요 도시에 미션 스테이션(Mission Station)이라고 하는 '거점 장소'를 설치하였다.

미션 스테이션은 머나먼 이국으로 온 선교사들의 일상이 이루어지는 공간이자 주요 활동 무대였다. 선교사들은 미션 스테이션에 교회와 병원, 그리고 학교를 차례차례 세워 나갔다. 미션 스테이션은 선교사들의 일상생활과 선교활동이 동시에 이루어지던 곳이었다. 그야말로 선교와 의료, 그리고 교육의 기능이 유기적으로 조합된 근대적 공간이었다. 이들이 세운 건축물들은 오늘날 한국의 근대건축 문화유산으로 남아 있는 경우가 많다.

그런데 선교사들은 읍성이 내려다보이는 경사진 언덕에 미션 스테이션을 세우는 걸 선호했다. 현지인들과 어울리기보다 현지인들로부터 분리된 자신들만의 공간을 만들었다. 몸에 익은 중산층의 삶을 완전히 극복하기란 쉽지 않은 일이었을까. 조선인들이 보기에 선교사들이 사는 언덕은 '축소된 미국'이었다. 선교사들은 자신들의 문명 세계가 '어두운' 조선 땅을 비춰 주기를 바랐다. 하지만 언덕 위의 작은 미국은 '문명화'된 기독교 세계가 비기독교적이고 원시적인 조선과 얼마나 다른가를 극명하게 보여 주고자 했던 우월의식의 무의식적 발로이기도 했다. 이들은 조선을 사랑했지만 마음속 우월의식을 떨쳐 내기란 매우 어려웠다.

미션 스테이션이 기여한 부분은 분명 있었다. 이들이 세운 미션 학교들은 근대 문화와 지식을 알리는 데 중요한 역할을 했었다. 미션 학교들을 통해 근대적 생활양식과 사고 체계를 갖춘 지역 인재들이 배출될 수 있었다. 미션 여학교의 경우 여성이 근대사회의 일원으로 받아들여지는 지역적 토대로 작용하였다. 미션 병원은 조선인들이 근대성을 직접적으로 체험하는 장소이기도 했다. 이렇게 미션 스테이션에 설립된 병원과 학교는 지역사회에 근대 문물이 전파되는 창구 역할을 톡톡히 수행하였다.

1919년 3·1운동의 발발과 전개에서 한국 개신교가 기여한 몫은 상당하다. 그런데 만세 시위가 전파된 곳을 자세히 살펴보면 흥미로운 사실을 알 수 있다. 각 도(道)별로 최초 시위가 촉발된 장소가 거의 대부분 미션 스테이션이 설립된 지역이다. 충청남도를 제외하곤 모두 미션 스테이션이 있던 곳에서 만세 시위가 일어났었다. 사실 3·1운동의 시위 문화는 근대적 현상이었다. 예를 들어, 시위 확산에 큰 기여를 했던 지하 신문과 유인물은 근대 인쇄 매체를 통해 만들어졌고, 근대적 공간인 도시에서 시위가 시작되어 농촌으로 번져 간 양상도 주목할 만하다. 조선 후기의 민란이 농촌을 중심으로 전개되었던 것과 대비된다. 의료와 교육이라는 근대적 기제를 전파한 미션 스테이션이다 보니 근대적 현상인 시위 문화가 확산될 때 재빨리 호응할 수 있었던 것이다.

증오의 얼굴을 한 개신교

문제는 한국 개신교의 긍정적인 역할 못지않은 부정적인 모습이다. 한국 현대사를 돌이켜봤을 때, 혐오는 오랫동안 한국 사회에서 횡행했다. 분단체제의 지배 이데올로기로 강력한 힘을 발휘했던 반공주의가 혐오표현의 기원으로서 작동했기 때문이다. 반공주의는 국가권력이 국민을 훈육하거나 통제하는 수단이었다. 이로 인해 한국 사회는 정치·사회적으로 배제되어야 할 타자를 만들어 이들에게 폭력을 행사하는 데 익숙해져 버렸다. 체제에 반대하거나 순응하지 않는 사람들을 '빨갱이'로 규정하고 낙인찍는 일은 이제 잘 알려진 사실이다.

혐오표현의 요소들은 반공주의를 이해하는 데 큰 실마리를 준다. 혐오표현이 성립되려면, 차별받는 집단이 존재해야 하고, 이 집단에 대한 부정적 관념과 편견이 존재해야 한다. 이들에 대한 크고 작은 편견들이 집단적으로 강화되면 혐오표현으로 이어지고, 궁극적으로 증오범죄로 나타난다. 반공주의도 마찬가지다. 반공주의는 '빨갱이'라는 타자를 양산하고, 이 빨갱이에 대한 온갖 편견과 증오를 조장하였다. 그런 점에서 반공주의는 혐오표현과 증오범죄의 기저를 이루고 있다.

중요한 사실은 한국 개신교가 반공주의의 첨병으로 크게 활약했다는 점이다. 이념의 과잉이라 이야기할 수 있을 정도로 한국 개신교는 반공주의에 크게 경도되었다. 한국 개신교 역사를 이해하는 데 반공주의는 매우 중요한 주제라 할 수 있다. 그렇다면 한국 개신교는 어떠한 연유로 반공주의를 강력하게 내면화한 종교가 되었을까.

첫 번째 계기는 사회주의 세력과의 갈등이다. 1920년대 중반 사회주의 세력은 개신교가 사회적 문제에 무관심하고 복만 추구하는 행태를 크게 비판하였다. 제국주의와 자본주의를 옹호하는 '인민의 아편'으로 규정하는 반기독교 운동—오늘날의 안티 기독교 운동을 전개하였다. 이들의 반기독교 운동은 개신교의 역기능에 기인하였다. 비판이 제기되면 자신을 반성하기보다 상대를 탓하는 게 인지상정. 반기독교 운동이 점차 가열될수록 한국 개신교의 반공적 성향은 강화되어 갔다. 1930년대 중반쯤 되면 요한계시록에 나오는 '붉은 용'을 사회주의로 묘사할 정도였다. 이때부터 기독교적 기표를 활용하여 사회주의를 악마화하는 문화가 한국 개신교 내부에 자리 잡기 시작하였다.

한국 개신교의 반공'주의'가 '운동'으로 나아가게 된 계기는 해방정국이었다. 소련이 신탁통치를 주장한다는 오해에서 비롯된 반탁운동은 한국 개신교의 반공주의를 사회운동적인 성격을 띠게 만들었다. 이때부터 한국 개신교는 사람들을 동원하고 힘을 결집시키는 방식으로 반공의 기치를 내세웠다. 한국 개신교의 반탁운동은 주로 기도회 형식을 통해 이루어졌다. 명목상 기도회지만 예배도 아니고 기도회도 아닌 반공집회가 열렸다. 이러한 모습은 지금도 극우 개신교가 답습하고 있다.

반탁운동을 통해 한국 개신교는 냉전 논리를 내면화하였다. 한국 개신교는 반탁운동을 전개하면서 소련을 세계 적화 야욕을 지닌 제국주의 세력으로, 사회주의자들을 소련의 하수인인 반민족 세력으로, 반면에 자신들을 공산진영에 대항하는 자유진영으로 인식하기 시작했기 때문이다(강인철, 《한국의 개신교와 반공주의》, 중심, 2006). 이때부터 한국 개신교는 냉전의 시선으로 세계를 바라보기 시작했다.

그러다 1970년대 중반에 이르러서 독특한 현상이 나타났다. 바로 '6·25전쟁'을 기억하고 기념하는 전쟁기념예배의 유행이다. 여기서 '6·25전쟁'이라는 용어는 북한의 남침만을 강조함으로써 증오의 기억을 끊임없이 복기시키고 냉전적 세계관을 강화하는 담론으로서 기능했다. 냉전, 증오, 분단, 적대의 감성 정치가 예배 시간을 장악했다. 증오의 얼굴은 예배를 통해 재생산되고 확산되어 갔다.

강남 개발과 대형교회의 등장

한국 개신교의 어마어마한 성장은 1970~1980년대에 집중적으로 이루어졌다. 이러한 사실은 크게 세 가지 측면에서 확인할 수 있다. 첫 번째는 교인의 증가다. 1960년만 해도 62만 명 정도였던 개신교 신자가 1985년에 이르면 649만 명으로 늘어났다. 무려 열 배 이상 증가한 셈이다. 649만 명이라는 수치는 당시 전체 인구의 16.1퍼센트에 해당한다. 10년 뒤인 1995년에는 200만 명 이상이 증가한 876만 명 정도가 되었다. 100년 전만 해도 소수종교였던 개신교가 이제는 인구의 5분 1정도를 차지해 버린 것이다.

교인의 증가는 교회의 난립으로 이어졌다. 1960년에는 교회 수가 5,011

개였는데, 1980년이 되면 2만 1,243개가 되었다. 네 배 정도의 증가율이다. 교회 건축을 위해서라면 못할 것도 없었다. 재개발지역에 교회 건축물의 신축을 허가해 달라고 행정당국에 요청하는가 하면, 교회가 학교나 유치원과 같은 공공건물이라고 주장하면서 규제 완화를 요구하는 목소리가 교회에서 나왔다. 교회 건축의 무분별한 난립이 곳곳에서 벌어졌다.

가장 중요한 측면은 서울의 강남 개발과 대형교회의 등장이다. 주지하다시피 강남 개발은 강북의 인구 집중을 막기 위한 목적을 지녔다. 강남 개발이 이루어짐에 따라 강남 지역에는 교회 건축 붐이 크게 일어났다. 강남 지역의 교회는 1978년만 해도 40여 개에 지나지 않았는데, 1982년에 240여 개로 증가하였다. 해마다 평균 50여 개가 지어진 셈이다. 강남 지역의 교회 성장률은 56.7퍼센트가 되었고 헌금은 15퍼센트나 증액되었다고 하니 너도나도 강남에 교회를 짓겠다고 난리였다. 강남 지역의 상가 건물들은 금방 교회로 차 버렸다. 어느 곳을 둘러봐도 십자가가 높이 달린 교회를 어렵지 않게 찾을 수 있을 정도였다. 이를 두고 1982년 2월 17일자 《동아일보》는 강남구가 '교회구'로 변모하고 있다는 기사를 보도하기도 했다. 이러한 과정에서 소수의 대형교회가 등장하고 대다수의 개척교회가 난립하는 현상이 나타났다. 한국 개신교의 생태계가 파괴되는 건 금방이었다.

강남 지역에 대형교회가 등장할 수 있었던 이유는 무엇일까. 먼저 강북 인구의 급격한 강남 이주는 교인의 확보를 용이하게 만들었다. 1970~1980년대 교세의 급성장도 중요한 요인으로 작용했다. 거기다 1980년대 초반까지만 해도 강남 지역에는 예배당을 신축할 수 있는 부지를 구하기가 용이했고, 강북 지역보다 건축 허가를 받기가 쉬웠다. 요컨대, 강남 지역은 대형교회가 등장할 수 있는 요소들을 두루두루 갖추고 있었다.

강남 지역의 대형교회는 크게 이주형과 개척형으로 나눌 수 있다. 이주형 대형교회는 강북의 전통 있는 교회들이 일정수의 교인밖에 수용할 수 없는 한정된 공간을 탈피하기 위해 강남으로 건너온 경우를 말한다. 1979년 12월 말에 중구 쌍림동에서 강남구 신사동으로 옮겨 온 광림교회가 이주형 대형교회의 선발주자였다고 할 수 있다. 1984년에 충무로에서 강남구 역삼동으로 건너온 충현교회도 이주형 대형교회의 대표적인 사례였다. 문제는 강남 이주에 대한 교회 내부의 입장이 동일하지 않다는 점이다. 내부적으로 반발이 있을 수밖에 없었다. 영락교회의 경우 강남구 방배동에 임야 2만여 평을 사들여 강남 이주를 준비하다가 큰 내분을 겪기도 하였다.

개척형 대형교회는 강남 개발 초기에 개척교회로 출발했다가 교세가 급격히 불어난 경우를 가리킨다. 대표적인 사례로 압구정동 아파트 단지에서 큰 성공을 거둔 소망교회를 들 수 있다. 소망교회는 아파트로 상징되는 중산층의 소외감을 달래 주면서 대형교회로 성장할 수 있었다. 당시 아파트 선교는 대형교회로 성장하느냐 아니면 개척교회로 남느냐를 결정짓는 중요한 문제였다. 오죽했으면 충현교회는 강북에서 이주하자마자 아파트 선교를 당면한 과제로 인식했을 정도였다.

환원적 근대화와 개신교

대형교회가 한국 사회에 미치고 있는 영향력은 어마어마하다. 강남에서 대형교회로 성장한 충현교회와 소망교회는 민주화 이후 장로 대통령을 배출한 교회로 큰 주목을 받았다. 충현교회 장로인 김영삼 전 대통령과 소망교회 장로인 이명박 전 대통령은 대형교회의 정치적 영향력을 상징한다. 민주화 이후 선거정치가 중요해지면서 대형교회의 영향력은 더욱 커져 갔다.

또한, 대형교회의 등장은 한국 개신교가 환원적 근대화의 전도사로 자리매김하는 데 큰 기여를 했다. 환원적 근대화는 근대화의 과정을 오로지 경제성장으로만 환원시키는 프로젝트를 말한다(김덕영, 《환원근대》, 길, 2014). 1970~1980년대의 산업화와 도시화는 환원적 근대화 그 자체였다. 이때부터 한국 사회는 다양한 가치들을 무시하거나 경제적 가치에 종속시켰고, 큰 것이 아름답다는 생각에 사로잡혔다. 한국 사회에서 근대화를 경제성장과 동일시하는 '상식'이 만들어지는 것도 이때부터라 할 수 있겠다.

한국 개신교도 마찬가지였다. 설교 시간의 레퍼토리인 헌금 강요는 경제적 가치를 척도로 부흥을 외친 한국 개신교의 자화상이다. 이들에게는 양적 성장만이 부흥을 의미했다. 이웃의 고통을 함께 짊어지고 고난의 현장에 동참하는 건 '빨갱이 목사'들이나 하는 짓이었다. 양적 성장만을 추구하다 보니 왜곡된 부동산 집착증도 생겨났다. 한국 개신교는 성전 건축이라는 미명하에 작은 교회를 허물고 큰 교회를 짓는 데 혈안이 되었다. 원래 성전(聖殿)이라는 말은 세속적 공간과 구별된 성스러운 공간이라는 의미를 지녔는데, 1970~1980년대로 들어서면서 거대한 교회건축물을 만들기 위한 선전문구가 되어 버렸다. 건축비를 마련하기 위해 무리한 빚을 지는 일도 일상다반사였다. 하지만 한정된 시장 안에 대형교회로 성공할 수 있는 교회는 극히 소수였다. '모든 교회에 대한 모든 교회의 투쟁'이 전개되면서 한국 개신교는 무한 경쟁의 늪에 빠져 버렸다.

혐오하는 그리스도인의 탄생

양적 성장에 매몰된 한국 개신교의 민낯이 드러나는 건 시간문제였다. 그 민낯은 2000년대로 들어서면서 폭발적으로 나타났다. 무엇보다 한국 개신교는 양적 성장 외에 다른 여러 중요한 가치들을 상대화시킨 결과 타자에 대한 상상력을 잃어버렸다. 한국 개신교가 광장에서 혐오를 외치는 풍경은 이제 낯설지가 않다. 바야흐로 '혐오하는 그리스도인'이 탄생한 순간이다. 교회 성장을 위해서라면 모든 걸 하나의 수단으로 여긴 결과였다. 오랫동안 반공주의의 첨병으로 활약했던 경험도 크게 작용했다. 누군가를 증오하고 배제하는 경험은 한국 개신교에게 퍽 낯설지 않으니까.

상상력의 실종은 자신들의 윤리를 폐쇄적으로 사회에 강요하는 걸로 나타났다. 상대방을 배려해야 한다는 상식을 갖지 못한 채 보인 '무례함'의 사례들은 너무 많다. 1970~1980년대에는 새벽마다 종을 치고 찬송가를 불러대는 바람에 정신적 고통을 겪은 시민들이 상당했다. 그야말로 '소음 공해의 종교'였던 셈이다. 한국 개신교의 공신력은 금세 바닥으로 추락했다. 교회 건축을 둘러싸고 주민들과 싸우는 모습도 비일비재했다. 타종교에 대한 폭력도 서슴없이 휘둘렀다. 돈, 섹스, 권력이라는 자기 안의 우상을 성찰하기보다 당장 눈앞에 보이는 누군가를 공격하는 게 쉬운 방법이니까. 상상력의 실종은 곧 성찰의 부재로 이어졌다.

이러한 무례함은 자기 집단의 정체성에만 몰두한 결과였다. 코로나19 사태 때 한국 개신교가 신성한 예배를 포기할 수 없다는 이유를 들어 사회적 거리두기를 거부한 것은 자기 집단의 정체성에 매몰되어 있었기 때문이다. 한국 개신교는 신사참배와 순교라는 역사적 경험을 끊임없이 자기 집단의 정체성으로 강화해 나갔다. 그 결과는 집단적 피해의식의 형성이었다. 군사독재 정권 시절 보수 개신교는 협력을 아끼지 않았지만, 자신들의 피해의식을 건드리는 이슈에 대해서는 가차 없이 이의를 제기했었다. 특히, 일요일에 시험을 보거나 단군전을 건립하는 문제에 대해서는 목소리를 높였다.

양적 성장에 상상력을 잃어버린 대가는 참 컸다. 한국 개신교의 사회적인 고립은 스스로 자초한 꼴이다. 앞으로 한국 개신교는 인류애의 정치(Politics of Humanity)로 나아갈 필요가 있다. 인류애의 정치는 모든 사람이 평등한 가치와 존엄성을 가지고 있다고 생각하는 데서 출발한다. '존중'이라는 바탕에 상상력 넘치는 '동조'가 결합된 정치적 태도라 할 수 있다. 한국 개신교에게는 이 존중과 상상력이 무엇보다 간절하다.

강성호 _전남대 호남학과 박사수료

상처 입은 법당, 거듭나는 불교

김광식

한국 불교의 모순과 개혁

한국 불교를 대표하는 조계종단은 교단 내외의 제반 문제를 개혁하기 위한 활동을 1994년 무렵부터 힘차게 전개하였다. 1994년 '종단개혁'으로 지칭된 개혁의 방향은 정법을 구현하고 올바른 승풍을 확립하는 데 있었다. 이를 위해서 조계종단은 불교의 자주화, 수행풍토 진작, 교육 불사, 포교 강화, 사회적 역할 증대 등의 활동을 추진하였다. 이러한 불교개혁은 이전의 불교계 모순을 극복하고 시대에 부응하는 불교를 만들려는 자기 정화(淨化) 노력의 소산으로 이해된다. 조계종의 개혁 활동은 단시일 안에 완결될 수 있는 것은 아니었다. 1994년 이후의 행보, 성과 등을 총체적으로 살펴야 그에 대한 객관적인 평가를 할 수 있을 것이다.

개혁 이전 1980년대 명리(名利)에 치우친 불교 교단의 운영과 권력 지향적인 행태는 교단 내외로부터 강력한 비판을 받은 바 있다. 그 원인은 가까이는 과거 종단을 장악한 세력의 비합리적인 교단 운영에서 비롯되었지만 멀리는 일제강점기에 불교가 입은 상처와 해방 이후 이른바 비구승·대처승

(帶妻僧) 사이 갈등의 후유증에서 기인한 것이다. 따라서 1990년대 개혁의 성격과 방향을 가늠하기 위해서 불교가 안고 있던 모순을 개괄해 볼 필요가 있다.

1994년 3월 말부터 4월 초, 서울의 조계사에서는 조계종의 종단 집권파와 종단의 개혁을 추진하려는 범승가종단개혁추진회 측과의 치열한 갈등이 빚어졌다. 이 갈등은 조계종 총무원장의 3선 연임 강행으로부터 촉발되었지만, 그 이면에는 조계종 종단 측의 정치권력 지향성에 대한 승려와 신도들의 불만이 있었다. 이후 조계종은 과도 종단인 '개혁회의'를 출범시키고 새로운 종정과 총무원장을 선출하는 등 과거의 행태를 성찰하면서, 개혁의 방향으로 사태를 수습하려고 노력하였다.

조계종의 이러한 내분은 직접적으로는 1950년대부터 전개된 이른바 비구승·대처승 간의 갈등(정화운동, 법난)의 후유증에서 연유되었지만, 그 근본 요인은 일제하 식민지 불교로부터 잉태된 것이었다. 승려 본연의 자세에서 이탈하여 세속적 부와 권력을 얻으려는 행태는 한국 전통불교에서 파계로 인식된 승려의 결혼, 즉 대처승 문제와 깊이 연관되었다. 또한 이러한 문제는 일제의 식민지 불교 정책에서 기인하였으며, 당시 불교를 근대화시키려는 성급한 노선도 개입되었다는 측면에서 복합적인 성격을 띠었다.

승려들의 명리 추구와 대처승(승려 결혼) 문제는 근대 이전에도 있었다. 그러나 불교 모순의 밑바닥에 자리 잡고 한국 전통불교의 정신을 마비시킬 정도로 심화된 것은 일본 불교가 한국에 침투한 일제의 식민 통치 기간에 있었다. 달리 말하자면 일본 불교의 영향과 식민지 불교 정책으로 근대불교는 파행과 굴절의 길을 걸었다. 8·15해방 이후에도 식민지 불교의 잔재 및 산

조선에 진출한 일본 사원
일본 불교인 인천 본원사이다. 왼쪽에 달려 있는 종의 모양이 우리의 범종과 확연히 구별된다. 우리나라 범종은 종신이 곡선을 이루고 있는데 일본 종은 종신의 모양이 위에서 아래로 일직선을 이룬다.

물은 완전히 극복되지 못하였다. 그 단적인 실례가 불교의 권력 의존, 승려들의 종권 갈등, 비구승·대처승 간의 대립이었다. 승려 정체성에서 비롯된 1950년대 정화운동 혹은 법난으로 불렸던 대립 후에는 이전의 단일·통합 종단이 조계종과 태고종으로 분열되었다. 그리고 수십여의 군소 종단이 뒤를 이어 등장하면서 한국 불교는 다종단으로 해체되었다.

그러므로 해방 이후 불교개혁의 방향은 권력 및 외압으로부터 벗어나 불교의 자주화로 모아졌다. 나아가 전통문화의 담당자였던 불교 본연의 생명력을 활성화시키면서 승풍을 일으키고 사회에 대한 활동을 강화함으로써 중생 및 시대의 고뇌 해결에 일조할 수 있었다.

불교 근대화의 허와 실

조선 후기 이래 불교는 사회적으로 핍박을 받고 있었으니, 이를 상징하는 것이 승려들의 도성 출입금지였다. 이러한 승려 도성 출입금지를 해제하는 데에 일본 승려가 결정적인 역할을 했다. 그러나 일본 승려가 한국 승려의 도성 출입금지 해제(1895년)를 추진한 것은 일본 불교의 한국 침투를 위한 사전 정지작업의 일환이었다.

도성의 출입금지에서 자유로운 왕래로의 전환은 불교계에 큰 변화를 가져왔다. 당시 불교계는 이를 가능하게 해 준 일본 불교에 대하여 우호적인 감정을 가졌다. 예컨대 용주사의 승려였던 상순은 그 조처를 주도한 일본 승려에게 "자비의 은혜를 베푸시어 본국의 승도들로 하여금 5백 년 래의 억울함을 쾌히 풀게 하였습니다. 이제부터는 왕경(王京)을 볼 수 있으니 이는 실로 이 나라의 승려로서 감사하고 치하하는 바입니다."라는 감사의 편지를 썼다.

그러나 그 조처 뒤에 일본 불교를 선발대로 내세운 일제의 한국 침략 의도를 철저히 간파하지 못한 것이 불교계의 현실이었다. 당시 불교계는 도성 출입금지 해제를 불교를 발전시킬 수 있는 절호의 계기로 보고 이른바 불교의 대중화에 나섰다. 또한 불교계에서는 당시 풍미하고 있었던 사회진화론의 영향하에 일본 불교가 포교 등 불교의 근대화에 선진적이라는 인식을 하였다. 그래서 일본 불교를 배워야 한다고 판단했다. 아울러 이러한 불교계의 인식 저변에는 당시 성장하고 있는 기독교와의 대결 의식이 은연중 자리잡고 있었다.

불교의 대중화와 기독교와의 대결 의식은 자연스럽게 불교의 근대화 문제와 연결되었다. 이 경우 불교 근대화의 모델로 일본 불교가 부각되었다.

교육, 포교, 사회활동 등에서 선진적인 일본 불교를 모방하는 것은 당연한 행보였다. 그러나 불교의 근대화를 추진하면서 그 모방의 대상국이 우리 한국을 침략하는 제국주의 국가였다는 점을 유의하지 않은 것이 문제였다. 요컨대 민족과 근대의 사이에서 올바른 중심을 잡지 못하고 근대 문명 추구의 대열에 함몰되었던 것이다. 그러나 이러한 불교계의 '친일' 행태를 당시 개화 지식인의 일반적인 의식으로 인정한다면 사사로운 이익을 위해 민족을 배반한 '친일파'와는 구분해야 한다.

이렇게 일본 불교를 배워 불교 근대화를 이루려는 경향은 불교계에서는 점차 일본어 학습, 일본 유학 및 관광, 일본 불교 종단에서의 수계 등이 유행하였다. 심지어는 의병항쟁의 와중에서 사찰을 보호받기 위해 일본 불교의 소속으로 전환하려는 사찰이 나오기도 하였다. 부산에 있었던 일본 불교의 종파인 진종대곡파의 부산별원에 한국 승려들의 출입이 빈번하였다는 사실도 이런 사정에서 나왔다.

심지어는 한국 불교의 전통을 망각하고 불교 전체를 일본 불교의 일개 종파인 조동종에 예속시키려는 조동종 맹약(1910. 10.)이라는 사태까지 나타났다. 그래서 불교계에 일대 혼란을 불러일으켰다. 이러한 시도는 한용운, 박한영, 백용성, 진진응 등이 중심이 된 임제종운동으로 좌절되었다. 그러나 당시 승려들이 일본 불교에 대해 어떠한 생각을 가지고 있었는가를 알 수 있다. 유의할 것은 일본 불교로의 예속을 철저히 반대했던 한용운도 일본을 시찰했으며, 일본 불교의 영향을 받고 승려의 결혼 인정을 적극 주장하였다는 점이다. 물론 한용운의 경우 불교 발전이라는 충정에서 나온 것이지만, 중추원 의장과 통감부 통감에게 승려의 결혼을 인정해 달라는 건의를 1910

년에 두 번이나 한 것은 사실이다.

일본 불교에 대한 우호성으로 인해 당시 불교계에서는 일본 불교 종파와 그에 연결된 친일세력 등을 배경으로 교단의 주도권을 확보하려는 경향이 노골화되었다. 구한말 이래 불교계에서 주도권을 행사하였던 해인사 승려 이회광과 용주사 승려 강대련은 불교계 주도권을 장악하기 위해 지속적으로 일본 불교 세력을 이용하였다. 그러면서 경쟁적으로 친일파인 송병준과 이완용을 그들이 주도하고 있는 불교 단체의 회장으로 추대하였다. 일제는 그들 간의 알력으로 오히려 불교계 통제가 원활하지 않게 되자 그 단체의 대표들을 배제하였다. 이러한 권승의 행각은 불교 발전을 빙자하여 종권을 장악하려는 것이었다. 그들은 세속의 권력자를 내세우고, 나아가서는 일본 불교 세력과 정치권력의 유대를 강화하고자 했다. 불교계의 이러한 행태는 일제의 식민통치 기간 여러 형태로 되풀이되었다.

그러나 이처럼 성급하게 일본 불교에 의존하여 불교를 근대화하려는 노력은 사회의 모순을 극복하고 중생을 구제하려는 불교 본연의 자세와는 거리가 먼 것이었다.

승려의 결혼과 사원공동체 파괴

일본 불교의 한국 침투와 일제의 식민지 불교 정책의 영향으로 불교계에 큰 영향을 끼친 것은 승려의 결혼문제였다. 승려의 결혼은 일본 불교의 상징으로 간주될 정도로 메이지유신 이후 일본 불교계에서는 거의 보편화되었다. 그러나 한국의 전통불교에서 승려의 결혼 곧 결혼은 파계로 단정되었으며 승려로서의 자격을 상실당하는 금기 사항이었다. 그런데 한국 불교계는 1910년 경술국치를 전후하여 대처 문제가 본격적으로 논란의 대상이 되기 시작하였다. 그러나 승려의 결혼은 전통불교의 파괴와 함께 승려의 자주정신을 퇴보시켰다. 또한 사원공동체를 파괴할 수도 있다는 점에서 우려스러운 것이었다.

어느 종교이든 그 종교가 지향하는 계율과 신앙 형태의 유지는 종교 속성상 중요한 문제이다. 제국주의가 다른 나라를 침략하거나 통치할 경우에는 사전에 문화 및 종교를 앞세우는 것이 상례였다. 특히 침략자와 식민지 지역의 종교가 동일한 경우에는 침략자 측의 계율 및 신앙을 식민지의 종교에 강요하거나 반영시켰다. 일제는 한국을 강탈한 직후 한국인의 정신에 큰 영향을 끼치고 있는 불교를 통제하기 위한 목적에서 사찰령(寺刹令)을 제정하고(1911. 6.), 각 사찰의 운영을 규정하고 있는 사법(寺法)도 만들게 하여 직접 관장하였다.

그런데 사법에서는 계율상으로 승려 결혼은 절대 어긋난 것으로 나온다. 승려 자격 박탈이었다. 그러나 일제는 퍼져 나가고 있는 승려 대처를 방치하면서, 주지의 대처만은 인정하지 않았다. 1926년 주지의 대처를 허용하자는 문제가 불교계에서 공론화된 이후 주지 대부분이 대처를 하기에 이르렀으며 일제도 이를 묵인, 허용했다. 승려 대처는 그 이후에 더욱 파급되어 해방 직전 남성 승려 6,000여 승려 중 결혼을 하지 않고 수도에 정진하는 승려는 불과 300여 명이었다고 수덕사 승려 송만공이 평할 정도였다.

당시 승려 결혼은 불교 근대화의 일환으로 이해되었다. 불교 근대화의 모델이었던 일본 불교의 경우 승려의 결혼은 보편적이었다. 승려 인권, 포교의 강화, 승려의 배출이라는 점에서 긍정적인 측면이 인식되었던 것도 사실이다. 당시 대처론자도 여기에서 정당성을 찾고 있었다. 그러나 일본의 경우 개별 사찰이 승려 개인의 역량에 의존해서 운영되고 있었기 때문에 한국과는 문화적 차이가 있었다. 한국의 경우 대처는 사찰 재산 망실, 주지직 등 권력 지향, 사찰공동체를 파괴하는 속성을 갖고 있었기 때문이다.

또한 일제는 불교계가 민족운동에 나서지 못하게 하기 위해 불교계의 자주, 자립 정신을 은연중 제한하면서 분열을 조장하였다. 결혼의 묵인 및 허용은 사찰공동체의 파괴를 통해 불교계를 분열시키려는 의도와 무관할 수 없다. 따라서 승려의 결혼은 파계와 일본 불교의 영향을 받았다는 것에 머무르지 않고 전통불교의 기반 및 사찰 재산의 손실, 직위 확보를 위한 갈등 등을 초래하였다. 그 때문에 뜨거운 감자와 같은 아주 예민한 문제였다. 동시에 사자신충(獅子身蟲)과 같이 불교를 내부에서부터 파괴하는 암적인 존재였다.

그러나 불교계의 개혁을 위해 노력한 청년 승려들 대부분도 결혼을 한 사실에 유의해야 한다. 1920년대 초반 3·1운동의 영향을 받아 불교계의 개혁을 위해 청년 승려들이 불교청년운동을 강력히 추진하면서 불교계에서는 보수와 진보의 대결이 심화되었다. 일본 유학은 개혁 지향적인 청년 승려들에게는 하나의 풍조가 되었는데, 유학을 마치고 귀국한 그들은 대부분 결혼을 하였다. 유학 전후에 결혼한 불교 청년들이 각 사찰에 돌아와서 사찰 경영 문제를 놓고 중견 승려와 마찰을 일으켰다. 또한 일부 청년 승려는 결혼 후 환속하기도 하였다. 그런데 문제는 불교 개혁을 주장하였던 청년 승려들이 자주적인 불교 발전을 주장하면서도 민족운동의 대열에 합류한 측면도 있었지만 일본 불교를 한국에 이식하는 매개자 역할을 하였다는 비판을 받았다는 점이다. 여기에서 불교 근대화론자들의 한계가 단적으로 드러난다. 그 때문에 여기에서 불교 근대화의 다면성이 나온다,

1930년 5월 한용운의 민족정신, 불교개혁운동을 따르던 불교 청년들이 조직한 항일비밀결사 만당(卍黨)의 당원이었던 이용조는 승려의 대처문제를 불교계 모순으로 단정하였다. 즉 "대처생활 이후로 신성하던 교계는 아연히 아귀도량으로 변하고 말았다. 파쟁도 이곳에서, 주지 전제도 이곳에서, 부정사건도 이곳에서"라고 표현하였다. 이용조는 1940년경에 이르러서도 불교계의 가장 큰 모순을 아집으로 보면서 그 아집이 나온 원인을 대처생활이라고 단정하였다. 그리고 그는 조선 불교의 갱생을 위해서는 단연코 대처를 하지 말거나, 아니면 대처생활을 하면서도 불교계가 발전이 될 수 있는 제도로 고쳐야 된다고 주장하였다. 그러나 이용조의 의견은 변방의 북소리에 지나지 않았다. 이런 고민을 한 경우가 희소하였다. 그런데 당시 여성인 비구니는 1,000여 명이었는데, 비구니들이 승려 결혼 문제를 어떻게 인식하였는가에 대한 기록, 인식은 전하지 않는다. 그래서 비구니들의 이 문제에 대한 것은 설명하기가 어렵다.

승려 결혼 문제는 해방 직후에도 불교 개혁의 대상으로 논의되었다. 그러나 당시에도 교단 간부진 대부분이 결혼 생활을 하였기에 대처 금지가 이행되기는 어려운 형편이었다. 그 문제는 1954년부터 1970년까지 전개된 불교계의 비구승·대처승 간의 갈등(정화 혹은 법난)의 근본 원인이 되었다. 전통불교의 수호와 대처의 불인정을 고수하면서 청정 비구승을 옹호한 개혁적 계열과 불교의 대중화를 위해서는 대처승도 인정할 수 있다는 보수적 계열

의 대립으로 치열한 갈등이 빚어졌다. 당시 불교혁신총연맹이라는 단체를 결성한 개혁파는 교도제(敎徒制)를 주장하였는데 모든 교도는 평등하지만, 계율을 지키고 수행하는 승려만을 정식 승려로 대우하려고 하였다. 그러나 그에 대립하였던 대다수 승려들은 대처승을 보살승으로 보고, 자신의 행보를 대중불교라고 주장하였다. 그런데 개혁파들도 자신들의 구상을 대중불교라 지칭하였다. 여기에 그 노선의 내면, 성격을 세밀하게 살펴야 할 필요성이 있다. 한편 이런 대립적 구도에서 떨어진 일부 승려들은 붓다의 가르침으로 돌아가서 수행 및 개혁을 해야 한다는 노선을 갔다. 그들의 행보를 봉암사 결사(성철, 청담, 자운, 보문 등), 고불총림(백양사, 만암)으로 지칭하였다. 당시 교단 집행부는 개혁세력의 비판을 수용하여 해인사에 총림을 만들어 수행 교단을 만들려고 시도하였다. 그러나 6·25전쟁 발발로 중도 하차하였다.

위에서 제기된 승려 결혼(대처승 인정)의 문제는 1950년대 정화운동 및 법난이라는 이름으로 폭발하였다. 그래서 정치적인 문제로 비화되었으며 일반 국민들은 불교의 진로에 대한 우려를 표시하기에 이르렀다. 당시 결혼을 한 대처승은 왜색승, 민족 배반자, 일본 불교의 유입자로 단정되었다. 그래서 대처승은 승려가 아니고, 사찰 밖으로 나가야 한다는 감정적인 논리로 수용되었다. 이를 당시 이승만 대통령이 '유시'라는 이름으로 정치적으로도 활용하였다. 그래서 종교와 정치, 정교분리 등의 문제가 제기되었다. 이승만의 집권시에는 비구승의 논리가 우세하였으나, 4·19로 인해 이승만이 퇴진하자 대처승의 논리가 일시적으로 우세하였다. 그래서 전국의 사찰에서 분규, 소송이 급증하였다.

비구승과 대처승 양측은 1962년에 일시적으로 결합되었지만, 얼마 후에

비구승·대처승의 대립
1954년 5월 23일 비구승려의 입지를 옹호하는 이승만 담화를 계기로 비구승과 대처승 간의 대립이 심화되었다.

분열되었다. 결국 1970년에 가서는 승려 결혼의 반대 측은 조계종, 결혼(대처) 인정 측은 태고종으로 갈라섰으며 이를 국가가 인정하여 현재에 이르렀다. 그러자 불교의 위상은 추락하였고, 불교의 재산은 갈등의 재원으로 소모되었으며, 성직자로서 부적격한 인물들이 불교계로 유입되는 사태를 초래하였다. 지금은 조계종을 제외한 다수의 종단이 승려 결혼을 묵인하는 세태이다. 불교계의 갈등 및 부패의 저변에는 파계승 혹은 은처승의 문제가 개입되고 있듯이 승려의 파계, 결혼, 대처 문제는 현재도 진행 중인 문제이다.

사찰령, 주지의 임명은 총독이

일제가 제정한 사찰령은 불교계를 행정 편의주의적으로 통제하기 위한 것이었다. 이를 통해 일제는 한국 불교계의 모든 운영을 관장하였다. 이 중 가장 중요한 것이 인사권의 장악이었으니 각 사찰의 주지 임면권이 조선총독 및 각 지방 장관에게 넘어갔다. 일본 불교에 우호적이었던 승려들은, 그들의 인사권을 장악하고 있는 일제 당국에 타협과 예속의 길로 나아갔다. 한편 이러한 사찰령에 대하여 일부 승려는 불법의 외호(外護), 문명아(文明兒), 금과옥척(金科玉尺) 등으로 인식하고, 찬양하였다.

이러한 배경하에서 불교계의 전통적인 자주적 의사 결정방법인 산중공의제도(山中公議制度)는 퇴색되었다. 일제의 눈치만 보는 현실이 되었다. 산중공의제도란 해당 사원의 제반 문제는 사찰공동체 구성원 전체가 모여 합일된 의견을 도출하는 제도이다. 이는 구성원 간의 평등정신을 구현하며, 특정 개인의 사적 이익이 개재될 수 없는 민주적인 운영 방식이었다. 그러나 사찰령 아래에서 사찰 운영의 최종 권한이 일제 당국에 있고 그 대행자가 사찰의 주지였기에 이전 산중 공의제도의 명분과 운영은 사라졌다. 주지의 전횡과 그를 후원하고 감독하는 일제 당국의 지시가 우선하는 형편이 되었다. 불교청년운동의 주역이었던 김법린은 일제가 제정한 사찰령 및 그 시행규칙이 조선 불교의 자주권을 완전히 부인하였다고 진단하였다. 나아가 그는 당시 불교계의 운영을 "실로 조선 불교의 모든 움직임이 위정자의 재가를 기다려서 비로소 된다."라고 해석하였다.

3·1운동 당시 불교계 대표였던 한용운과 백용성은 33인의 일원으로 운동의 최일선에 참여하였다. 그리고 청년 승려들도 자발적으로 연고 사찰을 거점으로 만세운동에 동참하였다. 그러나 당시 교단의 역할을 수행한 30본산연합사무소 위원장이었던 범어사 승려 김용곡은 3·1운동에 청년 승려가 참여하는 것을 반대하면서 다음과 같이 썼다. "우리 교의 제군은 이번 정치 문제에 대하여 관여치 말며 …… 우리 불교도는 당국자의 정책을 잘 받들어"라고 강조하였다. 민족운동 참여 자체를 적극 반대하고 오히려 일제의 식민

심우장
심우장은 서울 성북동에 있는 한용운의 집이다. 한용운은 1944년 6월 심우장에서 중풍으로 세상을 떠났다. 그는 총독부 건물을 바라보지 않을 의도로 집을 북향으로 지었다.

통치에 협조하라는 것이다. 여기에서 당시 교단 집행부의 현실 인식을 읽을 수 있다.

3·1운동 이후 불교계에서는 일제의 사찰령을 비판·부정하고 불교계 운영을 개혁하려는 움직임이 광범위하게 일어났다. 10년 동안의 경험으로 미루어 사찰령 시행은 자주적인 불교 발전을 억압하고 일제 당국의 철저한 간섭을 받을 수밖에 없다는 사실을 깨달았던 것이다. 반면 주지의 독재적인 권한은 막강해졌다. 주지들은 직위를 유지하기 위해 일제 당국에 예속되면서 그에 도전하는 요인들을 강력히 제거하였다. 이에 청년 승려들은 불교계 모

순을 야기하고 있는 사찰령의 철폐운동을 강력히 전개하였다. 그러나 그들의 노력은 친일적인 주지들의 반대와 일제 당국의 억압으로 성과를 거두지 못하였다. 사찰령 철폐 요구를 정치적 반항운동으로 이해하고 침묵하려는 주지들이 있는 한 사찰령은 철폐될 수 없었다.

자주권의 수호를 위한 노력

일제강점기에 불교의 또 다른 문제로는 자주권의 상실을 지적할 수 있다. 그 정황을 살펴볼 수 있는 실례는 1929년 1월 3일에서 5일까지 서울의 각황사(현 조계사)에서 개최된 조선 불교 선교양종 승려대회이다. 이 대회에서는 당시 불교계의 종헌(宗憲)을 제정하고 입법기관인 종회(宗會)와 행정기관인 중앙교무원을 탄생시켰다. 전국 사찰의 대표 107명이 참가한 이 대회 이전에는 불교계의 조직과 활동의 근거를 규정하는 일정한 규율이 없었다. 그 결과로 불교계는 일제가 제정한 사찰령의 근거에 의해서 피동적으로 움직일 뿐 자주적인 의사결정을 통해 통일적으로 행동할 수 없었다. 그 결과 본산 간의 갈등, 지방사찰들의 파벌 조성, 나아가서는 각 사찰의 이익을 보장받기 위한 일제 당국과의 결탁만이 있었다. 이러한 문제점을 해소하기 위해 나타난 것이 불교계의 통일운동, 종헌건설 운동, 종단 건설운동이었다. 그 구도에서 등장한 것이 바로 이 승려대회였던 것이다.

한용운은 이 대회가 '전조선불교도의 총의'로 성립되었다고 하였으며, 만당(卍黨)의 주역이었던 김법린도 이 대회를 '조선불교계의 획기적 사실'로 평가하였다. 이 대회는 불교계의 자주권 확립과 전체적 통일을 기하기 위한 목적에서 나왔으며 어느 정도 소기의 성과를 거두었다. 그것은 한용운이 불교계의 '헌법'이라고 부른 종헌(宗憲)의 완성이었다.

이렇듯이 중요한 의미를 담고 있는 종헌을 실천하는 것은 불교계의 당연한 의무이자 책임이었다. 민족불교를 수호하려는 승려들은 종헌의 철저한 실행이 일제의 사찰령에 항쟁하는 유일한 방법이자 나아가서는 불교계 발전의 원동력으로 이해하였다. 그러나 종헌은 3년만 운용되었을 뿐, 그 이후에는 정상적으로 이행되지 않았다. 종헌 실행에 찬성하는 사찰과 반대하는 사찰 간의 충돌이 빚어졌다. 종헌에 반대한 부류는 종헌이 이행되면 기존의 지위, 예컨대 주지직이 위태로워질까 우려했기 때문이다. 그들은 반대의 명분으로 일제 당국이 인정한 것이 아니기에 따를 수 없다는 논리까지 제기하였다. 결국 종헌이 실행되지 못한 것은 친일적인 주지계층의 암묵적인 지연과 반대 때문이었다. 이에 당시 불교계에서는 주지계층을 조선 불교의 '암'이라고 진단하면서 주지들은 교단의 지시를 일본 경찰 주재소원의 '잠꼬대'보다도 더 우습게 안다고 풍자하기도 하였다. 주지들의 이러한 행태에 대하여 한용운은 종헌 선서문의 먹물이 마르기도 전에 종헌은 한 조각의 '휴지'가 되었다고 개탄하였다.

이처럼 불교계의 자주권 확보를 위해 개최된 승려대회에서 제정한 종헌을 불교계 스스로가 부정하는 사태는 자주권의 상실을 뜻한다. 당시 주지급 승려들의 자주권 상실의 모습은 이미 대회 도중에서부터 나타나고 있었다. 대회 주도자 상당수가 대회 도중 유고(有故)로 탈락하였다. 이는 일제의 외압 때문인 것으로 추측된다. 또한 대회에 참가한 승려 20여 명도 중도에 이탈하였다. 이들은 같은 해 10월 11일에서 13일까지 일제의 주도로 총독부

대회의실과 경복궁에서 개최된 조선불교대회에 대거 참여하였다. 이 조선불교대회는 일제가 식민지 불교 정책의 일환으로 한국 불교도를 일제 통치에 순응시키기 위한 것이었다. 자주권 확보를 위해 개최한 한국 측 승려대회에는 불참 혹은 중도 이탈하고 일제가 주도한 또 다른 불교대회에 참여하였다는 사실은 무엇을 말해 주는 것일까? 그는 나약한 정신 그 자체였다.

친일적인 주지들의 행태는 이후 총본산 건설운동에서도 나타났다. 1930년대 전반기의 자주적인 종헌이 실행되지 못하자, 일부 민족 승려들이 주도한 불교계의 통일운동은 1935년부터 재추진되어 1937년부터 본격화되었다. 총본산이란 곧 불교계의 중심기관을 지칭하는 것이다. 현재의 조계사는 바로 그 운동의 산물로 건설되었으며 '조계종' 종명도 그 운동의 부산물로 등장하였다. 그런데 이 운동은 일제가 중일전쟁을 준비하면서 불교계를 효율적으로 장악하기 위한 의도도 일부 개재되었다. 따라서 여기에서 일제의 조정과 통제에 대한 비판적 성격은 인식해야 한다.

1937년 2월 26일과 27일, 조선총독이 참가한 가운데 총독부 회의실에서 총본산 건설운동을 효율적으로 추진하기 위한 31본산 주지회의가 열렸다. 그런데 그 회의에 참가한 주지들은 "총본산의 권위를 당국에서 인정해 달라", "사찰령 정신에 기본을 삼겠다", "관의 지도가 절대로 필요하다", "총본산 건립 후 관의 명령에 의지하겠다"는 등의 자주권 포기 발언을 서슴지 않았다.

그러나 모든 승려들이 이런 행태를 보인 것은 아니다. 당시 마곡사 주지의 자격으로 참여한 송만공(수덕사 고승)은 조선총독 앞에서 일본 불교의 영향으로 조선 승려 대부분이 파계하였으며, 사찰령 시행 이후 승풍이 문란하

유교법회의 개최(1941년 3월 13일, 선학원)
일제의 식민지 불교 정책에 항의하는 정신에서, 붓다의 가르침(법, 계율)을 수호하려는 목적으로 개최된 유교법회(遺教法會)를 마치고 기념 촬영하는 스님들.

고 주지의 전횡이 감행되었음을 당당히 언급하였다. 나아가서 일제가 조선불교를 진흥케 하려면 불교계의 운영권을 조선 승려에게 일임하라고 주장하면서 불교계가 일제 침략 이전의 압제와 노예와 같은 처지에 처하더라도 자제자립(自制自立)하겠다는 의사를 개진하였다. 만공의 이 행동을 들은 한용운은 선학원에서 만공의 행보를 높이 평가하였다.

그러나 문제는 송만공과 같은 냉철한 현실인식과 투철한 자주의식을 소유한 승려들이 매우 적었다. 또한 그러한 승려들이 교단의 중심부에 있지 않았다는 것이 불행이었다.

이러한 일제하의 불교 문제는 조선 후기 이래의 낙후된 불교를 발전시키겠다는 지나친 열의로, 즉 불교 근대화의 몰입에서 나온 것이다. 달리 말하면 민족의 문제를 등한시한 데서 기인한 것이었다. 불교를 발전시키기 위해서는 세속의 권력 및 제국주의 세력과도 타협할 수 있다는 자세를 보였다. 결과적으로 세속의 부와 권력에 빠졌고, 결국 불교 공동체를 파괴하는 데까지 나아갔다. 그 결과 화합과 평등을 지향하는 불교 공동체가 외부의 힘에 좌지우지되는 현실에 처하게 되었다.

식민지시기에 겪었던 불교계의 고뇌와 상처는 결과적으로 해방 이후 불교계에도 큰 장애가 되었다. 권력에 의존, 수행 및 교육 풍토의 미약, 교계 내의 갈등, 종권 지향, 부적격자의 유입, 사회의식 약화 등이 그것이다. 그 결과 불교의 위상은 추락했고 역량 또한 감소되었다. 전통시대 우리 문화의 중심이었던 불교가 이제는 존재의 당위성을 의심받는 대상이 되었다. 역사적·시대적 사명에 부응치 못하는 것도 식민지 불교의 잔재를 극복하지 못한 데에서 나왔다. 1990년대 불교계에서 추진한 개혁은 이러한 일제 식민지 불교의 잔재를 정리하고 불교계가 나아갈 방향을 모색하는 자기 정비에서 나왔다. 그러나 불교 개혁은 붓다가 제시한 가르침을, 지금 이 현장에서 어떻게 구현할 것인가의 고민과 연결되어야 한다. 거듭하여, 불교는 자기 존재의 이유와 나아갈 방향을 붓다의 가르침에서 찾아야 한다. 그래서 불교인은 자신을 냉철하게 성찰하고, 자기 존립의 정신을 찾아 중생과 사회의 아픔에 답을 해야 한다.

김광식 _동국대 특임교수

2부 스포츠와 민족, 대중문화

태껸과 태권 사이에는

민족주의 대결의 장(場), 올림픽 무대

문화, 그 말의 출처는

대중가요 속의 바다와 철도

한국 영화, 100년의 영광과 부침

태껸과 태권 사이에는

양영조

전통무예의 스포츠화

우리는 전통무예라고 하면 으레 합리적 사고로 접근할 수 없는 도술의 효력이나 그 신비함을 연상한다. 비전되어 왔다든가 종교적, 주술적 신비성을 부여하든가 혹은 황당한 묘술과 파괴력을 기대하곤 한다.

그러나 이러한 형태의 무술이 실존한다 하더라도 그것이 일상생활과 유리되어 있거나 전문적인 학습과정과 훈련을 통해서 습득하기가 어려운 것이라면 문제가 있다. 왜냐하면 대중의 생활을 윤택하게 하고 삶의 질을 향상시키는 전통문화로서의 보편적 가치를 상실하게 될 것이기 때문이다.

우리 사회에 일반적으로 인식되고 있는 무술의 개념은 거의 일제강점기에 유포된 일본식 무도 개념이다. 우리는 전통적으로 무술과는 구별되는 무희라는 개념을 사용해 왔으며, 그것은 겨루는 놀이 또는 전투적 놀이의 의미로 해석되는 현대 스포츠의 개념에 오히려 가깝다 할 수 있다.

최근 국제 스포츠계를 보면 서양의 격투기에 뒤이어 유도, 태권도 등이 올림픽 종목으로 위상을 굳히고 있고 최근에는 동양무예의 진수로 자처하던 우슈, 가라데 등이 속속 국제 스포츠가가 되고 있다. 경기화를 무술의 가치 개념으로부터 이탈하는 것으로 여겨 오던 동양의 무술들이 경쟁적으로 스포츠화를 지향하고 있는 것이다.

이에 따른 당연한 결과이겠지만 전통무예가 갖고 있던 본래의 기능과 성격이 많이 변질되었다. 더구나 현재까지 전래된 우리의 무술은 대체로 원래의 맥에서 많은 것을 잃고 제 본래의 모습을 지키지 못한 상태에서, 다른 나라의 무술(주로 일제강점기 유도, 검도, 공수 등)을 도입하고 토착화하는 과정을 거쳤기 때문이라고 할 수 있다.

단재 신채호의 《조선상고사》에 의하면 우리의 전통무예로 수박, 격검, 사예, 기마, 덕견이 등을 소개하고 있다. 그러나 오늘날 이러한 전통무예는 그 상당수가 맥을 잇지 못하고 단절되었으며, 일부는 외래문화와 혼동되어 그 실체가 왜곡되기도 했다.

그러나 다행스럽게도 최근 몇몇 전문가들의 노력에 의하여 태껸과 수박이 그 원래의 모습에 가깝게 복원되어 명맥이 이어지고 있다. 이로써 우리의 기억 속에만 남아 있던 전통의 많은 부분이 다시금 되살아나 발전되고 있음을 볼 수 있다.

또 현재의 태권도가 전통무예인 태껸의 기술을 접목시키려는 의식적인 노력이 없었음에도 불구하고, 과거 일본에서 유입된 공수(가라데)보다는 태껸의 기술에 가깝게 손짓보다는 발짓에 더 비중을 두고 있으며, 정형화된 틀을 벗어나 실제 경기를 위한 기술을 개발하고 있는 것도 우리 민족의 집단적 몸짓 속에 내장되어 있는 특성을 반영하는 자연스런 현상인 것이다.

이 글에서는 전통무술 가운데 비교적 원형이 잘 복원되어 무형문화재로 보존되고 있는 태껸과 그 후신으로 발전해 온 태권도의 관계를 통해 우리 전통무예가 거쳐 온 수난과 변질 양상을 살펴보기로 한다.

태껸의 전래

태껸은 일반 대중 속에서 자생하여 전래된 민중무술이다. 태껸은 오랜 세월 동안 우리 기층문화의 한 갈래로 전래된 발차기 중심의 겨루기 기술로서 전문적인 무술의 형태와 일반 민속놀이의 형태로 성행하여 왔던 것으로 보인다. 문화재 태껸보고서에 의하면, 태껸은 싸움질할 때 쓰는 격렬한 무예와 민속놀이로서 마을끼리 편을 짜서 대항하는 '결연태껸(쌈수라고도 함)'으로 대별된다.

각희 또는 비각술이라고도 하는 태껸은 전문기관이나 특정집단에 의해 제도적으로 전수되지 않은 까닭에 정형화된 이념이나 사상의 체계로 전승되지 않았다. 하지만 오랜 세월을 거치면서 선인들의 지식과 체험이 용해되고 일상생활 속에서 자연스럽게 형성된 것이라는 역사성을 내포하고 있다.

경기 진행은 명문화된 규칙이 따로 없고 관습에 의해 이루어지며, 두 사람이 마주 서서 여러 가지 발기술을 종합적으로 사용하여 상대를 넘어뜨려 승부를 낸다. 두 발을 공중에 띄워서 발질할 수 있으며, 품(品)자 모양의 세 지점에 한하여 발을 옮겨 놓아야 하는 등의 특징이 있다.

이와 같은 발기술 위주의 무예는 우리 전통문화 속에 발을 보편적으로 자주 쓰는 관습과 밀접한 관련이 있다고 생각된다. 흔히 우리는 어린 시절 서로 편을 갈라 발로 차며 싸우는 '까기'놀이를 즐겼다. 또한 닭싸움, 깽깽

이, 제기차기, 씨름 등의 놀이문화라든가 책상다리와 같은 좌식 생활도 발 쓰는 기술과 그리 무관하지 않을 것이다. 이러한 생활양식으로 인해 우리 민족은 인체구조상 어깨힘보다는 허리힘이 발달해 민속놀이나 무예의 기술도 자연스럽게 허리힘을 위주로 한 발차기가 중심을 이루었다.

조선시대 씨름과 태껸
유숙(1827~1873)이 그린 대쾌도(大快圖)이다. 구경꾼들이 쭉 둘러선 가운데 아래쪽에서는 태껸을 하고 있다. 조선시대에는 태껸이 민중의 오락이었음을 알 수 있다.

그러나 이와 같이 전통적으로 전래되던 태껸은 구한말과 일제강점기를 거치면서 쇠퇴기에 접어든다. 물론 그것은 자연적인 문화 도태가 아니라 인위적인 것이었다. 먼저 태껸을 언급하고 있는 사서로서 가장 공신력 있는 문헌으로 꼽히는 구한말의 《해동죽지》에 의하면, "예로부터 내려오는 풍속에 다릿짓(태껸)이 있었는데, 서로 마주 대하고 서서 발길질로 차서 넘어뜨리는 기술이었다. (중략) 이 기술로써 원수를 갚기도 하고 혹은 사랑하는 여자를 빼앗는 내기를 하기도 하였으므로, 관에서 이 다릿짓을 금한 이래 지금은 이 유희가 없어졌다."라는 것이다.

이로 인해 이미 무예로서의 태껸이 구한말에 이르면 후대의 구전을 통해 알려진 임호, 한일동 같은 몇몇 고수를 제외하고는 그 맥이 거의 단절되었음을 알 수 있다. 또한 태껸은 동시대의 사회 정서가 반영되고 소박한 민중의 시대적 심리현상에 따라 다소 변모를 거듭하였을 것이다.

일제강점기에 들어와 민족무예로서의 태껸은 두 가지 측면에서 단절되는 비운을 겪었다. 첫째는 일제의 식민교육체제를 통해 소개된 군국주의 무도인 유도와 검도, 공수가 소개되고, 일본 무도교육을 통해 새로운 규범과 개념을 접하자, 뚜렷한 무술 무도가 없었던 당시로서는 그것들을 비판 없이 수용하게 되었다. 규격화된 규칙이나 도라고 하는 정신주의가 없었던 태껸은 점차 일반인의 관심에서 멀어지게 되었던 것이다.

둘째는 태껸이 민속경기의 성격을 가지면서 한편으로는 동족의식을 배경으로 하는 민족적 스포츠로서 발전하게 될 가능성이 보이자, 일제는 직·간접적으로 이를 탄압하였다. 그리하여 의식 있는 몇몇 태껸 전수자들만이 어렵사리 그 맥을 유지 전승할 수 있었다.

구한말로부터 현재에 이르기까지 태껸은 임호, 한일동, 송덕기, 김홍식, 이경천 등에 의해 유지되어 왔다고 해도 과언이 아니다. 하지만 오늘날 그 맥은 대부분 단절되고 임호에게 사사한 송덕기(1893~1987)가 신한승(1928~1987)에게 전승함으로써 간신히 소멸의 위기를 막을 수 있었다. 또 문화재 지정을 전제로 한 체계화 작업 역시 신한승의 개인적 노력에 의해 이루어졌다. 따라서 현재 태껸이라는 말이 우리에게 일반적으로 알려진 것은 최근에 들어와서였다.

전통문화를 복원 계승하기 위한 헌신적인 노력에 의해 태껸은 1983년 6월 1일 국가무형문화재 제76호로 지정되었고 민족무예의 복원을 위한 제도적인 기반이 마련되었다. 정부의 이 조치는 태권도의 성행이라는 사회적 현상과 동시에 태껸이 우리 민족 고유의 문화적 소산이며 역사상, 예술상 가치가 크다는 것을 인정한 것으로서 태껸 부활의 큰 전기를 마련해 주었다. 그러나 이 과정에서 태껸은 당시 주변 환경의 열악함과 개인의 자의적 해석의 개입으로 말미암아 불가피하게 변형되었다.

전통기술의 복원 노력이 지속적으로 이루어져야 하겠지만, 현재 태껸 전승에는 기능 보유자였던 송덕기와 신한승의 타계 이후, 태껸을 경기구조로

태껸을 하는 어린이
지금으로부터 100여 년 전 어린이들이 태껸을 하고 있는 모습이다. 1930년대에 서울 주변에는 윗대패와 아랫대패라는 태껸을 행하는 청년들이 있었으며, 태껸의 기술은 이들에 의해 명맥이 이어졌다.

파악하여 송덕기의 기법을 재정리하는 방향과 무술인 경향이 강한 신한승의 체계가 문화재 지정 당시 원형으로 채택된 만큼 이를 계승 발전시켜야 한다는 방향 등 두 갈래로 나누어져 있다.

경기구조 태껸과 무술구조의 태껸이 상호 보완 발전해야 하겠지만, 태껸은 역사의식과 민족의식을 기초로 하고 있는 민족무예이므로 우리 민족이 공동 체험하여 형성한 공동체의 공리로서 이해해야 하며, 그런 측면에서 태껸의 원형 복원도 이루어져야 한다.

태껸에서 '는질거린다'는 기법은 연하고 부드럽다는 뜻으로 외부의 자극이나 상황 변화에 즉각 대응할 수 있는 기술이다. 상대방 기의 변화에 순발력 있게 대응할 수 있는 심리적, 신체적, 기술적 완숙을 의미하며, 춤추는 듯 부드러운 몸짓과 율동적 동작은 우아한 곡선으로 이루어진 동선의 매력을 느끼게 한다.

이러한 전통무술은 씨름에 비해 수적인 면이나 지리 분포면에서 보편성이 적기 때문에 일본 유도, 검도, 그리고 당수의 유입과 보급이라는 외압을 극복하지 못하고 거의 단절되는 비운을 겪었지만 이후 태권 형성의 방향과 성격에 큰 영향을 미치게 되었다.

일본 공수의 유입과 근대 태권

현재 태권도학계에서는 태권도를 '근대태권'과 '경기태권'으로 구분하고 있다. 근대태권은 일본으로부터 유입된 당수를 계승함으로써 형성된 태권도이고, 경기태권은 1963년 이후 통일된 규칙하에 전국화되면서 근대태권과는 구별되는 독자적인 성격을 나타낸 것으로 정의하고 있다.

지금까지 한국 태권도는 명칭과 기술의 변경을 통한 고유성 회복, 경기를 통한 스포츠화, 그리고 해외 보급을 통한 세계화 등 많은 변화를 겪어 왔다. 태권도의 발전 과정을 살펴보면 대략 3시기로 구분할 수 있다.

제1시기는 일제강점기에 주로 일본 유학생들이 당수를 수련하여 태권도 1세대를 이룬 시기(태껸의 단절)이다. 제2시기는 해방 이후부터 1950년대까지 이른바 '근대태권'이 형성되는 시기(일본 공수에 전통 태껸을 접맥)이다. 제3시기는 1960년대부터 현재에 이르기까지 이른바 '경기태권'의 기술체계가 성숙되는 시기(태껸의 복원과 태권도의 독창적인 발전)이다.

일제강점기 일본 유학생들 가운데 많은 수가 당시 일본에서 일반적으로 보급되기 시작한 유도, 검도, 공수 등에 관심을 갖고 수련을 시작하였다. 이들 중 도일 이전에 이미 전통무술을 수련한 사람도 있었지만, 대부분은 전통무술과 단절된 상황에서 새로이 일본 무술에 관심을 가지기 시작하였다.

일부는 이 사실을 은폐하거나 미화하기 위해 당수 유입 사실을 무시 또는 부정하거나 그 명칭과 기술을 부분적으로 변경하여 전통무술임을 주장하지만, 엄밀히 말해 이 시기 일본에서 공수를 수련한 사람들은 태권의 범주에 포괄하기 어렵다.

그러나 문제는 이들이 귀국하여 공수를 국내에 보급할 무렵 저급한 수준에서나마 태껸과의 결합, 즉 공수의 한국화를 시도한 점이다. 해방 직후 이들은 서울을 중심으로 자신들이 수련한 일본 공수를 국내 학교나 군에 보급하기 시작하였으며, 자신들이 전수하고 있는 공수가 전통 태껸과 전혀 무관하지 않음을 강조하기도 하였다. 이것은 일제로부터 해방된 직후 사회 전반에 걸쳐 민족주의적인 정서, 특히 일본을 혐오하는 배일사상이 폭넓게 확산되어 가고 있었던 점을 감안한다면 지극히 자연스러운 것이었다.

해방 직후에 이원국(영신학교), 전상섭(조선연무관), 윤병인(YMCA), 황기(교통국 당수부) 등이 각 기관에서 공수를 전수하였으며, 노병식(개성 송무관), 이원국(청도관), 황기(무덕관) 등이 도장을 개설하였고, 최홍희, 하대영, 김기환, 이동주, 조영주, 김인화 등이 학교와 군을 비롯한 각 사회조직을 중심으로 공수의 보급에 전력하였다.

이렇게 폭넓게 공수가 보급되자 1947년 말에 이르러 다양한 계파들이 5개 분파(청도관, 무덕관, 연무관, 권법도장, 송덕관)로 정리되었으며 그 명칭도 공수, 당수, 권법, 수박, 태수 등 다양하게 불리던 것이 당수(공수), 권법으로 호칭되었다.

이 시기 공수와 태껸의 관계에 대해 당시 공수 보급에 열성적으로 활동했던 황기는 "태껸은 체계가 없는 하나의 공방법에 불과한 술법이지 정신적인 면이 없다. 그러나 기술적인 면에 있어서는 특히 족기(발기술)에 있어서 큰 교훈을 받았으며 그 모체가 된 것은 틀림없다."고 하여 근대태권의 형성에 태껸의 영향을 언급하고 있다.

또 근대태권의 산파역을 맡았던 최홍희는 "발에만 치중하던 태껸이 일제강점기에 중국의 권법 또는 일본 당수의 수기를 가미하여 기술적으로 발전"하였으며, "그 후 발만 쓰던 태껸과 주로 손기술에만 의존하던 가라데를 통합하여 오늘날 태권도가 발전하였다."고 주장하였다.

그러나 실제 근대태권에는 태껸의 기술이나 용어가 보이지 않을 뿐만 아니라 오히려 당수와 유사한 점이 많다. 공수는 전통무술 단절 속에 새로운 무술의 이식이라는 의의는 있지만 이를 전통무술로 둔갑시킨 것은 아전인수라 할 수 있다. 이러한 왜곡은 역설적으로 전통무술의 몰이해와 부활의 어려움을 야기하기도 하였다. 일본 공수의 유입으로 근대태권이 형성되기 시작할 때 전통태껸의 발전과 그것의 실제적인 접합이 필수적인 과제였으나 공수라는 기존의 틀을 고수함으로써 고유성 확보에는 실패하였다고 평가할 수 있다. 이들은 태껸이라는 명분만을 원용했을 뿐이다.

이러한 상황은 한국전쟁을 겪으면서 크게 변화하였다. 특히 전쟁 이후 1세대로부터 배운 수련생들이 지도자로 등장하면서 1950~1960년대의 태권도를 본격적으로 주도하게 되었다. 이들은 겨루기 중심의 소위 '경기태권'을 창안, 발전시켜 기존 체계와 차별화를 시도하였다. 이러한 분위기는 전쟁으로 인해 공수의 보급이 중단됨과 아울러 태권 수련생의 규모와 지역 분포가 전국적으로 다양해진 것과 밀접한 관련이 있다.

놀라운 얘기이지만, '태권'이란 용어가 사상 최초로 등장한 것도 1955년이었다. 물론 그때까지 '공수, 당수(가라데)' 등으로 호칭되던 근대태권이 전통태껸과의 접합을 위한 노력을 전혀 기울이지 않았다고는 할 수 없지만, 태껸이 아닌 당수(가라데)란 명칭을 사용하고 있었다고 하는 사실만으로도 전통성 또는 고유성에 심각한 결함을 안고 있었던 것이다.

공수와 태껸의 관계에 관해서는 재미있는 일화가 하나 있다. 근대태권의 산파역을 수행한 최홍희는 1952년 한국전쟁의 전화 속에 제1군단장 참모장으로서 이승만 대통령이 직접 지켜보는 앞에서 자신의 공수도 시범을 보였다. 시범의 마무리에 맨손으로 13개의 기왓장을 일격에 완파해 버리는 것에 너무나 감명을 받은 이승만 대통령은 모든 국군이 이 무술을 익히면 좋겠다고 하였다. 그리고 그는 자리를 뜨면서 최홍희에게 그 무술은 "태껸이로구먼."이란 한마디를 남겼다고 한다.

우연이 아닌 듯 이승만의 태껸이라는 총평을 들은 후로부터 3년 뒤, 최홍희는 이두식 표기인 '태껸'의 한자음에 맞는 조어인 '태권'이란 두 글자를 창안하고, 1955년 4월 11일 명칭제정위원회를 통하여 공식적으로 통용하도록 장려하였다.

세계화되는 태권

한국의 태권도는 1960년대부터 미약하나마 중앙 조직체가 구성되고, 태권도의 한국화가 추구되었다. 1970년대에는 동일한 구성원과 운영 목표를 통하여 경기화, 세계화를 이룩하게 된다. 근대태권을 배운 3세대가 초기의 경기에 참가함으로써 당수의 기술체계인 형(품세)과 독습방식의 기술에서 벗어나 경기태권을 독자적인 형태로 발전시켜 나갔다.

1960년대 태권도는 양적으로 급속히 확산되면서, 유파 간 또는 유학파와 국내파 간의 갈등, 태권의 경기화에 따른 의견 차이에도 불구하고, 그동안 공수, 당수 등으로 불리던 명칭을 '태권도'로 제도화함과 아울러 전통성 회복에 중요한 전기를 마련하였다.

이 시기 태권도는 해외 진출을 본격화하고, 또 경기화를 위해 1962년부터 시범경기를 거쳐 1964년 전국체전 종목으로 정식 채택되어 경기화 또는 스포츠화의 기틀을 마련하였다. 태권도라는 말 자체가 일반에게 보편화된 것도 1960년대 말 월남파병 시 전 장병에게 이것을 의무적으로 교육하고 태권도 시범단이 활약하면서부터였다.

태권도는 1960년대의 양적 확산과 경기화에 이어 1970년대에 비약적으로 발전하였다. 이 시기 태권도는 일반 국민들에게 우리 민족의 고유한 운동체계로 널리 사랑받기 시작하였다. 그 과정에서 태권도는 체육 교과과정에 편입되었다. 중앙도장과 세계태권도연맹이 건립되고 체육경기 단체로 되는 등 세계 스포츠화를 위한 기반을 마련하였다.

세계에 널리 보급될 수 있었던 가장 큰 계기가 되었던 것은 일본 공수를 물리치고 1975년 국제경기연맹에 가입한 것이었다. 세계태권도에 제시된

태권도의 세계화
1973년 서울에서는 제1회 세계태권도선수권대회가 개최되는 동시에 세계태권도연맹이 창설되었다. 이때 우리나라는 단체전·개인전 모두 석권하여 종합우승을 차지하였다.

태권도의 본질은 역사적으로 태껸에, 기술적으로 차기에, 양식상으로 경기에 그 중심이 있다는 것이었다.

현대의 태권도는 공정하고 안전한 경기운영, 흥미제고 등 스포츠와 무술의 요소를 조화시키고 발기술 위주의 타격방식을 통해 형을 중시하는 일본 가라데의 옛 틀을 완전히 탈피하고 독자적인 장르를 창안하였다. 이는 실로 발쓰기 위주, 완전타격방식, 겨루기 위주의 특징을 갖고 있는 전통기술의 재발견 과정이라고 평가할 수 있다.

전통성 회복과 독자성 확보는 경기화와 세계화 속에서 자연스럽게 본격화되었다. 물론 이 과정에서 독자적 전통무술의 계승을 위한 연구가 없었던 것은 아니지만, 탈가라데의 변화 속에서 발기술로의 전환은 태껸과의 연계성을 확보하는 중요한 고리가 되었다. 이는 우리의 몸짓 속에 내장되어 있는 구조적 특성을 발견해 나가는 자연스런 경향이며, 태껸에 바탕을 둔 독창적인 품세의 개발이 제기되기도 하였다.

그러나 태권도는 외적인 발전에도 불구하고 상대적으로 이론 연구가 정체되어 있고, 자생적인 변화의 내용을 직시하지 못함으로써 몇 가지 문제점을 내포하고 있다.

현재 태권도계 내에서는 날조된 고유성을 고수하려는 입장과 전통성 문제에 별 관심을 기울이지 않고 경기기술의 발전을 추구하는 입장 등 이분법적인 논리가 상존하고 있다. 전자의 입장은 여전히 형에 집착하고 있으며, 후자는 발기술 위주의 전통기술을 적극적으로 수용하지 못하고 있다. 이러한 이분법적인 현실은 정규 교과과정과 대부분 도장의 수련과정이 품세 위주로 편성되어 있다는 사실에서 잘 드러난다.

이들은 '품세와 겨루기의 변증법적 발전'이란 의미에서 상호 보완되어야 할 것이다. 또한 전통에 바탕을 둔 국기 태권이란 의미에서도 뿌리에 해당하는 태껸을 태권도계의 밖에 방치하고 있는 현실 역시 바람직스럽지 못하다.

따라서 이러한 문제들을 극복하고 명실상부하게 민족무예에 기반을 둔 태권도의 발을 지향하기 위해서는 순수한 전통 복구를 위한 의식적인 노력과 아울러 전통에 기반을 둔 창의적인 품세 개발을 병행하는 노력을 기울여야 할 것이다.

양영조 _군사편찬연구소 전쟁사부장

민족주의 대결의 장(場), 올림픽 무대

손 환

2020년 광복 75주년을 맞이한 한국은 그동안 일제강점기를 거쳐, 광복 후 좌우대립, 그리고 한국전쟁에 의한 남북분단, 한강의 기적을 통한 경제성장으로 눈부신 발전을 이루었다. 이러한 과정에서 한국은 1988년 서울올림픽대회, 2002년 한일월드컵 축구대회, 2011년 대구세계육상선수권대회, 2018년 평창동계올림픽대회를 개최해 세계에서 5번째로 4대 스포츠대회 그랜드슬램을 달성하며 전 세계에 한국인의 위상과 저력을 유감없이 보여주었다.

이를 통해 한국은 국제 스포츠계에서 스포츠 강국으로 자리매김하며 비약적인 발전을 하게 되었는데, 그 밑거름 역할을 한 것이 바로 올림픽 무대였다. 올림픽대회는 세계 각국의 선수들이 한곳에 모여 각축전을 벌이며 자국민의 우수성을 뽐내는 자리이다. 그럼 지금부터 우리 민족의 우수성을 발휘한 올림픽 무대로 시간여행을 떠나 보기로 하자.

손기정의 올림픽 제패

조국 없는 마라토너, 비운의 스타, 일장기말소사건의 주인공으로 우리에게 너무나 잘 알려져 있는 한국 마라톤의 영웅, 한국 육상의 영웅, 나아가 한국 스포츠의 영웅, 손기정.

손기정은 1936년 베를린올림픽대회 마라톤에서 2시간 29분 19초 2로 올림픽신기록을 세우며 당당히 우승을 차지했다. 손기정의 우승은 당시 일제의 식민 통치를 받고 있던 우리 국민에게 민족의식을 고취시켜 주었을 뿐만 아니라 한국인의 우수성과 저력도 전 세계에 과시했다.

손기정은 1912년 평안북도 신의주에서 태어났으며 어린 시절 가정 형편이 어려워 스케이트나 야구보다 달리기에 흥미를 가지게 되었다. 1928년 비교적 늦은 나이에 초등학교를 졸업한 손기정은 지역대회에 나가 입상을 하면서 서서히 두각을 나타내기 시작했다. 손기정은 1931년 처음으로 공식대회인 제7회 조선신궁경기대회에 참가해 우승과 더불어 마라톤을 처음 알게 되었으며 이듬해에는 마라톤 데뷔전을 치르기 위해 경영마라톤대회에 출전해서 준우승을 차지했다.

그 후 손기정은 배움에 대한 의욕으로 과학적이고 체계적인 육상 지도와 훈련을 받기 위해 당시 육상의 명문 양정고등보통학교(현 양정고등학교)에 입학했다. 양정고등보통학교 입학은 손기정의 마라톤 인생에서 하나의 분수령이었고 매우 중요한 의미를 지닌다고 할 수 있다. 그 이유는 양정고등보통학교 재학 시절 올림픽 제패의 실현은 물론 민족의식도 싹트기 시작했기 때문이다.

양정고등보통학교에 입학한 손기정은 1933년 3월 경영마라톤대회, 그해

10월 조선신궁경기대회 마라톤, 1934년 전 조선풀마라톤대회 등 각종 경기대회의 마라톤뿐만 아니라 중장거리, 계주에도 출전해 좋은 성적을 거두며 조선육상계의 일인자로 떠올랐다. 이러한 경험은 손기정의 마라톤 선수생활에 많은 영향을 미쳤으며 결국 마라톤에서 세계신기록 달성과 올림픽 제패로 이어지게 되었다. 특히 1935년에는 한 달에 한 번 걸러 마라톤에 출전해 전부 세계신기록으로 우승을 차지하는 초인적인 능력을 보이며 당대 최고의 마라토너로서 자질을 유감없이 발휘했다.

손기정은 일본에서 베를린올림픽대회 후보선발전을 겸해 개최된 대회에 출전해서 2차례나 세계신기록을 세우며 올림픽대회 출전권을 획득했다. 이러한 사실은 당시 일제의 식민 통치를 받아 나라가 없는 어려운 상황 속에서 비록 일본 대표로 올림픽대회에 참가하지만 조선 민족의 우수성을 올림픽대회라는 국제 스포츠 무대의 장을 통해 전 세계인들에게 보여 주기 위해서였다.

베를린올림픽대회 마라톤에 출전한 손기정은 올림픽신기록을 세우며 우승을 차지했다. 손기정의 우승은 올림픽 무대에서 각국의 선수를 물리치고 우리 국민에게 민족의 영예와 자신감을 심어 주며 올림피아 사상 영원히 빛날 것이라고 언론에서 대대적으로 보도했다. 손기정은 우승 후 일본인이 아닌 한국인이라는 사실을 알리기 위해 외국인들의 사인 요청에 "손긔졍 KOREAN"으로 사인을 해 주었다.

그리고 손기정의 우승은 당시 미국과 중국 등지에서 독립운동을 하고 있던 민족지도자들에게도 많은 영향을 주었다. 미국의 이승만은 전 세계에 한국을 알리는 계기가 되었다고 했으며 중국에서는 장제스가 2억 인구의 중국인이 못 한 일을 2,000만 인구의 조선인이 해냈다며 놀랐다고 했다.

그러나 손기정은 동아일보사 이길용 기자의 일장기말소사건으로 어쩔 수 없이 은퇴하였다. 그 후 지도자가 되어 전국을 돌아다니며 후계자 양성을 위한 인재발굴에 많은 노력을 기울였다. 특히 1946년에는 '조선마라톤보급회'를 조직하고 마라톤의 저변확대를 위해 각종 대회를 개최하며 선수들을 육성, 발굴했다. 그 결실은 1947년과 1950년 보스턴마라톤대회의 2차례 우승과 1958년 도쿄아시아경기대회 우승으로 이어졌다. 이는 광복 후 코리아라는 이름을 걸고 처음으로 국제 스포츠 무대에서 우리 선수들이 세계 강호들을 물리치고 우승한 것으로 당시 국내의 혼란한 사회 정세 속에 있는 국민들에게 희망과 용기를 심어 주는 계기가 되었다.

베를린올림픽대회 우승 후 75년이 지난 2011년 대한체육회는 스포츠를 통해 선수 및 청소년의 귀감이 되고 국위를 선양하여 국민들에게 큰 기쁨과 희망을 안긴 대한민국 스포츠 영웅에 손기정을 선정했다. 그리고 손기정 탄

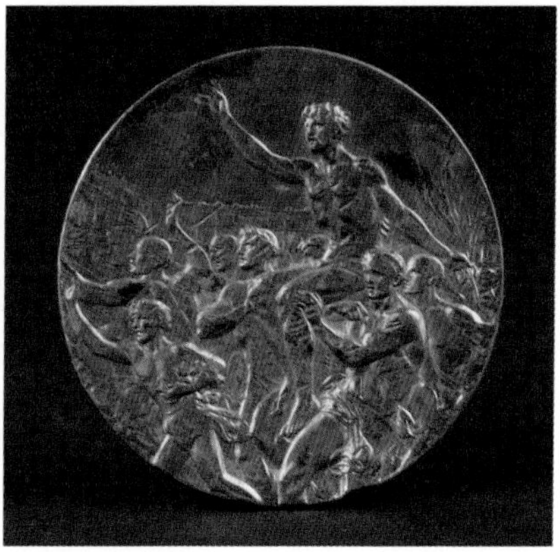

손기정의 금메달(앞면과 뒷면)

생 100주년을 맞이한 2012년 문화재청은 손기정이 베를린올림픽대회에서 우승으로 받은 금메달, 우승상장, 월계관을 문화재로 등록했다. 손기정기념재단이 소장하고 있는 이들 유물은 한국인 최초로 올림픽대회에서 획득한 것으로서 체육사적, 민족사적 가치가 크다고 평가했다. 이처럼 손기정은 한국 스포츠 발전을 위해 많은 공헌을 한 업적을 인정받아 처음으로 스포츠영웅에 선정되었으며, 또한 베를린올림픽대회 우승 관련 유물도 그 가치를 평가받아 등록문화재가 되었다.

손기정 가슴의 일장기를 지우다

1936년 8월 9일 베를린올림픽대회 마라톤에서 손기정이 올림픽신기록을 수립하며 우승하자 조선의 전 국민은 감격에 겨워 열광하고 각 신문들도 호외를 발행하는 등 매일 대대적으로 보도했다. 그러나 보름 후인 8월 25일 동아일보 기사에는 손기정 가슴의 일장기가 지워진 채 지면에 실렸다. 이것이 우리가 알고 있는 그 유명한 일장기말소사건이다.

일장기말소사건은 《동아일보》가 8월 25일자 석간 2면에 일본의 주간지 《아사히스포츠》에 월계관을 쓰고 시상대에 오른 손기정의 사진을 복사해 전재했다. 그런데 유니폼 가슴 부위의 일장기가 교묘하게 삭제되어 있었다. 체육부 기자 이길용이 전속화가인 이상범에게 사진 속의 일장기 처리를 상의했고, 두 사람은 손기정의 세계 제패를 통해 우리 민족의 우수성을 과시하고자 손기정 가슴의 일장기를 지웠던 것이다.

일장기말소사건에 대해 당사자인 이길용은 손기정의 우승이 준 감격과

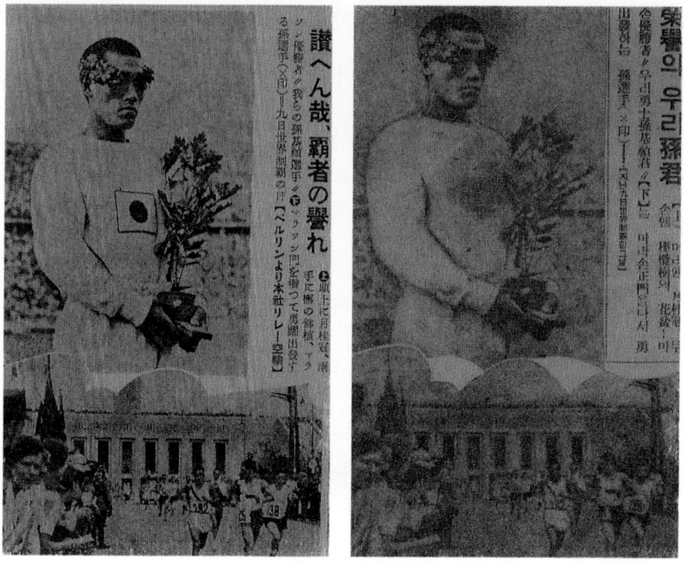

▎손기정의 일장기 말소 모습

환희가 조선 민족의 혼을 되살렸고, 특히 조선의 청년들에게 새로운 힘을 주는 계기가 되었다고 하면서 민족적 감격에서 비롯된 일장기말소사건은 죽어서도 잊지 못할 중대한 일이었다고 회고했다. 이 사건으로 이길용을 비롯한 동아일보사 기자와 편집자들은 옥고를 치르며 동아일보사를 그만두어야 했고 《동아일보》도 9개월간이나 정간 처분을 받았다.

한편 동아일보사 사주인 김성수는 일장기말소사건이 1919년 3·1독립운동 이후 조선총독부의 문화통치정책으로 인해 민족지도자들과 사회저명인사들이 친일파로 변질되어 가는 상황에서 민족의식을 일깨워 주는 일종의 경고 메시지이며, 《동아일보》가 민족지로서 짊어지고 가야 할 십자가가 되어야 한다고 했다. 이와 같이 일장기말소사건은 일제의 식민 통치를 받으며 실의에 빠져 있던 우리 국민에게 손기정을 통한 대리만족, 즉 용기와 희망 그리고 자신감을 심어 주는 계기가 되었으며 당시 조선 사회의 지도자들에게도 경종을 울리는 메시지 역할을 했던 것이다.

우리 민족의 염원, 올림픽 첫 금메달

1976년 몬트리올올림픽대회에 참가한 한국은 레슬링에서 양정모가 한국 최초로 금메달을 획득했다. 그 밖에도 유도에서 장은경이 은메달, 박영철과 조재기가 동메달, 레슬링에서 전해섭이 동메달, 여자배구에서 동메달을 각각 획득했다.

한국은 1948년 런던올림픽대회에 처음으로 출전한 후 항상 금메달 일보 직전에 머물러 있다가 28년 만에 우리 민족의 염원인 금메달을 획득해 올림픽 무대에서 태극기가 게양되며 애국가를 울려 퍼지게 했다.

여기서 금메달을 획득하게 된 과정을 살펴보면 1964년 아시아에서 처음으로 일본의 도쿄에서 올림픽대회가 개최되었다. 한국은 반드시 금메달을 획득하기 위해 참가국 중 5번째로 많은 224명의 선수단(임원 59명, 선수 165명)을 파견했다. 이렇게 많은 선수단을 파견한 이유는 일본이 지리적으로 가까운 점도 있었으나 남북이 대치하던 당시의 시대적인 상황에서 60만 재일동포의 사기도 고려했기 때문이다. 그러나 한국은 대규모 선수단을 파견했음에도 불구하고 금메달은 고사하고 은메달 2개, 동메달 1개라는 초라한 성적을 거두었다. 이에 대해 당시 대한체육회 민관식 회장은 다음과 같이 회고했다.

결론적으로 도쿄올림픽은 우리에게 냉엄한 현실을 깨닫게 한 대회였다. 대규모 선수단을 파견했지만 숫자가 메달을 보장하지는 않았다. 우리의 마라톤은 당시 세계 수준에서 8분이나 뒤졌다. 구기종목에서도 상위입상의 가능성은 없었다. 육상과 수영 등 메달이 많이 걸린 종목에서 한국의 경쟁력은 제로였다. 나는 대회가 진행될수록 세계의 벽을 실감했다. 분명한 수준 차는 우리가 올림픽에서 금메달을 따내기까지 인고의 세월을 견뎌야 한다는 사실을 알게 되었다. (《중앙일보》 2005년 11월 21일)

대한민국 최초의 올림픽 금메달리스트 양정모 선수

이 내용을 보면 도쿄올림픽대회는 세계무대에서 경쟁력 제로라는 한국 스포츠의 현주소를 확인시켜 주는 결과를 가져왔다. 그래서 민관식은 한국 스포츠의 발전을 위해 체육 부흥 6개년 계획을 수립하고 5가지 목표를 세웠다. 이는 첫째 지도자의 자질 향상, 둘째 체육시설의 건설, 셋째 합리적이고 효율적인 훈련 실시, 넷째 스포츠의 과학화, 다섯째 새로운 스포츠 인재의 발굴사업 등이었다.

민관식은 도쿄올림픽대회에서 얻은 값진 교훈을 바탕으로 스포츠 인프라 구축을 위해 1966년 체육회관과 태릉선수촌 건립에 착수하며 다가오는 올림픽대회를 대비해 만전을 기했다. 그 이유는 올림픽대회에서 우리 민족의 숙원이고 전 국민의 염원인 첫 금메달을 획득하기 위해서였다. 이러한 준비 과정의 결실은 1976년 몬트리올올림픽대회에서 맺어졌는데 그 열매는 한국 올림픽 역사상 처음으로 금메달을 획득하는 결과를 가져왔다. 정확히 체육회관과 태릉선수촌이 건립된 지 10년이 되는 해였다.

몬트리올올림픽대회에서 금메달의 획득은 한국 스포츠의 새로운 지평을 열었다. 이를 계기로 이후 개최되는 올림픽대회에서 좋은 성적을 거두어 한국이 국제 스포츠 무대에서 스포츠 강국으로 확고히 자리매김하는 역할을 했다. 또한 대외적으로 개발도상국이었던 한국의 국위선양에도 기여했다는 역사적인 의미를 가지고 있다.

서울올림픽대회가 개최되기까지

1979년 2월 대한체육회 회장에 취임한 박종규는 올림픽대회 유치를 위해 그해 3월 문교부에 서울올림픽 유치 건의안을 제출했다. 1978년 세계 사격 선수권대회의 성공적인 개최 경험을 바탕으로 한 이 건의안은 올림픽대회 유치를 공론화한 첫 문건이었다. 문교부는 1979년 8월 국민체육진흥심의위원회를 소집하고 올림픽대회 유치에 대한 안건을 심의하기 위해 7인 소위원회를 구성해서 구체적으로 검토했다. 이 자리에서 국민총화와 대 공산권 교류를 위해 올림픽대회 유치가 필요하다는 결론을 내렸다.

서울올림픽대회 개막식 모습

이에 박정희 대통령은 올림픽대회 유치를 승인하면서 첫째 한국의 경제 발전과 국력 과시, 둘째 한국 체육의 국제적 지위 향상, 셋째 스포츠를 통한 세계 각국과의 우호 증진, 넷째 공산권 및 비동맹국과의 외교관계 수립, 다섯째 국제적 체육행사를 통한 체감 제고라는 추진 목표를 제시했다.

이처럼 서울올림픽대회의 유치는 특히 그 배경에 앞으로 국제적인 체육 행사를 통한 한국의 국력 과시 및 국제적 지위 향상, 세계 각국과의 교류 및 우호 증진이라는 목표가 있었기에 시작될 수 있었던 것으로 보인다.

1979년 10월 8일 정상천 서울시장이 박종규 대한올림픽위원회(KOC) 위원장, 김택수 국제올림픽위원회(IOC) 위원, 정주영 전국경제인연합회 회장, 박충훈 무역협회 회장 등이 참석한 가운데 1988년 제24회 올림픽대회를 서울에 유치하겠다고 내외신 기자회견을 통해 정식 발표하였다. 그러나 1979년 10월 26일 박정희 대통령의 서거로 올림픽대회 유치를 주도한 박종규가 물러나면서 흐지부지하게 되고 말았다.

이러한 상황에서 1980년 제5공화국이 출범하자 대한체육회는 올림픽대회 유치를 재검토하기 시작했다. 그 이유는 대통령에 취임한 전두환이 "전임 대통령이 결심해 국내외에 공표한 중대 사항을 별다른 이유 없이 변경할 수 없을 뿐 아니라 이 역사적인 사업을 추진해 보지도 않고 처음부터 패배의식 속에서 물러나서는 안 된다."고 했기 때문이다.

올림픽대회 유치에 대한 대통령의 강력한 지시를 받은 문교부는 대한올림픽위원회에 정부의 기본 방침에 변화가 없도록 하고 서울시와 협의해 올림픽대회 유치에 차질이 없도록 하며 국제올림픽위원회에 제24회 올림픽대회 유치 의사를 통보할 것을 지시했다. 이어 서울시와 대한올림픽위원회 관계자를 중심으로 올림픽유치대책협의회를 구성하고 올림픽대회 유치 신청서를 작성해 국제올림픽위원회에 제출했다.

그 후 1981년 9월 독일의 바덴바덴에서 개최된 국제올림픽위원회 총회에서 서울은 경쟁 도시인 일본의 나고야를 제치고 제24회 올림픽대회 개최지로 선정되었다. 이때의 감격어린 장면은 아직도 기억에 생생하다. "세울 피프티 투, 나고야 투앤티 세븐"이라고 발표하는 사마란치 국제올림픽위원회 위원장의 모습이 세계 전파를 타는 순간이었다. 서울의 올림픽대회 개최는 1964년 일본의 도쿄올림픽대회에 이어 아시아에서 2번째라는 사실에서 한국 올림픽사, 나아가 한국 스포츠사에 매우 의미 있는 일이라고 할 수 있겠다.

1981년 11월 2일 조상호 대한올림픽위원회 위원장은 서울올림픽대회 조직위원회의 구성을 위해 세종문화회관에서 발기인 총회를 개최했다. 임원은 위원장에 김용식(대한적십자사 총재), 부위원장에 박영수(서울시장), 조상호(대한올림픽위원회 위원장), 정주영(전국경제인연합회 회장), 이원경(대한올림픽위원회 상임고문)으로 구성되었다. 그 밖에도 조직위원회에서는 체육계, 종교계, 법률계, 언론계, 교육계 등 500명 내외의 범국민적인 자문위원을 두었다.

서울올림픽대회 조직위원회는 서울올림픽대회를 성공적으로 개최할 수 있도록 심혈을 기울여 준비했다. 1981년부터 1~2년 단위로 기초 준비, 기본계획 수립, 분야별 사업 추진, 제반 조직의 정비, 세부 운영계획, 대회 진행, 사후 조치 등 단계별로 나누어 시작부터 마무리까지 거의 완벽에 가까울 정도로 체계적인 계획을 세우고 만반의 채비를 갖추었다.

서울올림픽대회는 1988년 9월 16일부터 10월 2일까지 16일간 개최되었다. 160개국에서 약 1만 3,600명이 참가해 1976년 몬트리올올림픽대회 후 12년 만에 동서양 진영이 자리를 함께한 진정한 올림픽대회였다.

이상과 같이 서울올림픽대회의 개최는 대내적으로 기존의 체육에 대한 국민들의 인식을 긍정적인 방향으로 변하게 했다. 즉 체육은 운동선수들의 전유물이라는 고정관념을 바꾸어 건강 유지 및 체력증진은 물론 삶의 질을 향상시킨다는 사실을 깨닫게 해 국민들의 생활체육 기반 조성에 많은 역할을 했다. 그리고 대외적으로는 한국의 국제적인 위상 제고를 통해 공산권 국가와 국교를 수립하는 성과를 가져왔다. 또한 서울올림픽대회는 남북분단의 상황, 올림픽대회의 정치화 및 상업주의 등 국내외적으로 불안한 상황에서도 성공적인 개최를 통해 한국인의 저력을 전 세계에 알리는 계기를 마련했다.

우리의 국기(國技), 태권도의 올림픽 정식 종목

1990년대 한국 스포츠가 거둔 최대의 수확은 한국의 전통문화이자 스포츠인 태권도가 올림픽대회 정식 종목으로 채택되어 전 세계 60억 인구에게 한국의 문화를 전파하게 되었다는 사실이다. 태권도는 1988년 서울올림픽대회 때 시범 종목에 선정되어 올림픽 무대에 처음으로 모습을 보인 후 1992년 바르셀로나올림픽대회와 1996년 애틀랜타올림픽대회를 거쳐 2000년 시드니올림픽대회 때 정식 종목이 되었다.

2000년 시드니올림픽 정식 종목 태권도

태권도가 올림픽대회 정식 종목이 된 것은 1994년 9월 프랑스 파리에서 개최된 제103차 국제올림픽위원회 총회에서 결정되었다. 태권도가 정식 종목이 되기까지의 과정을 살펴보면 많은 어려움을 극복해야 했다. 친북성향의 국제태권도연맹(ITF), 유사종목인 일본의 가라데, 중국의 우슈 등의 방해공작으로 만만치 않았다. 거기에 태권도는 그전에 국제올림픽위원회의 프로그램위원회에 의제로 채택되지 못해 1991년 국제올림픽위원회의 집행위원회에 상정조차 되지 않았으며, 또한 1993년에도 프로그램위원회에서 부결되는 좌절을 겪어야 했다.

그러나 김운용(세계태권도연맹 총재)은 1994년 국제올림픽위원회 총회가 태권도의 올림픽대회 정식 종목이 되는 마지막 기회라 생각하고 사마란치 국제올림픽위원회 위원장 등 친분 있는 국제올림픽위원회 위원들과 상의해 프로그램위원회를 거치지 않고 직접 집행위원회에 상정하는 전략을 추진하기로 했다. 그리고 평소 국제 스포츠 무대에서 닦아 온 외교력을 총동원해 총회에서 지지 세력의 규합과 옹호 발언을 유도했다. 1994년 9월 4일 국제올림픽위원회 총회에서 태권도는 사마란치 국제올림픽위원회 위원장에 의해 총회의 의제로 발의되어 85명 전원 찬성으로 올림픽대회 정식 종목에 채택되는 쾌거를 이룩했다.

이에 대해 김운용은 아시아를 비롯한 각 대륙에서 열리고 있는 대회에 태권도가 정식 종목으로 채택되고 있다는 사실을 통해 태권도의 올림픽대회 정식 종목 채택을 긍정적으로 생각하고 있었다. 또한 태권도의 올림픽대회 정식 종목 채택은 한국 문화를 전 세계에 알릴 수 있는 좋은 기회가 될 수 있고 성적 또한 10위권을 유지하는 데도 많은 기여를 할 것으로 판단했다.

이처럼 우리의 국기인 태권도는 올림픽대회 시범 종목으로 첫 선을 보인 후 12년 만에 정식 종목으로 선정되는 성과를 올렸다. 이는 국제올림픽위원회 부위원장을 역임한 김운용의 스포츠 외교력과 그동안 전 세계에 태권도를 소개, 보급하며 한국 문화의 전도사 역할을 한 지도자의 헌신적인 노력에 따른 결과였다고 할 수 있다.

사마란치 국제올림픽위원회 위원장은 태권도의 올림픽대회 정식 종목 채택에 대한 의의를 "서울올림픽 10주년에 즈음하여 한국 국민에게 보내는 메시지"에서 다음과 같이 언급했다.

> 대한민국을 대표하는 전통 스포츠인 태권도가 오랫동안 전 세계에 걸쳐 세계선수권대회를 포함한 각종 국제 대회에서 지속적으로 대회 종목으로 채택됨으로써 그 우수성과 탁월함이 검증되었으며 이에 따른 끊임없는 노력이 거듭된 결과로 오는 2000년 시드니올림픽대회에 정식 종목으로 채택되어 그 노고에 상응하는 최고의 결실을 맺게 되었다는 사실을 반드시 기억해야 되겠습니다. 이는 바로 대한민국의 위상을 전 세계에 드높인 또 한 번의 쾌거이자 올림픽 운동사에 길이 빛나는 위업으로 우리 모두가 공감하고 찬사를 보내는 바입니다. (후안 안토니오 사마란치, 1998: 39)

이와 같이 사마란치 국제올림픽위원회 위원장은 한국의 전통 스포츠인 태권도가 지속적으로 국제 대회에서 정식 종목으로 채택되어 그 우수성과 탁월함이 검증되어 결국 올림픽대회 정식 종목에 채택되었는데 이는 한국의 국가이미지 향상과 올림픽 역사에 빛나는 위업이라고 했다. 이렇게 해서 한국의 국기인 태권도는 2000년 시드니올림픽대회에서 정식 종목으로 채택된 후 현재에 이르고 있다.

손 환 _중앙대 교수

문화, 그 말의 출처는

고석규

가장 어려운 단어, 문화(Culture)

"영어 단어 중에서 가장 어려운 몇 개 단어 중 하나가 문화"라는 레이먼드 윌리암스(Raymond Williams)의 말을 빌리지 않더라도 문화라는 말은 난해하고 복잡하다. 왜 그럴까? 문화는 사상, 철학과 다르면서도 이를 모두 담아내는 보다 넓은 개념이다. 사상이나 철학만 해도 복잡하다. 그런데 이를 다 담아 낸다니 문화가 더 복잡할 수밖에 없을 것이다.

문화라고 하면 곧바로 떠오르는 게 '한국문화'니 '전통문화'니 하는 문화다. 이때의 문화는 "한 인간 집단의 생활 양식의 총체"를 뜻한다. 문화에 대한 이런 이해는 19세기 후반 영국 인류학자 타일러가 내린 "문화는 지식·신앙·법률·도덕·관습, 그리고 사회의 구성원으로서의 인간에 의해 얻어진 다른 모든 능력이나 습성의 복합적 총체"라는 정의에서 유래한다. 이 정의는 가장 오래되었을 뿐 아니라 가장 포괄적이다. 우리나라에서는 과거 최남선이 이런 식으로 문화를 이해했다. 그가 문화를 어떻게 이야기하는지 들어보자.

1910년대 탈춤패
탈춤은 민중들의 삶과 부조리한 현실을 풍자하고 비판하였다. 이렇게 문화는 그 시대를 살아가는 사람들의 삶과 현실을 담아 내고 있다.(명지대 LG-연암문고 제공)

「문화라 함은 살림살이의 꼴, 또 솜씨라」고 규정해 두겠습니다. 개인이면 개인, 집단이면 집단, 민족이고 국민이고가 그 생활을 경영, 유지, 발전해 가는 과정에서 사용한 방법, 작성한 양식, 재료를 이용하는 기술, 가치를 건설한 능력, 이런 것들이 곧 문화입니다.

(〈조선의 문화〉, 《육당최남선강연집》3, 7쪽, 1947)

이런 식의 이해라면 "역사는 문화의 기록"이 된다. 그래서 우리는 줄곧

'문화사'를 '일반사'와 크게 다를 게 없다고 여겨 왔다. 그러나 문화라는 말은 그런 식으로만 쓰이지 않았고 또 지금도 그런 식으로만 쓰고 있지는 않다. 문화, 그 말의 출처를 따져 보면서 문화라는 말이 무엇을 어떻게 담아 내면서 변해 왔는가를 찾아가 보자.

문치교화, 문명개화, 그리고 문화

'문화(文化)'라는 말은 컬처(Culture)라는 서양어를 번역하기 위해 새로 만들어 낸 것이 아니라 아주 오래전부터 써 오던 말이다. 그때 문화는 무슨 뜻이었을까? 그때의 문화는 '문치교화(文治教化)'의 의미를 지녔으며 이를 줄여서 문화라 했다. '문치교화'는 위력(威力)이나 형벌을 쓰지 않고 백성을 가르쳐 인도한다는 뜻이다. 다시 말하면 무(武)가 아닌 문덕(文德)으로 교화한다는 뜻이다. 과거 김영삼 정부가 내세웠던 '문민정부'라는 말도 그런 이미지의 포장이었다.

그런데 지금 우리가 찾는 문화란 '문치교화'와는 조금 다르다. 지금 우리는 서양어 컬처의 번역어에 해당하는 문화라는 말의 출처를 찾고 있는 중이다. 그런 문화라는 말은 언제부터 쓰기 시작했을까? 그 처음이 언제인지는 분명하지 않다. 개항기의 언저리에 쓰였을 법한데 당시 발행된 《황성신문》을 보면 '문화'라는 말이 몇 군데 눈에 띈다. "개명인·부강국을 만드는 학교를 개진(改進) 문화의 일대 문로로 본다."라든가 "문화를 수용하여 제조공업의 강구(講究)와 광산·어렵의 학술지도로 생산방법을 개진한다."는 등의 문맥에서 문화라는 말이 쓰이고 있다. 그 어감으로 볼 때 여기서의 문화는 오히려 문명(Civilization)에 가깝다. 이러한 새로운 문화에 대한 이해를 당시에는 '문명개화(文明開化)'라고 불렀다. '문명개화=문화'로 받아들이는 이해는 1920년대까지도 이어졌다. "자연에 인공을 가하여 가치를 낳게 함에서 처음으로 문화의 의의가 나온다."(〈文化主義와 人格上平等〉, 《開闢》 1920년 12월, 통권 6호)는 말도 그런 뜻이고, "근래 우리 조선사회에서도 문화생활이라는 말을 흔히 듣습니다. …… 이는 반드시 근대문명이라는 과학정신의 세례를 받은 후 ……"(〈文化生活과 住宅〉, 《開闢》 1923년 2월, 통권 32호)라 하듯이 '문화생활'의 '문화'란 과학으로 대변되는 근대문명의 근간이 되는 그런 문화였다. 그 문명의 도래처는 '서양'이었다. 그래서 "구미의 문명은 현세로는 전 세계의 인류가 모두 한가지로 추이(推移)하는 표적(標的)이 되었다 하여도 과언이 아니겠습니다."(〈文化生活과 住宅〉, 《開闢》 1923년 2월, 통권 32호)라고 하였다. 상식도 과학적 상식이 이 시대의 상식이었다(〈換節期와 新常識〉, 《開闢》 1925년 6월, 통권 60호).

엘리트 문화를 넘어서

문화가 자리 잡으려면 문명이 선행해야 했는데, 이런 근대 문명이 자리 잡는 것을 '근대화'라 하고 그것은 다시 '산업화'와 '도시화'라는 모습으로 우리 앞에 나타났다. 문화는 그 개념이나 용어 자체가 산업화와 도시화를 가져온 산업혁명기 영어권에서 형성되었다. 그리고 E. P. 톰슨의 말을 빌리면, 그 시기 가장 두드러진 변화는 노동계급의 형성이었고, 이와 동시에 대중문화가 뚜렷하게 등장하였다는 사실이다. 이는 문화와 대중문화에 관한 정의가 자본주의 시장경제가 있는 곳에서 논의되기 시작했다는 뜻이다. 문화라는 말은 이렇게 산업화·도시화, 그리고 노동계급의 형성과 궤를 같이 하면서 나타났다. 그러니 문화는 대중성을 떼어 놓고 생각할 수 없는 것이다.

이런 대중성을 문화에 받아들여 '문화주의'의 체계를 정립한 사람이 윌리엄스이다. 이전에는 '인간 사고와 표현의 정수'만을 문화로 보았다. 이는 곧 엘리트 문화만이 문화라는 뜻이다. 그런데 그는 일상생활의 텍스트 및 실천 행위들과 교류하는 데서 만들어지는 평범한 사람들의 살아 있는 경험을 문화라고 정의하였다. 즉 문화를 '삶의 총체적 방식'이라고 본 것이다. 그래서 그의 문화주의에서 문화는 적어도 엘리트 문화는 넘어선다. 그리고 대중문화를, 나아가 민주주의를 생각하게 한다. 대중문화도 고급문화와 동등한 문화라는 인식이 나타났고, 이는 '문화적 민주주의'라는 말이 나올 수 있는 토대가 되었다.

우리가 본 문화주의

우리에게도 이런 문화가 자리 잡으려면 산업화·도시화·노동계급 형성 등의 조건이 갖추어져야 한다. 그때가 언제일까? 대체로 1920년대 이후로 보면 무리가 없을 것이다. 이때 이 땅에도 문화주의가 등장하였다. 우리가 이해한 문화주의는 이랬다. 〈문화주의(文化主義)와 인격상평등(人格上平等)〉(《開闢》 1920년 12월, 통권 60호)이란 글을 보자.

문화주의는 "문화로써 생활의 중심으로 하는 사상"이라 하였고 여기에서 문화는 "인격 있는 사람으로의 여러 가지 자유로 발전케 하는 일"이라 하였다. 이런 정의에서는 "여하(如何)한 사람일지라도 그가 인격이 있는 이상은 모두 동등의 가치를 가질 만한 자이며 따라서 소위 인격이라 함은 사람들이 문화에 대하여 참여할 자격으로 정한 것이니 사람들은 소위 그 자격에 하등의 차별도 받지 않는다. …… 사람들이 이 인격을 두루 갖춘 이상에는 누구든지 동일한 평등의 자리에 설 것이 아니냐."라고 하여 문화는 곧 인격적 평등을 논리적으로 증명해 주는 언술이 되었다. 그리하여 "데모크라시라 하는 것은 이 인격을 기초로 하여 성립"한다는 말로 이어진다.

서구의 문화주의와 조금의 차이도 없는 인식이었다. 당시 사람들은 그래서 이 시대를 민중시대라고도 부른다. 민중시대의 의미는 정치·법률·경제·도덕·종교의 모든 것이 민중을 저버리고는 여하한 의미가 없어지게 된 시대라는 뜻이다(〈文化事業의 急先務로 民衆劇을 提唱하노라〉, 《開闢》 1921년 4월, 통권 10호). 그래서 민중문화라는 말도 쓴다.

1920년 《동아일보》 창간 당시의 창간 정신 중 하나가 "문화주의를 제창함"이었음을 상기하면, 당시 문화주의가 얼마나 유행하고 있었는가를 알 수 있다. 그리고 이때쯤이면 문화의 요소로 '산업적 자각'(《開闢》 1921년 9월, 통권 15호)도 주목되었다. 그만큼 산업화가 필요하다는 뜻이기도 하고 또 어느 정도 진행되었다는 뜻이기도 하다. 대중문화 발전의 한 축인 산업화도 이렇게 자리 잡아 가고 있었다.

문화운동과 문화의 계급성

1920년대 들어 문화주의가 운위되는가 하면 문화운동이란 것도 일어났다. 그 문화운동은 점차 조직적·실천적 수준으로까지 올라 새로운 국면을 열었다. 그 새 국면을 당시 한 잡지에서는 다음과 같이 정리하였다.

> (1) 우리의 교육열·산업열이 각일각(刻一刻)으로 보편화·심각화하는 그것이며, 그리하여 (2) 이천만 각자가 자기 심성(心性)을 개조(改造)함으로써 거듭나고 자기 환경을 전환시킴으로써 부활하게 할 자각을 가지는 그것이며, (3) 그 자각이 방금 다양한 형식으로 우리 사회의 새 현상을 이루고 있다는 그것이다.
>
> (〈文化運動의 昔今〉, 《開闢》 1922년 3월, 통권 21호)

이처럼 문화운동은 1920년대를 맞아 새롭게 전개되었다. 그런 문화운동의 가시적인 목표는 조선 민중의 실생활 조건을 향상시키는 것이었고, 그러기 위해 급한 것은 조선인 자체의 생산력 발전을 기도하는 것이었다. 물산장려나 금주단연(禁酒斷煙) 등은 바로 그런 목적을 갖는 생산력 양성운동이었다(〈皆自新乎-最近 一年中의 社會相〉, 《開闢》 1924년 신년 특간호, 통권 43호). 생산력 양성이란 다름 아닌 실력 양성이었다. 따라서 문화주의가 추동한 문화운동은 당연히 실력 양성으로 이어졌다.

이때부터 문화를 둘러싼 갈등도 나타났다. '컬트'를 교화(教化)라는 말로 옮기면서 '부르주아 컬트=지배계급 교화=유산계급 교화', '프롤레타리아 컬트=피지배계급 교화=무산계급 교화'라고 나누어 이해하는 경향이 나타났다. 당시 사람들은 부르주아 컬트를 어떻게 보았을까?

우리는 지금 동시에 신지배계급의 자본주의의 완전한 조직과 방법으로써 자기네 지배계급의 존속과 피학대(被虐待) 계급의 하부사회의 전멸을 위한 부르주아 컬트가 무제한하게, 신묘(神妙)하게, 전 조선 백성의 머리 속에서 다대한 효적(效績)을 얻고 있다. …… 조선에서 부르주아 컬트는 어떤 다른 나라보다도 일층 복잡하게 되어 내려왔으니 대개는 그 사정이 특이한 까닭이라 하겠다. 즉 금일 지배계급인 저 사람들의 질서정연한, 조직적 교화기관과, 지난날의 지배계급이던 소위 양반급의 전통적인 동시에 무형적 교화작용의 두 가지가, 기약한 것처럼 동일한 목적의 부르주아 컬트를 작성한 것이다."

(〈支配階級敎化 被支配階級敎化〉, 《開闢》 1924년 신년 특간호, 통권 43호)

'토끼와 거북이'의 우화를 어떻게 해석했는가도 재미있다. 이 우화가 주는 교훈을 신시대의 주인인 제4계급, 즉 노동계급에게 주는 메시지로 이해하였다. 그래서 거북이를 노동계급에 비유하였고 "노예의 경우에도 오히려 그 경우를 감수하고 더 일층 노예적 행사(行使)에 근면하라는 정신"을 담고 있다고 풀었다. 그러니까 부르주아에게 노예처럼 봉사하는 프롤레타리아를 노동계급의 이상형으로 내세웠던 셈이다.

그러나 프롤레타리아 입장에서는 이런 해석을 그대로 받아들일 수 없었다. 그러다 보니 이를 부정하는 논리를 펴게 되었고, 그 결과 "프롤레타리아 교화의 목적은 일그러진, 쭈그러진, 꾸부정한 자본주의의 독아(毒牙)에서 전 인류를 해방시키는 것이다. 이것이 프롤레타리아 컬트의 목적이다."라는 주장이 나올 수밖에 없었다. 당시 문화에 대한 이해에는 이미 계급성이 놓여 있었다. 문화 그 자체가 이미 이데올로기였다.

바로 이때 일제는 그들의 통치를 '문화통치'란 말로 포장했다. 문화통치의 문화는 다분히 문치교화의 의미를 지닌다. 그들 스스로 1910년대의 통치 방식을 '무단통치'라고 불렀다는 사실을 떠올리면 왜 문화통치의 문화가 문치교화를 뜻하는지 금방 이해할 수 있을 것이다. 그런데 공교롭게도 문화(Culture)가 '주의(主義)'라는 꼬리말을 달고 당당히 시민권을 얻어 가던 때도 바로 이 무렵이었다. 그러니 문화통치가 단지 문치교화에만 그쳤던 것은 아닐 것이고, 반면에 문화주의가 문치교화와 전혀 별개였을 리도 없을 것 같다. 그러니 양자는 뭔가 통하는 게 있지 않을까 하는 생각을 갖게 되는데 그런 생각이 그리 엉뚱하지만은 않을 것이다. 이쯤 되면 문화는 곧 이데올로기라는 생각으로 이어지게 되는데 그렇다면 문화주의의 문화는 당연히 부르주아 컬트일 수밖에 없다. 따라서 문화통치는 이런 문화의 계급성과 교묘하게 통하는 것이었다. 게다가 우리나라는 식민지였다. 민족문제에서 떠날 수 없는 식민지였다. 그래서 문화에는 계급성만이 아니라 민족문제도 덧씌워졌다. 이 때문에 우리의 문화는 그만큼 더 복잡하고 어려워졌다.

1930년대의 대중문화와 신파성

"1910년 이래로 이상한 일이 생겼습니다. 모든 예술 중에도 가장 귀족적인 프랑스 예술이 평민의 존재를 인정하게 되었습니다."라고 시작하는 로멘 로멘의 〈민중예술론〉 같은 것도 우리나라에 번역되어 소개되었다. 이런 글이 소개될 수 있게 한 데에는 사회주의의 영향이 컸다. 사회주의는 평민=민중에 주목하게 하였다. 이들 평민은 또 그들의 지적 수준과 취미에 걸맞은 예술을 찾았다. 그런데 역설적으로 이들의 필요를 충족시켜 준 쪽은 자본이었다. 자본은 이들을 대중이란 범주로 묶어 그들의 장기를 발휘했다. 부르주아 컬트가 프롤레타리아 컬트를 장악했다는 뜻이기도 하다. 다시 로멘 로멘의 말을 빌면 "이번에는 예술이 평민을 발견하였습니다. 조금도 기탄없이 말하면 탐험가가 미지의 토지를 발견하는 것과 비슷한 방법으로 다시 말하면 그 생산물이 잘 팔릴 만한 평민을 발견하였습니다."(佛國 로멘·로멘 作/ 金億 譯, 〈民衆藝術論〉, 《開闢》 1922년 8월, 통권 26호)라 하였다. 이는 대중을 위한 예술이자 동시에 예술의 소비자로서 대중을 인식했다는 뜻이다.

이런 분위기 속에서 우리는 1930년대 대중문화의 시대를 맞았다. 신파극·대중가요·영화의 3대 장르가 주도하는 대중문화의 세계가 바로 그것이었다. 그런데 당시의 대중문화에는 단지 자본의 이익만이 관철되었던 것은 아니었다. '뽕짝'이라 불리는 대중가요를 보자. 대중가요는 일본 음반산업이 생산하는 자본주의 상품이지만 동시에 식민 통치의 일환으로 보급, 통제되는 문화이기도 하였다. 자본의 이익과 식민 통치의 통제라는 양날이 잘 어울린 한 판이었다.

그래서 일제강점기의 대중문화는 근대화에서 비롯되는 비인간적인 소외와 더불어 식민지라는 억압 구도가 빚은 정서가 섞이면서 독특한 문화 양상을 낳았다. 그런 대중의 정서는 둘로 나뉘는데 하나는 '모던 보이', '모던 걸'과 같이 낭만주의적 퇴행성을 보이는 식민지적 근대성이고 다른 하나는 '신파적 비극미'였다. 우리나라에서는 후자가 더 특징적이었다. '신파적 비극미'란 현실의 타율적 힘에 체념과 인종으로 순응해야만 하는 이율배반에서

영화 〈수일과 순애(정한몽)〉의 한 장면
신파적 비극미의 대표작으로 식민지 대중의 왜곡된 정서를 만드는 데 영향을 미쳤다.

나오는 자학적 죄의식의 표출을 말한다. 이런 신파적 비극미는 〈장한몽(이수일과 심순애)〉이나 〈사랑에 속고 돈에 울고(홍도야 우지 마라)〉라는 신파극을 통해 식민지 대중을 사로잡았다. 신파극은 대중의 무기력증을 조장하고 재생산해 냈다. 신파에서 짜내는 눈물은 위안을 주었다. 그러나 눈물 젖은 눈은 현실을 외면할 수 있는 적당한 핑계가 되었다. 따라서 신파극은 체제 순응적 저급문화를 양산했다는 혐의에서 자유로울 수 없다. 그러나 어쨌든 대중들과 함께 호흡하면서 그들 삶의 일부를 이루었다.

식민지 문화주의가 간 길

이런 왜곡된 대중들의 정서는 문화주의가 걸었던 길과 무관하지 않았다. 문화주의=실력양성론은 점차 체제 순응적으로 되어 갔다. 문화에서도 부르주아 컬트가 주도하면서 역시 그런 변화에 기여하였다.

"폭력을 부르짖는 일면에는, 춘풍여일(春風麗日)과 같은 기개(氣槪)를 가진 듯싶은 문화운동이 또한 그 새를 미봉하였다."(〈皆自新乎–最近 一年中의 社會相〉, 《開闢》 1924년 신년 특간호, 통권 43호)라고 하듯이 문화운동 내지 문화주의는 다분히 타협적 속성을 노출시켰다. 그런 점에서 사회주의와는 대립하였다.

1923~1924년에는 이런 대립이 노골적으로 나타났다. 당시의 운동은 크게 독립운동, 문화운동, 사회운동의 셋으로 구분된다. 문화운동 특히 그중 연파(軟派) 혹은 구파(舊波)는 이때 이미 "토산을 장려한다 하여 유산계급과 더불어 손을 잡고, 교육을 보급한다 하여 자유주의자와의 연결을 급히 하고, 인권을 확장한다 하여 관청 출입을 빈번히 하는 등 그 행동은 마치 어떤 나라의 특권계급의 행위에 방불(彷彿)하다."(〈漸漸漸 異常해 가는 朝鮮의 文化運動〉, 《開闢》 1924년 2월, 통권 44호)라고 비난받았다. 이들은 점차 일제에 타협하는 쪽으로 돌아서고 있었다.

문화주의 내지 문화운동이 이렇게 변하는 사이 대중들의 문화라고 변하지 않을 리 없었다. 아니 오히려 대중들의 가슴속에 신파적 비극미가 자리잡는 빌미를 제공해 주었다. 야릇한 대중문화의 왜곡은 바로 '문화주의'가 간 길이기도 하였다. 식민지에서 맞은 우리의 근대화, 거기서 자란 우리의 대중문화는 단지 산업화·도시화라는 변수에만 반응해야 했던 서구의 대중문화와는 그 틀 자체가 달랐다.

이 시대의 문화

해방 후 맞은 현대사도 결코 순탄하지 않았다. 대립과 갈등의 연속이었다. 그 속에서 문화를 둘러싼 논의들도 이분법적, 대립적이었다. 한국적 민족주의를 내세우는 지배 문화에 대항하여 민중문화운동이 저항 문화로 그 대척점에 섰다. 그런 대립·갈등은 민주화운동 기간 내내 이어졌다. 그때 대

'서태지와 아이들' 공연
'서태지와 아이들'의 등장은 문화의 주류를 바꿔 버렸다. 그들은 자신들의 언어와 몸짓, 모양새로 새로운 문화를 만들어 냈다.

중문화는 흔히 영화(Screen), 성(Sex), 스포츠(Sports)의 머리 글자를 딴 '3S'로 불려 비하되었다. 이런 왜곡된 대중문화는 사회 모순을 은폐하는 수단으로 이용되었고 정권이 이를 부추겼다.

그러다가 1990년을 경계로 크게 달라졌다. 1970~1980년대 민주화운동기 시대적 화두를 사회과학이 제공했다면, 1990년대에는 문화비평이 그 역할을 대신했다. 문화비평 책들이 사회과학 책들을 밀어내고 유명 서점들의 '바로 그 자리'를 차지하였다. 그렇게 된 데에는 이른바 '현실' 사회주의의 붕괴, 즉 소련의 해체가 그 배경이 되었다. '현실' 사회주의가 사라지면서 생긴 빈 자리가 컸다. 대체할 이론을 찾지 못해 우왕좌왕할 때 문화이론을 앞세우고 대중문화가 홍수처럼 밀려들었다.

자본주의의 본질은 무엇보다 자본, 즉 돈이다. 따라서 문화가 돈을 이해할 때 비로소 자본주의 문화가 되는 셈이다. 그런 점에서 대중문화야말로 자본주의 문화의 적자(嫡子)인 셈이다. 그런데 고급문화라는 것이 적자인 대중문화를 계속 따돌리려 했다. 문화이론의 역사는 바로 그런 따돌림을 분석한 이론들의 역사인 셈이다. 그런 문화이론들의 계보는 보통 문화와 문명에 대한 매튜 아놀드의 주장부터 시작해서 문화주의, 마르크스주의, 구조주의와 후기구조주의, 페미니즘, 포스트모더니즘 등으로 이어졌다.

이런 이론들의 계보 속에서 대중문화를 보는 기본 입장들은 변해 왔다. 거칠게 말하자면 그 변화의 방향은 엘리트주의적 문화개념의 폐기에 있었다. 그래서 대중문화를 지배계급이 투여하는 단순한 마취제라고 보거나 대중의 수동성을 우려하는 비판적 입장에서 벗어나 "대중문화 속으로!", "대중을 읽자!"는 쪽으로 갔다. 그리하여 포스트모더니즘 문화이론이 전성시대를 맞았다. 그만큼 문화의 내용이 달라졌고, 대중문화는 문화의 하나로, 아니 문화 그 자체로 대접받고 있다. 삶의 질(quality of life)은 대중문화의 질과 동격이 되었다. 그래서 대중적 삶은 대중문화를 통해 이루어져야 한다는 명제가 공감대를 넓혀 가고 있다.

문화산업과 한류

21세기 문화의 세기를 맞아 문화는 하나의 소비대상, 상품이 되었다. 문화는 이데올로기의 장에서 벗어나 산업, 즉 문화산업이 되었다. 문화산업은 국가나 특정 지역이 갖고 있는 문화를 바탕으로 창의력을 통해 발현되는 지식산업이다. 따라서 이제 세계는 누가 얼마나 고유한 문화를 많이 가지고 있고 이를 얼마나 효율적으로 상품화하느냐에 국가경쟁력이 달려 있다.

이런 문화산업의 시대에 한류가 성공적으로 자리 잡았다. 한류는 우리나라의 대중문화를 포함한 '한국적인 것들'이 다른 나라들에서 인기를 얻는 현상을 말한다. 20여 년 전인 1998년 10월, 국민의 정부가 일본 대중문화 개방을 선언했을 때만 해도 자칫 개방으로 인하여 문화적 식민지로 떨어지는 것 아닌가 하는 우려가 컸다. 그렇지만 우려는 우려로 그쳤다. 오히려 한류가 성장하면서 문화개방이 문화산업계에 효자가 되는 반전이 일어났다. 한때 위축될 듯하던 한국 영화시장은 지금 전성시대를 구가하고 있다.

1998년 김대중정부의 문화정책에서 한류의 기원을 찾는다. 한류는 K-POP, 드라마, 영화, 게임 등 여러 분야에서 세계를 휘저으면서 한국 문화산업의 성공을 이끌고 있다. 2020년 9월 미국 빌보드의 싱글차트인 '핫

100'의 1위에 오르며 전 세계를 열광시킨 'BTS(방탄소년단)' 현상, 그리고 같은 해 2월 작품상 등 아카데미상을 4개나 거머쥔 영화 '기생충'은 우리의 문화지형을 또 한 번 크게 바꿔 놓고 있다. 어디까지 갈지 모르겠다. 2022년 9월에는 K-드라마 〈오징어게임〉이 에미상 남우조연상, 감독상 등 6관왕에 올랐다. OTT와 함께 열린 콘텐츠 세상에서 이제 한류의 영역은 한없이 넓어지고 있다.

'우리 것'은 선택 가능한 상품 중 하나이며, 그것도 가치 있는 상품이다. 우리 고유의 정서가 배어나는 이른바 포퓰러 컬처로서의 대중문화를 토대로 성장한 한류가 이를 증명하고 있다.

고석규 _목포대 명예교수

대중가요 속의 바다와 철도

이영미

대중가요가 세상을 드러내는 법

대중가요는 세상의 변화에 한편으로 민감하면서도 다른 한편으로 매우 둔감하다. 대중과 밀착하여 일상의 한 부분이 되어 살아가는 대중가요의 속성상, 세상의 변화와 그에 따라 변하는 대중들의 취향·욕망을 따라갈 수밖에 없다. 이를 반영하지 못하는 대중가요는 가차 없이 도태된다.

그러나 다른 한편, 대부분의 대중가요는 시대 변화를 조망하거나 근심하는 지적인 활동과는 다소 거리가 있다. 일상 속에 존재하면서도 정작 그들의 노동과 의식주, 사회·정치에 대한 이야기는 정치·경제적인 권력이 불편해하지 않을 정도로만 노래하며, 대신 남녀 간의 사랑과 사적인 이야기로만 채워진다. 온갖 검열과 심의에서 살아남으면서도 대중에게 잘 팔려야 하는 절묘한 줄타기의 태도가 필요하다. 대중가요는 세상의 변화를 날렵하게 타고 날아 신제품 라면처럼 대중의 혀 위에 몸을 얹는다.

그래서 대중가요 작품을 분석하여 그 창작자들이 세상에 대해 어떤 이야기를 하고자 하는가를 진지하게 살펴보려는 노력은 종종 실패로 끝난다. 몇

〈사의 찬미〉를 취입하는 윤심덕
윤심덕은 개화된 여성으로 노래를 통해서 자신을 세상에 드러냈다.

몇 작가주의적 싱어송라이터의 작품들에서나 겨우 가능한 수준이다. 오히려 흥미로운 것은 창작자가 힘주어 의도한 것이 아님에도 불구하고 대중가요에 드러나 있는 여러 가지 요소들이다. 대중의 취향과 욕망과 조응하며 일상의 한 부분으로 존재해 온 바로 그 본질 때문에, 대중가요는 창작자의 진지한 의도 여부와 무관하게 당대 사회의 모습을 징후적으로 드러내기 때문이다. 그래서 작품 하나하나를 진지하게 의미를 찾는 것보다, 노래를 즐길 때에는 별로 주목하지 않는 몇몇 소재나 표현들을 중심으로 대중가요사를 따라가 보는 것은 재미있는 일이다. 내가 대중가요 속에 나타난 서울, 여성, 광화문 광장 등 소재를 중심으로 한 몇몇 책(《광화문 연가》, 《한국대중가요 속의 여성》, 《광장의 노래는 세상을 어떻게 바꾸는가》)을 쓴 것은 그 때문이다. 이 글에서 이야기하고자 하는 것은, 대중가요 속에 나타난 바다와 철도이다.

식민지적 근대의 이율배반성

역사가 발전한다고 해서 그 속에 속한 인간들이 모두 행복했다고는 말할 수 없다. 역사 발전이 급격히 이루어지는 시기에, 그 속의 사람들은 급격히 바뀌는 세상을 감당하느라 몸과 마음에 큰 상처를 입는다. 하물며 근대로의 이행을 곧 발전이라고 단언할 수 없었던 우리의 20세기 초는 어떠했을지 짐작하고도 남을 만하다.

외세의 강압에 의한 식민지적 근대의 경험 때문에 당시의 지식인들은 뚜렷한 근대적 현상들을 무조건 두 손 들고 환영할 마음이 들지는 않았다. 표면적으로는 자유연애를 주창하면서도 그 자유연애가 곧 순종적인 본처에 대한 배신으로 이어진다는 데에 대한 자책감과 찜찜함을 떨쳐 버리지 못했다.

이 글에서는 기차·철도와 바다에 대해 이야기하고자 한다. 기차와 철도는 근대를 대표하는 사물이다. 기차는 농업과 어업으로 생활을 영위하는 작은 마을들을 단일한 경제권으로 묶어 내었고, 이로써 전근대적 농촌공동체의 질서를 넘어선 국민국가의 성립을 가능하게 하였다. 그리고 철도가 끝난 곳에는 바다가 열려 있었다. 국가와 국가를 이어 주는 것은 바다요 항구였다. 유럽인들은 바다에 나가 다른 나라와 교역을 하였고, 아직 근대국가에 이르지 못한 나라들을 점령하고 식민지로 삼았다. 따라서 기차와 바다는 산업혁명과 근대적 교역을 의미하는 강인하고 진취적인 이미지를 주게 된다.

그런데 우리 근대사에서는 어떠할까? 과연 우리도 기차와 바다를 그렇게 진취적 이미지로 받아들일 수 있었을까? 우리의 철도는 일본을 비롯한 외세의 강압으로 놓였고 그것은 곧 굴욕적인 국권침탈을 예비하는 것이었다. 또한 우리는 바다를 통해 들어온 사람들로부터 고통받았고, 그 항구로 쌀이 실려 나갔으며 조선 사람들은 '대일본제국'의 군인과 노동자가 되어 배를 타고 나갔다. 기차와 바다는 결코 희망의 사물일 수만은 없었다.

그런 정황을 보면, 기차에 관한 노래로 가장 오래된 최남선의 창가 〈경부철도가〉는 지나치게 긍정적이고 기쁨에 찬 철도 노래라는 점이 오히려 우리를 찜찜하게 한다.

> 우렁차게 토하는 기적소리에 / 남대문을 등지고 떠나가서 / 빨리 부는 바람의 형세 같으니 / 날개 가진 새라도 못 따르겠네
> 늙은이와 젊은이 섞여 앉았고 / 우리 내외 외국인 같이 탔으나 / 내외친소(內外親疎) 다 같이 익혀 지내니 / 조그마한 딴 세상 절로 이뤘네
> 관왕묘와 연화봉 둘러보는 중 / 어느덧에 용산역 다다랐도다 / 새로 이룬 저자는 모두 일본 집 / 이천여 명 일인이 여기 산다네
> ……(중략)……
> 부산항은 인천의 다음 연대니 / 한일 사이 무역이 주장이 되고 / 항구 안이 너르고 물이 깊어서 / 아무리 큰 배라도 족히 닿이네
> ……(중략)……
> 일본사람 거류민 이만 인이니 / 얼른 보면 일본과 다름이 없고 / 조그마한 종선도 일인이 부려 / 우리나라 사람은 얼른 못하네 /
> ……(중략)……
> 슯도다 동래는 동남 제일현 / 부산항은 아국(俄國) 중 둘째 큰 항구 / 우리

나라 땅같이 아니 보이게 / 저렇 듯한 심한 양 분통하도다

……(하략)

(〈경부철도가〉, 최남선 작사, 외국 곡, 1908)

이 노래는 최초의 창가로 알려져 있다. 우리는 최초를 매우 좋아한다. 그러나 모든 최초에도 또 근원과 바탕은 있는 법이다. 우리 안에 토대가 없는 갑자기 완성된 형태의 '최초'로 무엇이 생겼다는 것은, 외국에서 만들어진 특정 관습을 수입했다는 것을 의미한다. 우리의 창가는 일본 창가에서 영향 받은 것이다. 일본의 철도창가에 영향을 받아 서양 노래의 음악에 붙여진 일본식 음수율 7·5조의 노래라는 게 그 증거이다.

이 노래에서는 철도가 문명개화하는 세상을 여는 사물로 드러난다. 문명개화한 세상이란 사해동포주의가 관철되는 세상이라는 인식이 뚜렷하다. 문명개화가 외세에 의해 이루어졌다는 거부감은 매우 적다. 마지막 부분에서는 철도와 기차, 부산항의 무역선과 항만 운영이 모두 일본인의 손에 이루어지고 있음을 통탄하고서 우리가 힘을 키워 되찾기를 바란다는 내용이 덧붙여져 있기는 하지만, 여전히 작품 전체는 철도라는 개화한 문명이 들어온 것에 대한 신기함과 칭송에 치우쳐 있으며 통분의 정도는 매우 약하다. 노래가 발표된 1908년이면 이미 통감부가 설치된 상황이었다. 주권의 대부분을 상실했던 시기였다는 사실을 염두에 두면 그의 태도가 다분히 친외세적 문명개화라고 충분히 이야기할 만하다. 이런 노래를 보아서도, 일제 말기 최남선의 친일 행각은 일본의 강요에 의해서라고만 이야기할 수는 없을 듯하다. 이미 첫 시작부터 그 조짐이 뚜렷하다.

화려하고 멋지지만 편치 않은 것

최남선이 진지한 태도로 노래한 〈경부철도가〉에 비하자면 오히려 1930년대 이후 대중가요 시대에 들어서면서 나온 대중적인 노래들이 식민지적 근대의 이율배반성을 더 적나라하게 드러내고 있다. 보통 사람들에게 기차는 멋진 신문물임이 분명했지만, 다른 한편으로는 익숙하지 않아 불편한 것이었다. 사람들은 화려하고 멋진 신문물은 욕망하면서도, 그 앞에서 주눅 들고 어리바리한 모습을 보이게 되니 영 편치 않은 물건임이 분명했다.

> (대사) 시골 영감님께서 서울 구경을 떠나시었는데 자못 유쾌한 장면이 많았겠다, 에헴.
>
> 1. 시골 영감 처음 타는 기차놀이라 / 차표 파는 아가씨와 승강을 하네 / 이 세상에 에누리 없는 장사가 어디 있나 / 깎아대자고 졸라대니 원 이런 질색이 하하하 / (후렴) 으하하하 하하하하 하하하하하 / 으하하하 하하하하 하하하하하 / 으하하하 하하하하 하하하하하 / 으하하하 하하하하 하하하하하
>
> 2. 기차란 놈 뛰 하고 떠나갑니다 / 영감님이 깜짝 놀라 돈을 다 내며 / 깎지 않고 다 낼 테니 날 좀 태워다 주 / 저 기차 좀 붙들어요 돈 다 낼 테니 하하하 / (후렴)
>
> 3. 다음 차는 만원(滿員)이라 자리가 없어 / 옆에 칸을 슬쩍 보니 텅텅 비었네 / 옳다구나 땡이라고 슬쩍 앉았더니 / 표 검사에 이등이라고 돈을 더 물어 하하하 / (후렴)
>
> 4. 이럭저럭 서울에를 도착하여서 / 인력거를 타시는데 발판에 앉아 / 위

로 올라앉으라니 영감님 말씀 / 이등 타면 돈 더 받게 나는 싫구매 하하하 / (후렴)

(〈유쾌한 시골영감〉, 범오 작사, 외국 곡, 강홍식 노래, 1936)

오리지널 가수 강홍식이 월북한 이후 1950년대 양석천, 1960년대 이후 서영춘이 부르면서 오랫동안 인기를 누린 이 노래는, 기차로 대표되는 근대적 시스템이 '시골 영감'을 얼마나 주눅 들게 하는 것인지 해학적으로 잘 보여 준다. 인간적인 흥정 같은 것이 통하지 않는 시스템, 정해진 가격과 절대적인 근대적 시간 관념, 친절한 설명이나 안내도 없이 굴러가는 냉철한 근대의 체계에 적응하지 못해 쩔쩔매는 '시골 영감'의 모습을 아주 선명하게 형상화한 작품이다.

이 노래만큼 적나라하게 드러나지는 않지만, 기차역에서의 절망적인 이별을 그린 수많은 대중가요들도 대도시의 화려하고 멋진 모습인 동시에 냉혹하고 차가운 시스템으로서의 기차를 그려 내고 있다.

구름다리 넘을 때 몸부림을 칩니다 / 금단추를 매만지며 몸부림을 칩니다 / 차라리 가실 바엔 맹서도 쓸데없다 / 아 부산 차는 떠나갑니다.

(〈눈물의 경부선〉, 박영호 작사, 이용준 작곡, 울금향 노래, 1937)

서울역 '구름다리', 금단추 등의 이곳이 근대적 도시임을 말해 준다. 주인공 여자는, 남자에게 매달려 몸부림을 치지만 그 이별을 막을 수 없다. 이 여자의 애통함과 무관하게 부산행 기차는 정각에 출발해 버린다. 〈춘향전〉

의 한 장면처럼, 한양길에 나선 이몽룡을 오리정에다 데려다 놓고 마지막 술잔을 나누는 잠깐의 여유 같은 것도 허락되지 않는다.

기차로 이루어지는 이별은, 보행길의 이별과는 달리, 힘없는 보통 사람으로서는 도저히 따라갈 수 없다는 절망을 안겨 준다. 기차는 부여잡을 수도 없고 기차를 따라가는 것도 가능하지 않다. 상황은 절망적이지만 해결되지 않으니, 그저 무력하고 못난 자신을 탓하며 자학과 자기 연민을 드러낸다. 트로트의 탄식과 흐느낌은 바로 이러한 신파적 태도의 전형적인 모습이다.

새롭게 등장한 바다와 절망적 이별

절망적인 신파적 이별의 감수성은 항구에서의 이별 장면에서도 마찬가지로 드러난다.

항구와 바다는, 근대 이후 새롭게 대두된 소재이다. 전근대시대의 민요에서는 대개 어촌 지방 민요에서만 바다가 등장한다. '우리 어멍 날 낳을 적에 / 어느 바당 미역국 먹엉' 등 생활 터전으로서의 바다를 보여 주는 제주도 민요 〈이어도사나〉가 대표적이다. 개항 이전에 바다는 어민이나 무역 종사자를 제외하고는 그리 쉽게 체험할 수 없는 공간이었다. 뱃길이 없었던 것은 아니나 바다보다는 주로 강을 통해 이루어졌다. 동요 〈반달〉의 '돛대도 아니 달고 삿대도 없이' 같은 구절은, 배가 삿대를 바로 떠올리게 할 정도로 강을 이용한 뱃길의 경험이 일반적이었음을 말해 준다.

그에 비해 식민지적인 근대의 많은 생활양식이 바다의 항구를 통해 들어오면서 바다의 항구는 이전과는 비교할 수 없을 정도로 중요한 공간으로 부

면화를 쌓아 둔 목포항(위)**과 〈목포의 눈물〉 노래비 제막식**(아래)
일제시기 항구는 식민지 침탈과, 기약 없는 이별의 장소였다. 이 사연은 〈목포의 눈물〉에 담겨 사람들에게 널리 불렸다.

1935년 발매된 이난영의 〈목포의 눈물〉 음반(왼쪽)과 1960년대에 발매된 이난영의 히트곡 모음 음반(오른쪽)

상했다. 일본의 지배를 받는 동안 일본과 뱃길로 연결되는 항구도시들이 개발되고 발전되었다. 그리고 그 항구들은 바로 철도와 연결되어 서울을 경유하여 대륙으로 이어졌다. 근대의 대중가요에 항구가 중요한 공간으로 급부상한 것은 당연한 일이었다. 〈목포의 눈물〉, 〈울며 헤진 부산항〉 등 인기 있던 대중가요 속의 항구들은, 식민본국인 일본과 바로 연결되는 교통 요충지였다.

> 사공의 뱃노래 가물거리고 / 삼학도 파도 깊이 숨어드는 때 / 부두의 새악시 아롱 젖은 옷자락 / 이별의 눈물이냐 목포의 설움
>
> (〈목포의 눈물〉, 문일석 작사, 손목인 작곡, 1935)

당시 목포와 군산 등은 지금의 목포·군산과는 비교할 수 없을 정도로 화려한 도시였다. 호남지방의 풍부한 물자와 노동력이 일본으로 나가고 일본의 박래품들이 들어오는 통로였다. 항구와 목포역 중심의 시가지에는 식산은행을 비롯한 기관들과 일본식 다층집들이 즐비했다. 그런 점에서 〈목포의 눈물〉을 비롯한 대중가요 속의 풍경은, 지금 우리가 상상하는 것보다 훨씬 멋진 모습이었을 것이라 추측된다.

그럼에도 불구하고 항구의 이별은 기차역에서의 이별만큼 절망적이다. 아니, 그 정도는 훨씬 더 심하다. 물결 타고 훌쩍 떠나 버렸다는 상실감, 자신은 따라가고 싶어도 바다를 건널 수 없다는 무력감이 지배적이다. 항구마다 널려 있는 홍등가의 퇴폐적 절망감, 망망대해 바다에 떠 있어서 고향에 갈 수 없다는 식민지기의 나그네 의식도 노래 속 항구 풍경에는 짙게 깔려 있다.

> 항구마다 여자도 많드라 / 항구마다 술집도 많드라 / 허건만 허건만 못난 이내 청춘 / 어리석은 나한테는 / 간데 쪽쪽 무정터라 괄세드라
> 항구마다 인심도 많드라 / 항구마다 눈물도 많드라 /허건만 허건만 시들한 세상에 / 혼자 사는 나한테는 / 간데 쪽쪽 슬프드라 외롭드라
>
> (〈항구마다 괄세드라〉, 조명암 작사, 박시춘 작곡, 남인수 노래, 1938)

민요·구전가요의 오기와 체제 순응적 대중가요

철도와 항구에 대한 식민지 민중의 착잡함이, 대중가요에서는 고작 이 정도로밖에 드러나지 않는다. 이에 비한다면 민중들의 입에서 자연스럽게 흘

러나온 민요나 구전가요는 얼마나 적확하고 뛰어나게 이를 형상화하는지 놀라울 정도이다. '인천 제물포 살기가 좋아도 왜놈의 등쌀에 못 살겠네' 같은 민요의 구절은 무슨 설명이 필요할까 싶을 정도로 솔직하고 간명하다.

전문인이 아닌 민초들, 스스로를 '못 배운 무지렁이'라고 비하했던 이름 없는 사람들도 이런 노래를 만들어 부르는데, 당대 최고의 고학력자였던 사람들이 만든 대중가요는 이런 적확한 표현을 만들어 내지 못했다. 그것은 검열을 통과해야 하고 상업적으로도 잘 팔려야 하는 대중가요란 존재의 본원적 보수성 때문이다.

해방 후까지 구전됐던 구전가요에는 이런 노래도 있다.

> 일본 갔다 조선 나와 돈벌이 없어서 / 중국집에 호떡집에 뽀이가 됐구나 / 모자는 찌그러져서 빵떡모자요 / 새로 사온 네꼬다이도 다 떨어졌구나
> 똘똘 궁그러가는 까만 기차야 / 연기 뿜고 달린다고 니만 잘났냐 / 지게 지고 산에 가는 나도 잘났다

앞부분의 몰락한 '하이카라'의 희화된 표현도 재미있거니와, 뒷부분 호사스러운 기차에 대한 시골 나무꾼의 묘한 반감은 나름대로 민중의 오기 같은 것이 느껴진다. 근대의 상징인 철도에 대한 민중들의 반감과 오기는 민요 곳곳에서 발견된다. '낙동강 칠백 리 공굴 놓고 / 하이카라 잡놈이 왕래한다'('공굴'은 콘크리트. 즉 포장도로라는 뜻) 같은 표현들은, 그저 잘난 사람들에 대한 시기심의 표현을 넘어선다. 겉으로 번지르르해 보이는 포장도로가, 민중을 위한 것이 아닌 '하이카라 잡놈'을 위한 것이라는 간명한 인식, 수탈을 바탕

으로 이루어지는 식민지적 근대에 대한 반감이 노골적으로 드러나 있다.

그러나 이러한 형상화는, 민요나 구전가요에 그쳤다. 대중가요나 공식화된 영역의 노래에서는 드러나지 않았다. 한 걸음 더 나아가, 대중가요는 일제 말 일본의 대륙 침략 정책에 적극적으로 동조하게 되고, 바다와 철도는 그 시각에서 새로운 의미를 부여받았다. 1930년대 말로 접어들면서 바다가 갑자기 희망의 상징으로 등장하는 건전가요풍의 노래가 나오기 시작하고, 철도와 기차는 대동아공영권 속 중국 대륙을 대표하는 사물로 배치되었다.

> 바다는 부른다 정열이 넘치는 청춘의 바다여 / 깃발은 펄렁펄렁 바람새 좋구나 / 저어라 저어라 저어라 저어라 바다의 사랑아 / 희망봉이 멀지 않다 행운의 뱃길아
>
> (〈감격시대〉 3절, 강사랑 작사, 박시춘 작곡, 남인수 노래, 1939)

눈물과 탄식의 신파적 트로트 일색이었던 흐름과는 다소 이질적으로, 전쟁 색이 짙어지는 1939년에 갑자기 이런 노래가 등장하는 것은 주목할 만하다. '이별의 바다'도 아니고 '해수욕장'도 아닌, 희망과 행운의 뱃길이 등장하는 것은, 대중가요에서는 꽤 이례적이다. 전주(前奏)에 등장하는 행진곡 분위기의 트럼펫 선율이나 '희망봉이 멀지 않다'며 전진을 독려하는 듯한 마지막 구절은, 적극적인 친일을 독려하는 군국가요에 이르지 않았다 할지라도 중일전쟁을 시작한 당시 '시국'에 호응한 혐의가 농후하다.

1940년대를 넘어서면 〈만포선 길손〉, 〈만포선 천리길〉, 〈향수 열차〉 등 만주 대륙을 달리는 철도를 노래한 작품이 다수 등장한다. 노골적인 친일

주장을 하는 작품도 있고 그렇지 않은 작품도 있지만, 만주와 대륙에 대한 적극적 관심을 불러일으키려는 일제의 대륙침략 정책에 부응했다는 비판을 면할 수는 없을 것이다.

바다를 바라보는 방향이 달라진 1960년대

광복과 분단 등 사회 변화 속에서 지역 간 왕래가 늘어나면서 기차의 이용도 크게 늘어났다. 기차가 주는 위압감은 사라졌지만, 그만큼 지역 간 먼 거리 이동이 많아지고 그에 따라 기차역에서의 이별도 많아졌다. 따라서 기차역에서의 이별을 다룬 대중가요는 꾸준히 생산되고 즐겨 불렸다. 무엇보다 기차가 만들어 내는 시각적·청각적인 이미지의 강렬함이, 이렇게 꾸준한 작품을 만들어 낸 요인 중 하나였다고 보인다. 시끄럽고 부산스러운 기차역이 만들어 내는 긴장감, 육중한 기차가 떠난 뒤 조용한 시공간에 자신만 홀로 남겨진 외로움 등이 이별의 극적인 느낌을 형상화하기에 효과적이기 때문일 것이다. 1950년대의 〈비 내리는 호남선〉, 〈대전 부르스〉부터 1970년대 〈밤차〉를 거쳐 1980년대에 발표되어 1990년대에 폭발적인 인기를 모은 〈남행열차〉에 이르기까지 인기곡의 수도 아주 많았지만, 다른 한편 비슷한 설정의 노래가 반복되면서 클리셰의 남발도 심해졌다. 디젤 기관차가 등장한 이후의 노래에서도 삽입되는 증기기관차의 기적 소리 효과음은, 한번 정착한 관행이 얼마나 끈질기게 상투형으로 살아남는지 보여 주는 단적인 예다.

그에 비해, 철도·기차에 비해 대중가요 속의 바다는 상당히 다른 형상들을 보여 주고 있다. 트로트 양식의 대중가요에서 바다를 앞에 두고 이별은 반복적으로 등장한다. 그 방향이 달라져 있다. 일제강점기에는 육지에서 바다로 사람을 떠나보냈다면, 1960년대에는 섬에서 육지로 사람을 떠나보내는 노래들이 등장한 것이다.

> 해당화 피고 지는 섬마을에 / 철새 따라 찾아온 총각 선생님 / 열아홉 살 섬 색시가 순정을 바쳐 / 사랑한 그 사람은 총각 선생님 / 서울엘랑 가지를 마오 가지를 마오
>
> (〈섬마을 선생님〉, 이경재 작사, 박춘석 작곡, 이미자 노래, 1966)

> 얼마나 멀고 먼지 그리운 서울은 / 파도가 길을 막아 가고파도 못 갑니다 / 바다가 육지라면 바다가 육지라면 / 배 떠난 부두에서 울고 있지 않을 것을 아아 / 바다가 육지라면 / 이별은 없었을 것을
>
> (〈바다가 육지라면〉, 정귀문 작사, 이인권 작곡, 조미미 노래, 1970)

> 남몰래 서러운 세월은 가고 / 물결은 천 번 만 번 밀려오는데 / 못 견디게 그리운 아득한 저 육지를 / 바라보다 검게 타버린 검게 타버린 / 흑산도 아가씨
>
> 한없이 외로운 달빛을 안고 / 흘러온 나그넨가 귀향살인가 / 애타도록 보고픈 머나먼 그 서울을 / 그리다가 검게 타 버린 검게 타 버린 흑산도 아가씨
>
> (〈흑산도 아가씨〉, 정두수 작사, 박춘석 작곡, 이미자 노래, 1966)

1960년대에 '무작정 상경'의 시대가 시작되었다. 상경 붐은 그 이전에도

있었지만 1960년대 들어서는 '무작정 상경'이란 말이 정착할 정도로 이촌향도의 흐름이 거셌다. 1966년에는 이호철의 장편소설 《서울은 만원이다》가 연재되어 크게 주목을 받을 정도였다. 일제강점기 때와 달리 1960년대의 노래에서 바다를 바라보는 방향이 바뀐 것은, 근대화의 중심이 일본·외국에서 서울로 바뀌었다는 의미다. 수교가 됐다 해도 일본은 껄끄러운 나라였고 미국은 아무나 갈 수 없을 정도로 너무 멀리 있었다는 현실적인 이유도 있겠거니와, 전쟁이 끝나고 약간의 안정을 찾은 1960년대에 이르러 한국에서 서양적 근대화의 꿈을 꿀 수도 있을 것이라는 희망이 조금씩 생겨났기 때문이기도 하다.

정부가 가속페달을 밟고 추진하는 도시화·산업화의 흐름 속에서 서울은 돈을 벌 수 있는 곳, 화려하게 발전하는 곳, 출세의 기회가 주어지는 곳으로 여겨졌다. 너도나도 서울로 올라가는 상황에서 스스로 '가난과 천대 속에 사는 촌무지렁이'라 자책하던 사람들의 소외감과 절망감은 매우 컸을 것이다. 〈섬마을 선생님〉 속의 '총각 선생님'은 서울에서 왔다는 그 사실만으로도 호감이 대상으로 설정된다. 그리고 '서울엘랑 가지를 마오'라는 클라이맥스의 호소는, 가난하고 낙후한 주변부에서 벗어나 근대화와 발전의 대열로 들어서고 싶다는 꿈의 좌절을 의미한다.

특히 이 노래에서 '섬'이라는 설정은 흥미롭다. '섬'과 '바다'는, 육지·서울과의 먼 심리적 거리를 표상하는 설정이며, 서울로 대표되는 근대화와 발전의 흐름에 따라갈 수 없다는 소외감과 절망감의 표현이다. 일제강점기 작품에서도 바다가 그랬듯 바다는 주인공의 소망을 좌절시키는 결정적 장애물인데, 달라진 것은 그 소망의 공간이 '서울'이라는 점이다. 그러니 그곳과

'바다'라는 장애물로 갈라져 있는 '섬'이 노래의 공간으로 설정되는 것이다. 그냥 시골 촌동네가 아니라 하필 섬으로 설정한 것은, 이러한 거리감과 절망감을 극대화하는 장치였다.

기차로 고향을 떠올리다

이제 1970년대가 되면서부터 기차와 바다를 바라보는 시각은 완전히 바뀐다. 기차와 바다는 더 이상 근대적 세련됨이나 근대화를 향한 열망의 그림자를 드러내지 못한다. 이미 근대화의 열망이 향하는 중심은 '현해탄 건

1970년대 여름의 포항 송도 해수욕장
도시화가 되면서 사람들에게 바다는 휴식과 낭만이 숨쉬는 곳, 해변의 사랑이 싹트는 곳이 되었다. 또한 그 바다는 대중가요에도 고스란히 투영되어 드러났다.

너'에서 육지 한복판의 서울로 옮아 온 지 오래됐고, 다양한 교통수단이 생겨나면서 더 이상 기차가 근대성을 대표하는 사물로 여겨지지 않는 세상이 됐기 때문이다.

'무작정 상경' 현상의 초기였던 1960년대 후반의 트로트 가요가 '서울엘랑 가지를 마오', '그리운 서울을 파도가 가로막아 가고파도 못 갑니다'라고 노래했다면, 이제 1970년대 초의 트로트는 이미 서울에 자리 잡은 이농민의 시선과 경험을 보여 주고 있다. 따라서 이제 기차와 바다는 거꾸로 고향을 연상시키고 향수를 불러일으키는 사물로 의미화되었다.

> 코스모스 피어 있는 정든 고향 역 / 이쁜이 곱분이 모두 나와 반겨 주겠지 / 달려라 고향 열차 설레는 가슴 안고 / 눈 감아도 떠오르는 그리운 나의 고향 역
>
> (〈고향 역〉, 임종수 작사·작곡, 나훈아 노래, 1971)

노래가 발표된 지 50년이 지난 지금도 추석 즈음이면 방송에서 자주 나오는 이 노래는, 초가을 열차를 타고 귀향하는 이농민의 설레는 마음을 형상화한 노래다. 1970년대 초의 트로트 가수들이 불렀던 〈그리운 고향〉, 〈고향이 좋아〉, 〈임과 함께〉 등 수많은 히트곡이 '시골', '남쪽'의 고향을 그리워하는 노래들이다. 1960년대 후반 노래에서 확인되는 서울을 향한 열망과 함께 생각하면 꽤 흥미로운 지점이다. 시골과 바다를 떠나 서울로 오고 싶어했건만, 서울 속의 주변인으로 살아가는 서울 생활은 만만치 않았음을 느끼게 하는 것이다. 고향을 떠나고 싶어 했던 사람들은 얼마 지나지 않아 서울에

서 거꾸로 시골 고향을 그리워하는 노래로 도시 삶의 고통을 위로받았다. 기차는 그리운 고향과 서울을 연결해 주는 사물이었다.

바다 역시 마찬가지였다. 그리 많은 수는 아니지만, '어머님은 된장국 끓여 밥상 위에 올려놓고 고기 잡는 아버지를 밤새워 기다리신다(박양숙 〈어부의 노래〉)' 같은 고향 바다를 그리워하는 노래들이 간간이 나오고 있었다. 일제강점기부터 익숙해진 바다 항구에서의 이별을 다소 상투적으로 형상화한 〈돌아와요 부산항에〉(황선우 작사·작곡, 조용필 노래)가 1972년 첫 음반에서는 전혀 주목받지 못하다가, 1976년 조총련계 재일교포 고향방문 때 크게 히트한 현실은, 역설적으로 바다 항구에서의 이별을 다루는 작품이 당시 대중들의 일상적 삶과 동떨어진 '올드패션'의 노래가 돼 버렸음을 반증하고 있다.

기차를 타고 바다로 놀러 가는 도시인

1970년대 이후 대중가요에서 지배적인 기차와 바다의 이미지는, 여행과 휴가이다. 1970년대에는 전후에 태어나 경제개발계획이 이루어지던 시기에 어린 시절을 보낸 서울내기들이 청소년으로 성장했다. 이 시기에 청바지와 통기타로 대표된 청년문화가 발흥한 것은 우연이 아니다. 1980년대 이후가 되면, 아예 대도시에서 태어나 한 번도 아파트 아닌 곳에서는 살아 본 적이 없는 전형적인 도시 아이들이 점점 늘어나게 된다. 여행이 아니면 기차를 타 볼 기회가 없는 이 도시의 청소년들이 기차와 바다에서 휴가 여행을 연상하는 것은 당연하다. 1970년대부터 여태까지는 한 번도 등장한 적 없는 새로운 바다, 기차의 모습이 등장한다.

조개껍질 묶어 그녀의 목에 걸고 / 불가에 마주 앉아 밤새 속삭이네 /저 멀리 달그림자 시원한 파도소리 / 여름밤은 깊어만 가고 잠은 오지 않네

(〈라라라〉, 윤형주 작사·작곡·노래, 1972)

별이 쏟아지는 해변으로 가요 / 젊음이 넘치는 해변으로 가요 / 달콤한 사랑을 속삭여 줘요 / 연인들의 해변으로 가요 (하략)

(〈해변으로 가요〉, 이철 작사·작곡, 키보이스 노래, 1969)

바닷가에서 우연히 만난 사람 / 바닷가에서 추억을 맺은 사람 / 손잡고 해변을 단둘이 거닐며 / 파도 소리 들으며 사랑을 약속했던 / 그러나 부서진 파도처럼 / 쓸쓸한 추억만 남기고 가 버린 / 바다의 여인아

(〈바다의 여인〉, 백순진 작사·작곡, 사월과오월 노래, 1973)

1970년대 청소년들의 취향을 양분했던 포크와 록, 어느 양식에서든 바다는 행락지이며 사랑이 싹트는 낭만적인 곳으로 그려진다. 〈바다의 여인〉을 비롯해 〈딩동댕 지난 여름〉 등 바다를 배경으로 이별의 아픔을 그린 노래도 적지 않으나, 항구에서의 이별과는 전혀 질감이 다르다. 여름 행락지 바다에서의 짧은 사랑이 깨져 버린 이후의 슬픔이 주를 이루고 있다.

해수욕장은 일제강점기부터 존재했으나 수영복을 입고 해수욕을 즐기는 문화가 확산된 것은 대천과 만리포 등 서해안의 해수욕장 개장이 활발해진 1950년대 후반으로부터도 더 시간이 지난 1960년대 중반 즈음으로 추정된다. 이후 지금까지 '바다'는 여름 배경의 대중가요에서 늘 등장하는 단골 소

재가 되었다. 어민의 삶의 터전인 바다, 근대적 문물이 오가는 통로이자 수탈의 통로인 바다를 거쳐, 1970년대 이후의 도시 젊은이들의 노래에서 바다는 오로지 행락과 여행의 공간으로서의 바다가 되어 버렸다.

늘 그랬듯 바다로 가기 위해서는 기차를 타야 한다. 바다를 전혀 다른 방식으로 받아들인 1970년대 이후 청소년에게는 기차 역시 서울로부터 탈출하게 해 주는 낭만적이고 행복한 사물로 의미화되었다. 이들에게 기차는 여행을 위한 교통수단이다. 20세기 전반기에는 근대성의 상징이던 기차가 이제는 거꾸로 시골을 연상하게 하는 사물이 된 것이다. 서울로 대표되는 팍팍한 도시의 삶을 기차를 타고 벗어나고 싶어 하는 노래는 1970년대 〈고래사냥〉부터 1990년대 〈춘천 가는 기차〉를 거쳐 지금까지 꾸준히 생산되고 있다. 이들 도시의 청소년들에게 기차가 인생의 아픔과 관련되어 경험되는 것은, 기껏 〈이등병의 편지〉, 〈입영 열차 안에서〉처럼 군대 징집의 경험 정도에 그친다.

대중가요의 보수성과 민중가요의 안목

대중의 경험과 욕망을 비교적 보수적으로 받아들이는 대중가요와 달리, 이윤 중심의 시장체제나 검열 등의 시스템과 무관하게 생산되고 유통된 민중가요에서는 사뭇 다른 형상을 보여 주고 있다.

앞서 살펴본 〈고향 역〉과 거의 비슷한 시기의 작품으로 거의 비슷한 인물들을 등장시킨 〈강변에서〉는, 대중가요의 관행에서 벗어나 새로운 시각으로 세상을 볼 때 어떻게 다른 형상화가 가능한지 충격적으로 느끼게 해 준다.

서산에 붉은 해 걸리고 강변에 앉아서 쉬노라면 / 낯익은 얼굴이 하나둘 집으로 돌아온다 / 늘어진 어깨마다 퀭한 두 눈마다 / 붉은 노을이 물들면 왠지 가슴이 설레인다 / 강 건너 공장의 굴뚝엔 시꺼먼 연기가 피어오르고 / 순이네 뎅그란 굴뚝엔 파란 시오라기 피어오른다 / 바람은 어두워 가고 별들은 춤추는데 / 건너 공장에 나간 순이는 왜 안 돌아오는 걸까 / 높다란 철교 위로 호사한 기차가 지나가면 / 강물은 일고 일어나 작은 나룻배 흔들린다 (하략)

(〈강변에서〉, 김민기 작사·작곡, 송창식 노래, 1973)

서울 한강변에서 본 저녁 풍경이 마치 한 폭의 그림처럼 묘사되어 있는 노래다. 주인공은 강 건너 영등포와 구로 지역의 공장들이 보이는 한강변에 앉아서, 공장에서 퇴근해 돌아올 순이를 기다리고 있다. 공장 굴뚝의 '시꺼먼 연기'와 순이네 집 굴뚝에서 피어오르는 '파란 시오라기' 같은 저녁 짓는 연기가 대조된다. 1970년대는 그야말로 '중단 없는 전진'을 외치며 공업화를 밀어붙이던 시기였음에도, 이 노래는 한국의 가장 핵심적인 공업단지 중의 하나인 영등포·구로지역 공장의 위압적 모습 뒤편에 있는 작고 소박한 순이네 집 굴뚝에 눈길을 주고 있다.

이와 짝을 이루는 구절을 작가는 바로 뒤에 배치한다. '호사한 기차'와 '작은 나룻배'의 대조가 그것이다. '호사한 기차'는 마치 시꺼먼 연기를 뿜어 내는 거대한 공장 굴뚝처럼 위풍당당하게 '높다란 철교 위'를 큰 소리를 내며 달려가고 있다. 강 건너 공장에 다니는 수많은 사람이 그 기차를 타고 고향을 떠나 서울로 왔을 것이다. 공장처럼 철교와 기차는 근대화·도시화·공업화를 이끄는 강하고 위용 넘치는 사물들이다. 그에 비해 '작은 나룻배'는 '뎅그란 굴뚝'에서 밥 짓는 연기를 피어 올리는 순이네 작은 집 같은 존재다. 세상의 지배적인 시각은 강하고 화려한 기차나 공장 같은 것에만 눈길을 준다. 기차가 높다란 철교를 달려갈 때, 그 여파로 강 위의 작은 나룻배가 흔들리는 것에는 눈길을 주지 않는다. '늘어진 어깨'를 하고 공장에서 퇴근하는 노동자들이나 열여섯 살 순이의 삶이 그런 것이다. 탁월한 상징적 형상화이다. 〈강변에서〉는 포크의 전성기에 대중가요로 발표된 후, 빠르게 제도권 음반 시장에서 사라져 민중가요가 됐다.

이 노래의 영향을 받은 듯한 흔돌의 〈갈 수 없는 고향〉 역시 고향 마을을 소환하는 사물로 기차를 배치한다.

> (상략) 이따금씩 지나가는 기차를 보면 / 내 고향 산 하늘이 그리워지네 / 뜨겁던 지난 여름날 더운 바람 속에 / 설레이던 가슴 안고 서울로 서울로 / 갈 수 없는 그리운 그리운 내 고향 / 나는 가고 싶지만 내가 갈 수가 없네
>
> (〈갈 수 없는 고향〉, 흔돌 작사·작곡, 노래를 찾는사람들 노래, 1984)

'고향'과 '기차'를 연결하는 발상에서는 나훈아의 〈고향 역〉과 다를 바 없어 보이지만 후렴에 배치된 '나는 가고 싶지만 내가 갈 수가 없네'의 절절함이 꽤 다르다. 이농민의 향수를 건드리는 대중가요는 고향에 대한 그리움만 노래하는 것에 비해, 민중가요들은 그 그리운 고향에 돌아갈 수 없다는 냉혹한 현실을 노래한다. 김민기가 창작하여 비합법 음반에 수록한 〈공장의 불빛〉(1978)에서 '이제는 못 돌아가지 그리운 고향마을 / 춥고 지친 밤 여기

는 또 다른 고향'이라고 노래하고 있다. 기차가 아닌 '털털대는 시외버스'를 타고 서울로 온 노동자의 삶을 그린 〈공장 가는 길〉도, 이런 비극적이고 냉혹한 현실에 대한 형상화란 점에서 동일하다.

> 진달래 동산에 피어있는 내 고향 / 논둑길 걷고 또 걸어 / 흰 손수건 어머니 하얗게 눈물 닦고 / 털털대는 시외버스에 몸을 실었지 / (후렴) 공장 가는 길 서울 가는 고생길 / 공장 가는 길
> 열여섯 솜털 난 손바닥에 / 방 얻으라 빼주신 금가락지 / 하루 일당 얼마짜리 월세방 시다 신세 / 한숨 자고 일어나면 나아질까 / (후렴)
> 코스모스 들국화 핀 내 고향 / 쪼그만 옷 보퉁이 품에 안고 / 서울로 공장으로 돈 벌러 밀려왔지 / 털털대는 시외버스에 몸을 실었지 / (후렴)
>
> (〈공장 가는 길〉, 김호철 작사·작곡, 1989)

김민기의 작품들로부터 무려 십수 년이 지난 후에 나온 작품이다. 노래가 보여 주는 상황은 훨씬 더 처절해 보이는데, 그것은 1987년 6월 시민항쟁과 7·8·9월 노동자대투쟁 이후 민주화가 진전되고 노동운동과 민중가요가 발전함으로써 현실의 고통을 좀 더 적나라하게 형상화하는 것이 가능해졌기 때문이다. 크고 화려한 기차 대신 '털털대는 시외버스'이 등장할 수 있었던 것도 그 때문이라 보인다.

한편, 바다 역시 민중가요에서는 대중가요와 전혀 다른 형상을 드러낸다.

> 동녘에 해 솟는다 배 띄워라 / 어저께 그 해면 내일도 그 해지 / (후렴) 배

띄워라 배 띄워라 검은 바다에 / 살으나 죽으나 고향 바다에

청산리 벽폐수(碧廢水)야 수이도 간다 / 널 따라 내 청춘도 수이도 간다 /

(후렴)

등 굽은 물고기라 탓하지 마소 / 저나 우리나 그 아픔이야 마찬가지요 /

(후렴)

(〈온산 뱃노래〉, 박치음 작사, 최태현 작곡, 1986)

이 노래 속의 바다는 공해와 오염으로 찌든 '검은 바다'다. '온산'은 경남 울산의 화학공업단지가 위치한 곳으로 1982년대 초에 우리나라 최초의 공해병의 집단 발병지이자 반공해투쟁의 장소로 기록된다. 온산 앞바다에는 등 굽은 물고기가 잡히고 '벽계수'가 아닌 '폐수'를 노래해야 하는 처지가 됐다. 민요 속의 일터로서의 바다, 일제강점기 '대처'로 가는 통로로서의 바다, 1970년대 이후 도시인들의 휴가지·행락지로서의 바다 등과 전혀 다른 바다의 모습이다. 바다에서 살지 않는 사람들은 바다를 완상과 행락의 장소로만 경험하지만, 급격한 근대화·공업화를 고스란히 겪으며 바다에서 사는 사람들에게 바다는 계속 살 수도 없고 떠날 수도 없는 곳이다. 이 작품에서는 등 굽은 물고기처럼 아픔을 지니면서 살아가고 죽어 갈 '검은 바다'이자 '고향 바다'라고 노래한다.

〈강변에서〉, 〈갈 수 없는 고향〉, 〈온산 뱃노래〉 등의 민중가요는 기차와 바다에 대해, 대중가요와 전혀 다른 모습을 보여 준다. 대중의 경험과 욕망을, 그 사회의 지배적인 힘과 보수적 상식, 그리고 가요산업의 이윤 등이 허용하는 한계 내에서만 받아들이는 대중가요와 전혀 다른 생산·유통 방식이

만들어 낸 결과물이기 때문이다. 불행히도 이런 형상은 아직도 대중가요에서는 찾아보기 힘들다. 지금도 대중가요의 기차와 바다는 생활인의 아픔은 그림자 속으로 묻어 놓은 채, 여행과 휴가의 세계에 머물러 있다.

이영미 _대중예술연구자

한국 영화, 100년의 영광과 부침

이하나

지난 2019년은 한국 영화가 100주년을 맞이한 해였다. 이 해에 한국 영화는 〈기생충〉(봉준호, 2019)으로 칸 영화제에서 그랑프리를 받았으며, 이듬해에는 아카데미 시상식에서 작품상을 비롯한 4관왕을 차지하는 영광을 안았다. 하지만 이러한 영광이 하루아침에 이루어진 것은 아니다. 한국은 이미 20년 전부터 할리우드영화를 제치고 자국 영화가 점유율 1위를 차지해 온 세계적으로 보기 드문 나라 중 하나다. 거기에는 무엇보다 지난 100여 년간 숱한 고난과 영욕 속에서 영화에 열정을 다 바쳐 온 영화인들, 그리고 그에 화답해 준 관객 대중들이 있었다. 이 땅에 영화가 들어온 지 120여 년, 한국인의 손으로 처음 영화를 만든 지 100여 년이 지나는 동안, 대체 무슨 일이 있었던 걸까?

근대의 아이콘, 영화의 도래

서구에서 광학이 발달한 17세기 이래 필름과 영사기를 발명하기 위한 여러 노력은 근대적 광학 놀이기구의 발전과 더불어 진행되었다. 1895년 유럽 제일의 사진판 생산 가문의 아들들인 프랑스의 뤼미에르 형제는 시각문화가 꽃피었던 파리의 한 카페에서 처음으로 영화를 대중에게 공개 상영했다.

이후 영화는 급속도로 전 세계로 퍼져 나가, 바로 이듬해 초에는 영국을 비롯하여 러시아와 미국 등지로 확산되었으며 아시아까지 오는 데 채 1년이 걸리지 않았다. 그것은 제국주의의 속도, 곧 자본의 속도였다. 중국에서는 1896년에 최초로 영화가 상영되었고, 1897년에는 일본에 영화가 상륙하였다.

한국에 언제 영화가 들어왔는지는 명확하지 않지만, 대략 1897~1901년 사이인 것으로 추정된다. 심훈은 〈조선영화총관〉(《조선일보》 1929년 1월 1일)에서 그 시기가 1897년이라고 주장하고 있으나, 그 근거는 정확히 제시되어 있지 않다. 1901년 설은 미국인 여행가 버튼 홈즈가 고종황제 앞에서 영화를 상영했다는 기록에 근거한 것이다. 또한 1901년 9월 14일자 《황성신문》에 "寫眞活動勝於生人活動"이라는 기사가 실린 것으로 보아 활동사진이 이 시기에는 이미 들어온 것으로 보인다.

가장 확실한 상영 증거는 1903년 6월 23일자 《황성신문》에 실린 활동사진 관람 광고이다. 동대문전기회사(한성전기회사) 기계창에서 활동사진을 상영하는데 입장료는 동화 10전, 일요일과 비오는 날을 제외한 오후 8~10시에 상영하며, 빈 담배갑을 내면 활동사진을 공짜로 볼 수 있다는 내용이다. 당시 동화 10전은 전차 운임료나 담배 한 갑 정도의 가치로서 영화가 주는 신비로운 체험에 비하면 비교적 싼값이었다. 이처럼 초창기 영화 흥행업은 한미전기회사, 영미연초회사 등 미국계 회사가 주도하는 전차나 담배 판촉

사업과 밀접한 관련이 있었다.

초창기 활동사진은 줄타기, 연주, 무용, 환등 등 일련의 연행으로 이루어진 버라이어티 쇼의 일부로 존재했다. 발성영화 시대 전까지 프로그램에는 세 편 정도의 활동사진이 동시에 상영되었다. 이때 활동사진은 변사와 악사, 가수 등에 의해 연행되는 동적인 사진을 의미하였다. 한국 관객들은 낯선 서구 문물 가운데에서도 가장 신기한 구경거리였던 이 '움직이는 사진'에 곧 매료되었다. 1910년대 말에 활동사진 관객은 이미 연 100만 명에 육박하였다. 1922년 통계에 의하면 활동사진 흥행일수는 2,566일이고 관객수는 96만 1,532명으로, 경성인구를 26만으로 추정한다면 경성 주민은 1년에 1인당 4일 꼴로 영화를 본 셈이었다.

'영화보기'의 정치학

오늘날 사용되는 대부분의 기본적 영화 문법들이 창안된 1900년대를 지나 1910년대의 미국은 이미 최대의 영화 생산국이었다. 일본에서도 1912년에 니카츠(日活)라는 최초의 대형 영화사가 설립되었으며, 일본인 흥행업자들은 점차 조선으로 활동 영역을 넓히기 시작했다.

조선에서는 1906년의 동대문 활동사진소를 시작으로 상설극장들이 생기기 시작하였다. 청계천을 경계로 조선인 거주지인 북촌과 일본인 거류지인 남촌이 형성되었다. 북촌에는 광무대, 단성사, 연흥사, 우미관 등의 극장이, 남촌에는 경성고등연예관, 황금관, 경성좌 등의 극장이 생겨났다. 북촌의 조선인 전용 활동사진관은 조선인 변사를 고용하여 주로 서양 영화를 상영하였고 중하층민들이 주로 이용했다. 남촌의 일본인 전용 영화관에서는 주로 일본 영화를 상영했으며 교육받은 중상류층이 많았다. 아이러니컬하게도 가장 최신의 할리우드영화를 먼저 접할 수 있었던 곳은 북촌의 조선인 전용 극장이었다. 〈아, 무정(Les Miserables)〉(1913), 〈명금〉(1915), 〈채플린의 권투 (The champion)〉(1915), 〈동도(Way Down East)〉(1920) 등 해외의 화제작들이 북촌의 극장에 소개되었다.

이러한 공간의 민족적 분리와 계급적 분리는 1930년대 문화의 중심이 남촌으로 옮겨 가면서 점차 섞이는 추세를 보였다. 1930년대 일본어 교육을 받은 조선의 신세대 젊은이들이 남촌의 극장을 드나들며 일본 영화를 보는 것을 좀더 '모던'한 것으로 여기기 시작한 것이다.

서울, 부산 등 일본인이 많은 대도시에서는 극장 중심으로 영화 상영이 이루어진 것과 달리 지방의 군면리 단위에서는 활동사진대회, 혹은 영화대회라 불리는 영화상영회가 성황을 이루었다. 3·1운동 이후 이른바 '문화정치' 시기가 되면서 활발하게 열린 활동사진대회는 도청이나 경찰서, 농회, 금융조합, 철도국 등 식민지 통치 기구가 주체가 되어 열리기도 했고, 민간의 언론사나 청년단체, 협회나 구락부, 때로는 고등보통학교나 유치원, 교회나 회사 등이 주체가 되어 열리기도 했다. 단성사 등의 극장도 지방에 영화를 배급하는 하나의 방식으로서 활동사진 지방순업대를 조직해서 지방을 돌며 영화를 상영하였다.

단순 흥행 활동인 극장의 영화상영회를 제외하면 민간 주도 모두 활동사진대회의 목적은 크게 두 가지였다. 하나는 영화를 통한 대중 계몽이나 선전이었고, 다른 하나는 영화는 사람을 모이게 하기 위한 방편에 불과할 뿐

강연이나 모금, 혹은 판촉 활동을 하기 위해서였다. 곧 대중에게 오락을 제공한다는 명목으로 열린 활동사진대회가 실제로는 프로파간다의 일환이거나 프로모션의 일환인 경우가 많았다는 것이다. 같은 프로파간다라고 하더라도 일제 식민당국에 의해 열리는 경우에는 '국가'와 '제국'이 강조되었고, 조선인 민간 사회가 주체가 되어 열리는 경우에는 '민족'과 '공동체'가 강조되었다. 특히 후자의 경우 식민지적 현실에 지치고 상처받은 관객들을 '위안'하고, 재난을 당하거나 딱한 처지에 놓인 공동체의 일원을 '동정'하기 위해 모금과 함께 진행되는 경우가 많았다.

이처럼 '영화보기'란 단지 '영화의 내용을 본다'는 행위에 그치는 것이 아니라 '영화보기'를 둘러싼 사회적 맥락 속에 참여한다는 의미가 있었다. 이것은 곧 크게는 민족 사회, 작게는 지역 공동체 사회의 일원임을 스스로 각성하게 하는 계기로 작용하였다.

무성영화 전성시대와 조선 영화계의 형성

그렇다면 한국인에 의해 최초로 영화가 만들어지기 시작한 것은 언제부터인가? 일반적으로 1919년 단성사 관주였던 박승필이 제작한 연쇄극 〈의리적 구토〉를 한국 영화의 기원으로 여긴다. 하지만, 연쇄극이란 무대 위에서 구현하기 어려운 야외의 풍경이나 활극 장면 등을 미리 촬영하여 연극 도중에 삽입한 것으로, 독립성과 완결성의 측면에서 본격적인 영화라고 보기에는 무리가 있다.

본격적인 한국 영화 제작은 1923년 〈국경〉(김도산)과 〈월하의 맹서〉(윤백

▎〈아리랑〉 3편의 나운규

남)에서 시작되어 한국의 고전문학을 소재로 하는 극영화 제작으로 나아갔다. 〈춘향전〉(1923)을 필두로 하여 〈장화홍련전〉(1924), 〈흥부 놀부〉(1925), 〈심청전〉(1925) 등이 제작되었다. 특히 일본인 감독(하야카와 고슈[早川孤舟])이 제작한 〈춘향전〉과 달리 〈장화홍련전〉은 제작(박승필), 감독(박정현), 촬영(이필우), 배우(김옥희, 김설자)가 모두 조선인으로서 9일간 1만 3,000여 명의 관객을 동원하였다.

1926년 나운규가 각본을 쓰고 감독을 한 〈아리랑〉은 4년여에 걸쳐 전국 주요 도시에서 상영되면서 한국 무성영화의 전성시대를 열었다. 〈아리랑〉은 단지 최초의 흥행대작이라는 것 이외에도 여러 가지 의미가 있는 작품이었다. 우선 이 영화는 3·1운동 이후 강해진 독립에의 요구와 민족의식의 영향하에서 만들어졌으며, 영화 자체가 대중들의 공동체적 각성을 촉발시킨 측면도 있다.

또 하나의 의미는 이 영화의 제작을 전후해서 조선에 '영화인'이라는 범주와 관념이 만들어졌다는 것이다. '영화인'들이 영화를 만든 것이 아니라 영화가 먼저 만들어지고 나서야 '영화인'이 비로소 탄생되었다는 것은 어찌 보면 역설적이기도 하지만, 영화사의 초창기에 어느 나라에서나 겪었을 법한 과정이기도 했다.

초창기 극장 흥행계는 일본인 사업가들이 주도했으며, 이른바 '흥행계'라 불리는 범주 아래 영화, 연극, 창가 등 극장=흥행장을 중심으로 한 여러 사람들이 섞여 있는 상태였다. 영화에 대한 규제도 처음에는 영화의 내용이 아닌 흥행장에 대한 취체규칙(1922)이었다가 1926년이 되어서야 〈활동사진필름검열규칙〉이 만들어져 영화 내용 자체에 대한 규제가 시작되었다.

'영화인'이라는 범주는 혼용해서 쓰이던 '활동사진'과 '영화'를 구분하고 후자는 좀 더 예술성이 높은 장편 영화를 지칭하기 시작하면서 쓰이기 시작했다. 영화일에 종사하던 사람들은 활동사진을 만드는 일에 종사하는 사람들을 '활동사진패'라고 따로 분류하면서 스스로를 '영화인'이라는 자의식으로 구분하였다. 영화 제작에 참여하는 프로듀서, 작가, 감독, 배우, 스태프와 더불어 상영 단계에서 영화를 완성시키는 변사까지 '영화인'은 점차 특정한 직역을 수행하는 직업인들로 자리매김되었다.

초창기에는 한 사람이 여러 가지 일을 동시에 수행하였지만 영화에 종사하는 사람들이 많아지고 제작의 규모가 커지면서 영화일은 전문화되었다. 1924년 부산 지역 일본인 사업가들이 출자하여 조선 최초의 영화사라 할 수 있는 조선키네마주식회사가 만들어진 이래 '~푸로덕슌', '~협회', '~키네마', '~영화사' 등의 이름이 붙은 여러 영화사들이 만들어지면서 영화일의 분업화와 전문화가 촉진되었다. 각종 영화단체들은 영화 직업 교육 시스템인 연구생 제도를 통하여 영화계에 인력을 배출했으며, 고학력 청년들은 영화를 배우기 위해 일본으로 유학을 떠났다.

1920년대 후반에서 1930년대 초반에 걸쳐 〈문예영화〉, 〈대중영화〉, 〈영화시대〉, 〈신흥예술〉 등 본격적인 영화잡지가 발간되며 영화의 제작과정과 영화인의 직업세계가 대중에게 소개되고 이를 통해 '영화인'이라는 용어가 대중화되었다. 1930년대가 되자 일본에서 도제식 영화 교육을 받고 돌아온 새로운 세대는 영화라는 총체적 예술이 아닌 하나의 직업으로서 영화인을 선택하였는데, 이러한 영화인의 직능화는 이후 영화인들이 친일영화의 길로 접어드는 데에 하나의 조건이 되었다.

발성영화와 친일영화

최초의 발성영화(talkie)는 워너 브러더스의 〈재즈 싱어(The Jazz Singer)〉(1927)인데 이 영화는 실제로는 소리가 나오는 장면이 일부 삽입된 무성영화였다. 1930년 무렵까지 미국의 극장들은 발성영화 설비를 완료하고 무성영화의 제작을 중단하였다. 유난히 발성영화를 싫어했던 찰리 채플린만이 1930년대까지도 무성영화를 제작했을 뿐이었다.

조선에서도 처음에는 발성영화 제작에 대해 거부감이 있었다. 무성영화 시대에 극장에서 꼭 필요한 존재였던 변사나 악단 등은 이제 필요 없는 존재가 되었다. 1932년 일본에서 일어난 반(反)토키쟁의는 바로 이러한 변사와 악사들이 중심이 되었다. 단성사도 발성영화를 마지못해 늦게 수용했다. 카프(KAPF) 영화인들은 무성영화 제작을 공개적으로 반대했다. 그 이유는 하나는 일제의 검열 문제였고 다른 하나는 제작비 문제였다. 변사에 의해 대사의 내용과 어조가 바뀔 수 있었던 무성영화와 달리 발성영화는 대사를 고칠 수 없었고 일제는 문제가 되는 대사가 있는 영화와 영화인들을 얼마든지 규제하고 탄압할 수 있었다. 또한 발성영화는 무성영화에 비해 막대한 제작비가 들었기 때문에 제작비 조달에 어려움이 컸다.

이러한 상황에서 최초의 조선어 발성영화 상영은 획기적인 사건이었다. 1935년 10월 4일 조선 최초의 토키영화 〈춘향전〉(이명우)이 개봉하자 그동안 외국어 발성영화를 일본어 자막으로 보면서 문화적 소외감을 느꼈던 조선 관객들이 몰려들었고 흥행은 대성공이었다. 발성영화 등장과 함께 무성영화 시대와 단절된 새로운 영화인들이 등장하였다. 구세대들이 사라진 빈자리를 일본에서 유학한 신진 인력들이 채우기 시작했던 것이다.

1930년대 초반 조선인 전용 극장 시대가 저물며 조선인 관객들이 일본인 관객들과 섞여 영화를 보기 시작했다. 일제는 '관객의 내선일체'라는 말로 이러한 현상을 미화했다. 1940년 유료 관객 수는 1,350만 명을 돌파했으며 총 관객 수는 연간 2,000만 명에 다다랐다. 이는 경성부만 따지고 본다면 인구 1인당 8회가 넘는 수치였다.

발성영화 시대의 개막은 새로운 문제를 야기시켰다. 영화의 내용과 주제가 너무나 명확히 드러나기 때문에 영화의 주제의식이 전면에 부각되었다. 일찍이 카프 영화인들이 발성영화 제작을 반대하며 우려했던 상황이 현실화된 것이다.

1937년 중일전쟁을 일으킨 일제는 전시체제를 강화해 나가며 파시즘적 통치 질서를 조선에 강요하였고 문화 역시 통제해 나갔다. 1939년 4월 '일본 최초의 문화입법'이라 불리는 일본영화법이 공포되었는데, 이는 1934년 2월 공포된 독일 나치당의 영화법을 참조해 제정한 것이었다. 1940년, 일본 영화법(1939)에 준하여 조선총독부령 제181호로 조선영화령이 공포되었다. 바로 '영화신체제'의 시작이었다. 영화에 대한 국가의 통제와 개입은 역설적으로 국가의 전폭적인 지지와 후원을 의미하였다. 1939년 영화인 통제를 위해 설립한 조선영화인협회는 그 서막이었고, 1942년 영화 제작의 완전한 통제를 꾀한 조선영화제작주식회사(조영) 설립은 그 귀결이었다. 외화는 점차 수입이 통제되어 나중에는 전면 금지되었다. 조선총독부의 심사를 거쳐 조영에 등록한 영화인만 영화를 만들 수 있었고 조영은 이들에게 친일영화, 군국주의 일본의 전쟁 동원에 협력하는 영화를 요구했다. 조영의 간판 감독이었던 최인규가 만든 〈수업료〉(1941), 〈집 없는 천사〉(1941), 〈태양의 아이들〉, 〈가미가제의 아이들〉, 〈사랑과 맹서〉(1945) 등 일련의 친일영화는 그 참담한 결과였다.

국가와 영화

해방이 되자 영화인들은 조선 영화를 재건하기 위해 분투하기 시작하지만 일본인이 빠져나간 자리에 남은 것은 몇 안 되는 기자재와 열악한 자본, 허약한 인적 기반뿐이었다. 이러한 제작 환경 속에 몇몇 16밀리미터, 8밀리미터 영화들이 제작되어 기술상의 퇴행 현상을 보이기도 했다. 최인규는 재빨리 〈자유만세〉(1946), 〈독립전야〉(1948) 등을 만들었다. 이것이 친일 감독의 뼈아픈 자기반성이 아니라 시대의 변화에 발빠르게 대응하는 영리한 감독의 변신으로 읽히는 것은 안타까운 일이다. 친일영화를 만들었던 박기채나 이병일 같은 감독들도 모두 반성은커녕 친일 경력 은폐와 변명에 급급했다.

극장들은 과거의 왜색 이름을 개명했다. 서울의 명치좌가 국제극장으로, 조일좌가 장안극장으로, 진부좌는 한성극장, 대륙극장은 단성사로, 부산의 소화관, 보래관, 후생관, 부산영화극장 등도 각각 조선극장, 국제영화극장, 대중극장, 향도극장 등으로 원래 이름을 회복하거나 개칭하였다.

1946년 3월, 38선 이남에서 소련 영화가 금지되고 일본어 자막의 미국 영화가 수입되기 시작했다. 4월에는 중앙영화배급사(약칭 중배)가 설치됨으로써 본격적으로 미국 영화가 수입되기 시작하면서 미군정기 극장가는 미국 영화로 넘쳐났다. 중배를 통해서 들어온 미국 영화들, 극영화를 비롯하여 기록영화, 뉴스영화, 문화영화 들은 미국인의 높은 생활수준과 그것을 가능하게 하는 민주 체제를 보여 주는 교육과 선전의 역할을 자임하고 있었다.

전쟁기에 영화인들은 대구와 진해 등에서 국방부나 공보부가 발주한 전쟁 기록영화 작업에 참여하며 생계를 이어 나갔다. 해방기에서 전쟁기까지 영화인을 비롯한 많은 문화예술인들이 월북했다. 북한 최초의 예술영화 〈내 고향〉(1948)을 감독한 강홍식과 친일영화에 참여했으나 북한에서 훗날 인민배우 칭호를 받은 문예봉 등이 대표적인 월북 영화인이다.

전쟁이 끝나자 시작된 전후 재건 사업에 발맞춰 영화계도 급속하게 재건에 들어갔다. 1954년 전격적으로 시행된 '국산영화 면세조치'와 1958년 '국산영화 제작 장려 및 영화오락 순화를 위한 보상특혜조치'는 한국 영화의 부흥을 예고했다. 1955년 〈춘향전〉(이규환)의 흥행 성공과 1956년 〈자유부인〉(한형모)의 폭발적 인기로 인해 영화의 사업적 전망이 밝아지자 영화 제작사가 우후죽순처럼 늘어나면서 1955년 15편에 불과하던 한국 영화는 1959년에 무려 111편으로 증가하였다. 1950년대는 영화인과 정권의 결탁이 두드러진 시기였다. 자본과 정책에 의해 좌지우지되는 불안정한 사업을 경영해야 하는 영화사는 정권과의 관계를 어떻게 가져가느냐에 따라 그 입지가 매우 달라졌다. 예컨대 일제하부터 영화계의 실력자로 유명했던 홍찬은 이승만의 배려로 1956년 안양 2만 5,000평의 대지에 수도영화사와 동양최대의 스튜디오인 안양촬영소를 건립하였으나 잇단 흥행 실패로 수십 억의 부채를 안게 되기도 했다.

1950년대의 영화들이 전후 대한민국이라는 국가의 정체성 형성과 관련이 깊다는 것도 실은 국가의 정책이나 정권의 입맛에 맞추지 않으면 안 되는 속사정이 있다. 특히 반공영화의 제작은 새로 출발한 국가의 정체성과 지향을 대중에게 확실하게 각인시키는 역할을 부여받았다. 하지만 빨치산 노획 문서를 바탕으로 만든 〈피아골〉(이강천, 1955)이 검열 과정에서 반공영화가 아닐 뿐만 아니라 반공정신을 해치는 영화로 비판받자 반공영화에 대한 논쟁이 일었고, 이는 1950년대까지도 '무엇이 진정한 반공인가'에 대한 명확한 규정이 내려지지 않았다는 것을 의미한다.

영화 기업화와 장르영화의 만개

영화 기업화는 일제강점기부터 한국 영화계의 의제였다. 열악한 물적 기반을 정권과의 유착을 통해 극복하고자 했던 1950년대식 영화기업화 노력이 좌절되자 영화사들은 제작비를 지원받을 수 있는 '영화금고'의 설립과 국산영화의 기업화를 앞당길 수 있는 법적 기반을 만들 '영화법'의 제정을 촉구하였다. 영화기업화를 국가의 힘으로 달성하려는 것이 갖는 함정을 식민지시기에 대한 철저한 비판과 반성이 없었던 한국 영화계는 잊고 있었던 것이다.

1961년 군사정부는 종래의 공보국 영화과와 그 산하의 대한영화사를 대폭 확대 개편하여 국립영화제작소를 설치하고 〈대한뉴스〉와 다수의 문화영화를 제작하였으며, 영화 기업화의 미명으로 영화제작업자 등록을 추진하고 군소제작사 정리와 영화사 통폐합을 실시하였다. 이에 따라 영화제작사는 71개에서 16개사로 외화 수입업체는 28개사에서 7개사로 통합되었다. 이듬해 1월 20일 법률 995호로 공포된 영화법은 정부 수립 후 최초로 입안된 체계적인 문화 관련 법안으로서, 영화 제작자는 공보부에 미리 등록하고 제작시에는 사전에 신고해야 하며, 영화를 상영할 때는 문화영화를 동시에 상영해야 한다는 내용이었다. 동법 시행령에서 규정된 국산영화 제작업자의 등록 요건은 영화촬영기 1대 이상, 조명기 50킬로와트 이상을 소유하고 5년 이상 제작 경험이 있는 제작기술자 1인, 전속배우 2인 이상, 자본금은 5,000만 환 이상이었다.

또한 영화법은 과거 문교부에 속해 있던 영화 업무를 공보부로 이전시켜 공보부가 제작에서 수출입에 이르기까지 영화에 관한 거의 모든 권한을 가진 기구로서 영화정책의 심의와 검열 등을 모두 아우르는 기능과 역할을 하게 했다. 군사정부는 기본적으로 영화를 선전 도구로 여기고 영화에 국고를 지원할 것을 약속했다. 이를 통해 한편으로는 지원 대상을 선정하는 과정에서 국가가 원하는 방향으로 영화의 내용과 메시지를 유도할 수 있었고, 다른 한편으로는 지원 대상에서 배제하고 감시 내지 처벌하는 과정을 통해 국가가 원하지 않는 방향의 영화를 배제하거나 영화의 내용을 수정할 수 있었다. 또한, 외국 영화 수입 자격을 국산영화제작업자로 제한하면서 제작업과 수입업을 일원화시켜 한국식 메이저 회사 10개사를 탄생시켰다. 육성과 통제는 국가 주도의 영화기업화가 가진 동전의 양면이었다.

이후 몇 차례의 개정을 통해 영화법은 점차 규제를 강화하는 방향으로 나아갔으며, 조건에 맞추지 못하는 제작사는 큰 회사의 이름을 빌려 제작하는 '대명제작'을 통해 영화를 제작해야 했다. 큰 회사의 경우에도 대명제작은 1년에 15편 제작이라는 조건을 충족시키기 위한 유일한 방편이었다. 절대 부족한 시나리오와 소재의 공백 속에 외국 영화의 모방과 심지어는 표절 사태가 비일비재했고 같은 소재를 놓고 제작사들끼리 경쟁하는 '경작' 사태가 속출했다. 특히 영화법의 혜택을 가장 많이 입었다고 볼 수 있는 신필름은 여러 차례 경작을 시도해 비판을 받았다. 1961년에 신상옥 감독의 〈성춘향〉이 홍성기 감독의 〈춘향전〉과 경쟁한 것을 시작으로, 양귀비, 장희빈, 심청전 등 고전적 소재들을 타 영화사와 경쟁적으로 제작하였다. 1960년대에 한국영화는 기술적으로나 장르적으로 풍성한 성과를 거두었다. 최초의 컬러 시네마스코프영화인 〈성춘향〉을 비롯하여 가족 멜로드라마 〈로맨스 파파〉(신상옥, 1960), 심리스릴러 〈하녀〉(김기영, 1960), 한국판 네오리얼리즘의 진수를 보여 준 〈오발탄〉(유현목, 1961), 본격 역사극 시대를 연 〈연산군〉(신상옥, 1961), 한국 전쟁영화의 고전 〈5인의 해병〉(김기덕, 1961), 〈돌아오지 않는 해병〉(이만희, 1963), 청춘영화의 상징이 된 〈맨발의 청춘〉(김기덕, 1964), 서구 모더니즘영화의 영향을 받은 〈안개〉(김수용, 1967), 〈귀로〉(이만희, 1967), 〈휴일〉(이만희, 1968) 등 다양하고 풍성한 장르의 영화들이 개성 있는 영화 작가들에 의해 만들어졌다.

〈오발탄〉의 포스터

정부는 보아서는 안 될 영화는 검열로 통제하고 보아야 할 영화는 우수영화 보상특혜제도를 통해 권장했다. 이만희 감독의 〈7인의 여포로〉(이만희, 1965) 사건은 국가의 검열이 대중의 감수성과 어긋나는 지점이 어디인지를 잘 보여 준다. '반공'이라는 이념보다는 휴머니즘을 강조하고 싶었던 감독을, 북한 인민군을 멋있게 그렸다는 이유로 반공법 위반으로 구속한 것은 당국이 생각하는 '반공'과 대중이 생각하는 '반공'의 차이를 보여 주었다. 이러한 차이를 좁히고자 정부는 1966년에 대종상에 우수 반공영화상과 반공영화 각본상을 신설하여 반공영화 제작을 독려했지만, 이미 반공영화는 대중의 인기를 잃어 가고 있었다.

한편, 국립영화제작소는 1959년부터 아시아영화제에 문화영화를 출품하기 시작하여 이후 수년간 기획상, 촬영상, 작품상 등을 수상했는데, 이는 한국 영화의 르네상스 시대에 꽃피운 장르영화의 발전과도 궤를 같이 하는 것이었다.

민주화의 열망과 코리안 뉴 웨이브

1950년대 말에 연간 제작 편수 100편을 넘긴 한국 영화는 1969년 229편을 정점으로 점차 쇠락의 길을 걷기 시작한다. 1970년대 한국 영화는 떠오르는 막강한 라이벌 앞에서 맥없이 패배하는 모습을 보여 주었다. 바로 텔레비전의 등장이다.

1956년 설립된 한국 최초의 텔레비전 방송국 HLKZ-TV가 1959년 화재로 소실되고 나서, 1961년 12월 31일 군사정부는 한국방송공사(KBS-TV)를 설립하였다. 1966년에 텔레비전 수상기의 국산화에 성공한 이후 텔레비전 수상기 보급률의 급격한 증가는 1970년대 초반 〈아씨〉(TBC)와 〈여로〉(KBS) 등 TV 드라마의 인기가 견인한 측면이 있다.

처음엔 동네마다 한두 대에 불과했던 TV 수상기가 가구당 한 대씩 보급되기 시작하면서 수십 년간 대중 서사 오락의 왕좌를 지켰던 영화는 TV에 그 지위를 빼앗기게 되었다. 게다가 유신체제로 영화 검열이 더욱 강력해지자 궁지에 몰린 영화인들은 검열을 피해 가면서도 TV와 차별화되는 소재를 찾지 않으면 안 되었다.

정부가 지원하는 반공영화나 문예영화를 제외하면 제작비 조달이 어려웠던 영화계가 돌파구로 삼은 것은 이른바 '호스티스 영화'와 하이틴 영화였다. 〈별들의 고향〉(이장호, 1974)과 〈고교얄개〉(석래명, 1976)는 그 효시를 이루는 작품이다. 무려 46만 5,000명의 관객을 동원한 〈별들의 고향〉에 이어 36만 명의 관객이 든 〈영자의 전성시대〉(김호선, 1975)는 시골에서 올라온 영자의 인생 유전과 사랑을 통해 시대의 아픔을 그린 수작이지만, 이 영화의 성공은 이후 한국 영화가 하층민 여성의 삶을 관음적 시선으로 그리게 되는 출발이 되었다. 〈고교얄개〉 역시 25만 명의 관객을 모은 흥행작으로 청소년의 일상과 우정, 사랑을 그려 내 이후 다수의 얄개 시리즈를 탄생시켰다. 다양한 목소리를 용인하지 않는 정권과 비좁은 시장의 돌파구를 1958년 〈이국정원 〉(전창근, 도광계, 와카스기 마츠오)으로 시작된 홍콩 등과의 해외합작 영화를 통해 마련하고자 하는 시도도 계속되었다.

이처럼 1970년대는 '영화의 암흑기'로만 간단히 규정될 수 있었던 시기는 아니었다. 무엇보다 이 시기에는 한국 최초로 대학가에 영화동아리가 생기고 영화 소모임과 동호회가 만들어지기 시작하였다. 중앙대학교 예술대학의 전신인 서라벌예술대학 연극영화과 학생이 주축이 되어 만든 '영상회(1971)'와 이화여대의 실험영화 동아리인 '카이두클럽(1972년)', 영화감상 클럽인 '영상미학반(1974)', 하길종 감독이 주축이 된 '영상시대(1975)', 프랑스문화원이나 독일문화원을 중심으로 한 씨네클럽 및 영화동호회, '영상시대' 출신들이 모여 만든 창작 집단인 '청년영상연구회(1979)' 등이 그것이다. 이들 소모임 출신들이 영화계의 제작자, 감독, 평론가, 연구자 등으로 성장한 것은 그 의의가 결코 작지 않다.

이 시기 이장호 감독의 〈별들의 고향〉(1974)과 하길종 감독의 〈바보들의 행진〉(1975)과 같은 작품들은 당시 청춘의 고민과 방황, 좌절을 담아 삼엄한 검열에도 불구하고 관객 대중들로부터 큰 지지를 받았다. 이는 1980년대의 이른바 '코리안 뉴 웨이브(Korean New Wave)'로 이어진다. 유신정권의 몰락과 신군부의 집권 과정 속에서 키워 나간 민주화의 열망을 영화계는 리얼리즘 영화로 표출하였다. 유신체제와의 차별성을 꾀했던 군사정부가 추진한 자유화의 제스처를 통해 벌어진 약간의 틈새를 문화가 파고들기 시작한 것이다. 유현목 감독의 〈사람의 아들〉(1980)을 시작으로, 이장호 감독의 〈바람 불어 좋은 날〉(1980), 〈어둠의 자식들〉(1981), 〈바보선언〉(1983), 배창호 감독의 〈꼬방동네 사람들〉(1982), 〈고래사냥〉(1984), 임권택 감독의 〈만다라〉(1981), 〈길소뜸〉(1986) 등 일련의 리얼리즘 영화들은 현실에 대한 진지한 성찰과 비판의식을 보여 주고 있다.

한편으로는 군사정권이 장려하던 3S(Sex, Sports, Screen) 정책의 그늘 아래서 〈애마부인〉(정인엽, 1982)과 같은 소프트포르노 장르가 통금해제와 심야영화 상영이라는 정부의 자유화 정책과 맞아떨어지며 12편의 시리즈를 낳은 것도 이 시대의 단면이었다.

한국 영화가 '방화'라는 멸칭 속에 비하되고 있던 반면, 극장가는 1975년 〈조스(Jaws)〉(스티븐 스필버그)를 효시로 하는 할리우드 블록버스터 영화로 뒤덮였다. 그러는 동안 대학가의 젊은이들은 프랑스문화원, 독일문화원 등에서 상영하는 유럽 예술영화를 통해 영화에 대한 열정과 목마름을 채워 나갔다. 이른바 '문화원 세대'라 불리는 이들은 대학가의 민주화운동, 문화운동과 발걸음을 맞춰 가며 영화 동아리를 중심으로 유럽과 남미 등지의 문제작들을 선보이는 영화제를 열어 대학생들의 뜨거운 호응을 얻기도 했다.

프로듀서 시스템과 한국 영화의 제2전성기

1987년 이후 민주화운동의 흐름 속에서 영화계는 독립영화라는 새로운 흐름을 만들어 냈다. 과거 한국 영화가 국가에 대한 강한 종속성과 규정성을 특징으로 하고 있었다면, 이들 독립영화는 국가와 주류 체제로부터 독립하여 자유롭게 영화정신과 비판정신을 표출하며 어둡고 소외된 사회 현실을 폭로할 수 있는 통로였다. 대학 영화 동아리 '얄라성'과 '서울영상집단', '장산곶매', '노동자뉴스집단', 여성영화집단 '바리터', '푸른 영상', '보임', '청년' 등으로 이어지는 독립영화계는 〈상계동 올림픽〉(김동원, 1988), 〈오, 꿈의 나라〉(이은 외, 1989), 〈파업전야〉(장동홍, 1990), 〈닫힌 교문을 열며〉(이재구, 1991), 〈낮은 목소리〉(변영주, 1995) 등 문제작들을 내어놓으며 지금까지 이어지고 있는 독립장편극영화, 독립다큐멘터리영화의 선구자가 되었다.

영화산업의 환경도 바뀌어 1988년부터 시작된 외국 영화의 국내 직배는 한국 영화계가 새로운 환경에 적응하고 조금 더 진일보한 제작 체계를 구축해야 하는 과제를 던져 주었다.

또한, 1980년대 대학에서 체계적으로 영화교육을 받고 영화 동아리와 문화원에서 영화를 꿈꾸었던 고학력 인재들이 1990년대에 대거 영화계로 들어왔다. 이들은 과거의 주먹구구식 제작 관행에서 탈피하여 시대의 변화에 부응하는 참신한 기획, 보다 체계적이고 합리적인 제작 공정과 제작비 관리 등을 무기로 영화계에 새 바람을 일으켰다. 바로 프로듀서 시대의 개막이었다.

프로듀서라는 용어는 이미 1930년대부터 영화계에 알려져 있었으나 이전엔 '주무', '총무', '총지휘자', '제작총괄' 등으로 불리었다. 하지만 체계적인

〈파업전야〉 포스터

할리우드 제작 시스템을 모델로 하고 있던 이 시대의 젊은 인력들은 감독 한 명에게 너무 많은 권한과 책임이 주어지는 과거 영화 현장의 비합리적인 제작 관행과 결별을 선언하며, 신선한 아이디어와 날카로운 주제의식이 돋보이는 기획력을 무기로 장착한 프로듀서 중심의 제작 시스템을 지향하였다. 1992년 영화사 신씨네의 〈결혼이야기〉(김의석)는 프로듀서시대=기획영화시대의 개막을 알린 첫 작품이었다. 민주화의 진전, X세대의 등장, 페미니즘의 약진 등으로 달라진 젊은이들의 결혼 풍속도를 그린 이 영화는 사회에 신선한 파문을 던지며 흥행에 대성공했다. 이를 발판으로 1990년대 중반에는 씨네2000, 시네마서비스, 명필름 등 기획영화 제작을 지향하는 영화사들이 출범하면서 한국 영화는 제2의 전성기를 맞이하게 되었다.

한편, 독재정권이 물러난 민주화의 길 위에서 한국 영화는 여러 가지 변화를 겪게 된다. 우선 1980년대 후반 비디오 시장이 열린 후 대기업들은 영상사업에 투자하기 시작하였고 1990년대 벤처 붐이 일면서 창업투자회사(벤처캐피털)들이 영화에 투자하기 시작하였다.

1993년에 극장가의 승자는 〈쥬라기공원〉(스티븐 스필버그)과 〈서편제〉(임권택)였다. 〈쥬라기공원〉의 막대한 흥행 수입은 한국 사회에 문화산업의 중요성을 일깨우는 계기가 되었으며, 〈서편제〉는 한국 사회에 신드롬에 가까운 화제를 불러일으키며 문화산업에서 한국적 콘텐츠의 가능성을 확인해주었다. 여기에 한국형 블록버스터를 표방한 〈은행나무 침대〉(강제규, 1996), 〈퇴마록〉(박광춘, 1998) 등을 거쳐 〈쉬리〉(강제규, 1999)에 이르기까지, 한국의 문화와 현실에 기반한 주제에 더하여 발전된 영화기술을 선보이며 관객의 큰 호응을 얻었다. 특히 〈쉬리〉는 약 700만 명의 관객을 동원하며 할리우드 영화 〈타이타닉〉(제임스 카메론, 1997)의 흥행기록을 넘어서는 기염을 토함으로써 이후 한국 영화 산업화의 발판을 마련하였다.

〈쉬리〉에의 투자를 마지막으로 영상사업 투자를 접었던 대기업 대신 이번엔 통신자본이 들어오고, 멀티플렉스로 변신한 극장을 소유한 대기업이 영화의 투자배급에 뛰어들면서 한국 영화계는 활황을 띠었다. 〈공동경비구역 JSA〉(박찬욱, 2000), 〈친구〉(곽경택, 2001)가 각각 600만 명 800만 명의 흥행 성적을 올리면서 1,000만 영화도 가능하리라는 기대감을 갖게 했다.

실제 2004년, 〈실미도〉(강우석, 2003)와 〈태극기 휘날리며〉(강제규, 2004)가 연달아 1,000만 관객을 돌파함으로써 한국 영화계에 '천만관객' 시대를 열었다. 이후 〈왕의 남자〉(이준익, 2005), 〈괴물〉(봉준호, 2006) 등이 뒤를 이으면서 한국 영화는 한국만의 특색 있는 소재와 비교적 적은 제작비로 할리우드영화와 대적할 수 있는 영화를 만들 수 있다는 자신감을 갖게 되었다.

국가에서 자본으로, 영화산업의 명과 암

2006년을 정점으로 한국 영화는 큰 위기를 맞이하게 된다. 여기에는 두 가지 이유가 있었다. 하나는 한국 영화의 경쟁력 확대에 따라 국산영화 보호정책의 하나였던 스크린 쿼터제(한국 영화 의무상영제)를 연간 146일에서 73일로 축소함에 따라 사실상 폐지한 것이고, 다른 하나는 국산영화의 수익률이 저조하다는 이유로 그간 투자와 배급에 치중하며 곁눈질로 영화 제작을 학습했던 투자배급사가 직접 기획과 제작에까지 관여하기 시작한 것이다. 이로써 상업영화와 예술영화의 장점을 합쳐 놓은 듯한 영화적 색깔이 특징이었던 한국 영화의 부정적 측면들이 부각되면서 투자가 위축되는 결과를 낳았다. 1996년 민주화의 성과로서 오랜 영화계의 숙원이었던 검열이 폐지되고 나자 점차 영화계에 대한 영향력을 키워 왔던 거대 자본은 마침 2000년대 말 불어닥친 신자유주의의 광풍과 시기를 같이 하여 국가를 대신한 새로운 검열자의 자리에 등극하였다. 그 결과 〈해운대〉(윤제균, 2009), 〈도둑들〉(최동훈, 2012), 〈광해〉(추창민, 2012), 〈7번방의 선물〉(이환경, 2013), 〈변호인〉(양우석, 2013), 〈명량〉(김한민, 2014), 〈국제시장〉(윤제균, 2014), 〈베테랑〉(류승완, 2015), 〈암살〉(최동훈, 2015), 〈부산행〉(연상호, 2016), 〈택시운전사〉(장훈, 2017), 〈신과함께-죄와벌〉(김용화, 2017), 〈신과함께-인과연〉(김용화, 2018), 〈극한직업〉(이병헌, 2019), 〈기생충〉(봉준호, 2019) 등 한 해에 적게는 한 편에서 많게는 다섯 편에 이르는 1,000만 영화들이 쏟아져 나왔다.

2004~2019년 1,000만 명 이상의 흥행 성적을 기록한 영화들 전체 27편 중에서 19편이 한국 영화로서, 한국은 이제 전 세계가 부러워할 정도의 영화 강국이 된 것만은 틀림없다. 대기업의 투자로 더 큰 영화의 제작이 가능

하게 된 측면, 제작 과정이 더욱 투명해지고 합리화, 체계화된 점 등은 장점이라고 볼 수 있다. 그러나 대기업이 기획, 제작부터 상영에 이르는 영화의 전 과정을 수직계열화함으로써, 독과점을 통해 영화의 다양성을 해치고 규격화된 영화를 양산할 위험을 드러내고 있다.

한편, 한국 영화의 약진과 발맞춰 한국에는 크고 작은 영화제들이 생겨나기 시작했다. 1996년 시작된 부산국제영화제는 아시아 최고의 영화제로 발돋움했다. 글로컬(glocal) 시대에 걸맞게 각 지자체들은 특정 주제에 집중하여 국제영화제를 개최함으로써 지역 경제 활성화와 지역 특성화를 꾀하였다. 1997년에는 부천국제판타스틱영화제와 서울국제여성영화제가 개최되었고, 이후 대안영화와 디지털영화를 주제로 한 전주국제영화제(2000~) 및 광주국제영화제(2001~), 제천국제음악영화제(2005~), DMZ국제다큐멘터리영화제(2009~) 등이 개최되었다. 또한 미장센단편영화제(2002~2021)나 금호아시아나국제단편영화제(2003~2020, 광화문국제영화제로 개칭(2021~))와 같이 일개 기업이 진행하지만 영화계에 의미 있는 행사로 이미 자리잡은 경우도 있었다.

이 밖에도 환경, 평화, 역사, 산악, 힐링 등을 주제로 한 개성 있는 영화제들이 세계영화인들의 관심과 지역민들의 인기 속에 열리고 있지만, 그중에는 철저한 준비와 전문성 없이 시작한 군소 영화제들도 존재하여 문제를 드러내고 있기도 하다.

영화제의 활성화는 과거의 독립영화를 다양성영화라는 이름으로 수용하며 신진 영화인들의 등용문이 되기도 하고 저예산의 비주류영화가 관객과 만날 수 있는 장이 되기도 하면서 한국 영화계의 활력소가 되고 있다. 1990

년대 후반 드라마와 가요를 중심으로 아시아 지역에서 시작된 이른바 '한류(Korean Wave)'에는 영화도 예외가 아니어서 박찬욱, 김지운 등 한국 감독이 할리우드영화를 연출하고, 해외 유수의 대학에서 한국 영화 관련 강좌가 개설되었다. 이제는 한국 감독이나 배우가 해외 유수의 영화제에서 수상한다든지 해외에 한국 영화 팬층이 형성되어 한국으로 영화 유학을 온다든지 하는 일이 결코 드문 일이 아니게 되었다.

팬데믹, 그리고 다시 생각하는 한국 영화

2020년, 누구도 예측할 수 없었던 팬데믹(pandemic) 상황은 영화산업을 갑자기 추락시켰다. 과거 극장만을 고집했던 전통적인 영화에 대한 관념이 무너지고 이제 영화의 플랫폼은 OTT(Over The Top)로 옮겨 갔다. 넷플릭스, 유튜브 프리미엄, 디즈니 플러스, 애플TV 플러스 등 온라인 기반의 플랫폼이 영화와 드라마, 다큐멘터리 등 다양한 볼거리를 제공하면서 과거 커다란 스크린을 갖춘 극장이라는 공간에 불특정 다수가 함께 모여 한곳을 응시하며 숨죽여 관람하던 '영화보기'가, 혼자서 손바닥만 한 스마트폰을 통해 영화를 '소비'하는 시대가 되었다. 한편, 티빙, 왓차, 웨이브 등 한국의 OTT는 매우 부진한 실정이고 극장에 관객이 줄어든 현실에 영화계의 우려와 고민은 커지고 있다.

한국의 아이돌 보이그룹 BTS와 그의 팬클럽 아미(ARMY)로 상징되는 K-POP의 인기가 상징하듯이 한국은 미국에 이어 세계적인 영향력을 가진 콘텐츠 강국이 되었다. 하지만 팬데믹 상황을 지나면서 콘텐츠만큼이나 중요한 플랫폼 사업 면에서는 후발국임이 드러났다. 그간 한국 대기업의 입맛에 맞춰야 했던 한국 영화가 독과점의 숙제를 풀기도 전에 앞으로는 외국의 거대 플랫폼 회사의 승인을 받아 제작되는 일이 벌어진 것이다.

이러한 상황에서 어떻게 영화인들의 활로를 모색해야 할지, 또한 한국 영화의 다양성을 어떻게 지켜 낼 수 있을지 산더미 같은 과제가 앞에 놓여 있다. 지난 100여 년간의 영욕과 부침의 세월 속에 한국 영화가 어떻게 새로운 100년을 이어갈지 기대와 우려 속에 희망의 시나리오가 필요할 때이다.

이하나 _연세대 사학과 강사, 연세예술원 객원교수

3부 과학과 생태환경

파리를 잡아 오세요

전 국민에게 과학기술을

근대화를 넘어 '푸른' 산으로

자연재해에서 복합재난으로, 우리는 재난을 어떻게 마주해 왔나

1980~1990년대 쓰레기 '분리수거'의 도입과 정착

한국의 근대화와 생태적 삶의 위기

파리를 잡아 오세요

박윤재

파리와 질병

1921년 4월 서울에는 다음과 같은 문구가 실린 광고지들이 사람들의 눈길을 끌었다. "파리를 잡아 오세요. 파리 열 마리를 잡아 오면 3전(錢)을 드립니다." 전염병을 옮기는 '마귀'이자, 사람들에게 가장 미움을 받는 '악마'인 파리를 잡아 오라는 경성부(京城府)의 선전 광고지였다. 파리는 장티푸스·콜레라·이질 등을 전파시키는 매개체였다. 고구마나 감자 1개가 4~5전 하던 시절이었다. 파리가 흔하던 시절이라 노력하면 적지 않은 돈을 모을 수 있었다. 경성부가 파리로 인해 얼마나 마음고생을 했는지 알 수 있는 대목이다.

질병은 인류의 탄생과 함께 존재했고, 현재까지 함께 하고 있다. 고대 이집트의 미라에는 동맥경화·폐렴·요도염·결석·기생충 등이 확인되고 있으며, 신석기인의 두개골에 구멍이 뚫려 있는 점에서 알 수 있듯이 외과적 치료가 시도되고 있었다. 하지만 일반적으로 원시인들은 질병의 원인이 인간의 힘으로는 어찌할 수 없는 하늘의 노여움이나 병귀들의 소행 때문이라고 생각했기에 특별한 치료법을 가지고 있지 않았다. 스스로 터득한 자연 치유법이 있었지만, 주로 하늘과 통할 수 있는 무당의 힘을 빌리거나, 귀신이 스스로 물러가기를 기도할 뿐이었다.

《삼국지》〈위지동이전〉에 실린 "예(濊)나라 사람들은 꺼리는 것이 많아 사람이 질병으로 사망하면 곧 그 사람이 살던 집을 버리고 새 집을 짓는다."라는 기사에서 알 수 있듯이, 우리나라에서도 오래전부터 질병에 대한 나름의 대처를 하고 있었다. 《삼국사기》에는 역(疫)이라는 이름으로 전염병 유행을 기록하고 있다. 전염병은 다수의 인명을 앗아 가는 국가의 중대사였으므로 기록하지 않을 수 없었던 것이다. 하지만 구체적으로 전염병에 어떻게 대처했다는 기록이 나오지 않는다. 무당을 통해 하늘에 제사를 지내거나, 처용가에서 기원했다는 부적을 붙이는 일 외에는 다른 치료 방법이 없었던 것으로 보인다.

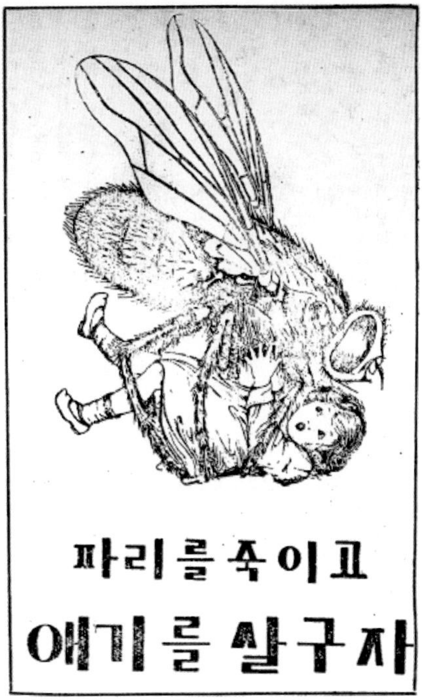

파리 잡기 계몽 그림
파리에 깔려 있는 아이의 모습을 통해 당시 파리에 대한 인식을 엿볼 수 있다.

전염병이 특정 세균에 의해 발생된다는 사실을 알게 된 시기는 19세기 말이었다. 파스퇴르·코흐 등 세균학자들이 전염병을 일으키는 세균을 발견하였고, 그 결과 예방 주사가 발명되는 등 전염병에 대한 대처가 가능해졌다.

콜레라와 선교사

19세기에 접어들면서 우리나라에 퍼졌던 대표적인 전염병은 콜레라였다. 콜레라는 1821년 최초로 발병한 이후 거의 3~4년 터울로 조선을 찾아왔다. 한꺼번에 전체 인구의 5퍼센트 이상이 사망할 정도로 큰 피해를 입히기도 하였다. 이 전염병은 주로 중국을 통해 들어왔으며, 우리나라에 최초로 발병했을 때에도 "콜레라란 남만(南蠻)의 백련교도들이 천하를 돌아다니면서 우물에 독을 뿌리고 채소밭에 약을 뿌려 생긴다."라고 보고되었다. 백련교도를 언급한 것은 아직 콜레라의 병인(病因)이 과학적으로 밝혀지지 않은 것을 이용하여 반체제 집단에 전염병 발생의 죄를 덧씌우기 위해서였다.

개항 이후에도 콜레라는 계속 발생했는데, 가장 큰 피해를 입힌 해는 1895년이었다. 청일전쟁 중에 만주에서 발생한 콜레라가 한반도에 전해졌던 것이다. 콜레라가 크게 유행하자 조선 정부는 서양 의료선교사들과 일본인 의사들로 방역대책위원회를 꾸렸다. 방역대책위원회는 본격적인 치료에 앞서 우선 조선 사람들을 계몽해야 했다.

당시 사람들은 쥐귀신이 사람의 몸 안으로 들어갔기 때문에 콜레라가 발생하는 것으로 알고 있었다. 그 결과, 쥐의 천적인 고양이 그림을 집 앞에 붙여 놓고는 쥐귀신이 고양이 그림을 보고 무서워 도망가기를 바라고 있었다. 방역대책위원회는 콜레라가 귀신에 의해 발생되지 않는다고 설득해야 했다. 귀신이 병을 일으킨다고 믿는 사람들에게 자신들이 익힌 치료법을 시행한다는 것은 불가능했기 때문이다.

그런 까닭에 1895년에 공포된 콜레라 방역 규칙은 다음과 같이 시작하고 있다. "콜레라는 악귀에 의해 발생되지 않습니다. 그것은 세균이라 불리는 아주 작은 생물에 의해서 발병됩니다. 만약 당신이 콜레라를 원치 않는다면 균을 받아들이지 않아야 합니다. 따라서 식사 전에 반드시 손과 입안을 깨끗이 씻으십시오. 그리고 음식을 반드시 끓여 먹으십시오."

방역대책위원회는 7월과 8월에 걸쳐 환자 치료와 위생 계몽사업으로 바쁜 나날을 보냈다. 특히 서양 선교사들의 활동은 조선인들에게 깊은 인상을 주었다. 그들은 '비참하고 더러운 환자'를 처음부터 끝까지 돌보았으며, 병원에서 치료하는 일 외에도 '더럽고 불쾌한 도시'에 나가 고통당하는 사람들

1890년 무렵 여성 선교사의 왕진
서양의학을 처음으로 도입한 사람들은 서양 선교사들이었다. 그들은 선교의 수단으로 의술을 행하였고, 그들의 의료 활동은 서양 선교사들에 대한 조선 사람들의 인식을 바꾸어 놓았다.

에게 약품을 나누어 주었다. 조선 사람들은 궁금했다. 왜 이들은 생명의 위험을 무릅쓰고 우리들을 돌보는 것일까. 선교사들은 간단히 대답했다. 하나님의 사랑 때문이라고. 이로 인해 조선 사람들은 사교(邪教)로 배척해 왔던 기독교와 금수(禽獸)인 줄 알았던 서양 선교사들에 대해 기존의 인식을 서서히 고치기 시작했다.

개항 이후 서양인들이 조선에 쉽게 정착할 수 있었던 이유 중 하나는, 의료 선교사들이 자신들이 습득한 서양의학으로 조선인들을 치료한 데 있었다. 선교사의 신분을 감추고 공사관 의사로 조선에 도착한 알렌(H. N. Allen)은 1884년 개화파의 정변 때 칼에 맞아 중태에 빠진 정권의 핵심 관료 민영익을 치료하여 환심을 샀다. 이후 고종의 지원 아래 현 세브란스 병원의 전신인 광혜원(이후 제중원으로 개칭)을 설치할 수 있었다. 제중원은 이후 단순히 서양 의술을 시행하는 장소로서뿐 아니라 선교사들의 활동 근거지로 기능함으로써, 선교사들의 조선 정착과 기독교 전파에 큰 역할을 하였다. 서양의학의 효과가 확인된지라 선교를 위해 지방을 방문하는 선교사들은 항상 의약품을 함께 가지고 갔다. 그들은 조선인에게 전도를 하는 한편, 병자들을 치료해 주었다. 그 결과, 자신들의 표현대로 "의사와 목사의 공동작업은 성과가 꽤 좋았다."

서양의학의 수용과 반발

서양의학의 도입은 비록 외국인에 의해 이루어졌지만, 조선인들은 점차 스스로의 힘으로 서양의학을 습득하려는 노력을 시작했다. 제중원에서는

1886년부터 조선인 학생들을 입학시켜 의술과 물리·화학 등을 교육했으며, 1899년 관립으로 설립된 의학교에서도 해부·생리·화학 등 서양의학 내용을 가르쳤다. 처음에는 교사로 외국인들이 활동했으나, 점차 미국·일본에서 서양의학을 습득하고 돌아온 조선인 교사들이 의학교육의 주체로 성장하기 시작하였다.

그러나 서양의학의 도입이 순조로웠던 것만은 아니었다. 그 이유는 서양의학이 우리 전통의학의 자체적인 발전 결과로 형성된 것이 아니라 외부에서 유입되었다는 데 있었다. 특히 개항 이후 정치경제적으로 조선을 잠식하고 있었던 일본 등이 새로운 의학의 수입 경로였다는 점에서 반외세의 논리를 지닌 조선인들에게 서양의학은 반감을 일으키는 대상이었다.

그 반감은 서양의학의 가장 큰 성과 중 하나인 우두법이 도입되는 데서부터 나타났다. 우두법은 조선 후기 실학자들에 의해 소개되고 있었지만, 본격적인 도입은 개항 이후 지석영에 의해 이루어졌다. 중국에서 수입된 관련 서적을 읽으며 우두법에 관심을 가지게 된 그는 수신사를 통해 전해진《종두귀감(種痘龜鑑)》을 읽은 후, 1879년에는 부산에 있던 일본인 병원 제생의원(濟生醫院)을 찾아가 종두법을 배웠다. 그 후 두묘(痘苗)의 제조 방법을 알기 위해 직접 일본에 건너가 일본 내무성 우두종계소장으로부터 채장법(採漿法), 독우사육법(犢牛飼育法)을 배웠다.

지석영의 계속된 노력으로 전국 각지에 우두국(牛痘局)이 설치되었고, 우두 접종이 광범위하게 시행되기 시작했다. 그러나 한편에서 사람들은 우두법이 일본을 통해 전해진 것임을 알고는 그들이 우리를 지배하기 위한 수단으로 우두법을 퍼뜨리고 있다고 수군대기 시작했다.

> 우두를 맞으면 소처럼 미련하게 되고 또 소처럼 성질이 온순해진다. 살을 찢고 우두를 놓는 것은 조선 민족을 소처럼 만들어 침략에 대한 반발을 없애려는 것이다.

이런 반발심은 1882년 임오군란 때 폭발했다. 군란이 일어나자 사람들은 제일 먼저 우두소(牛痘所)에 불을 질렀고, 일시 집권한 대원군은 지석영이 외국으로부터 종두라는 '마술'을 수입하였다는 죄목을 내세워 체포령을 내렸다.

서양의학에 대한 반감이 일본에 국한해서만 나타난 것은 아니었다. 서양의사에 대해서도 조선인들은 유언비어를 퍼뜨리기 시작했다. 외국인들이 어린아이를 잡아 그들의 염통과 눈알로 약을 만들며, 이런 일을 총지휘하는 본부는 약을 만들고 병을 치료하는 병원이라는 것이었다. 개항 이후 조선에서 활동하는 서양인에 대한 반감이, 의료를 시행하는 병원에까지 표출되었던 것이다.

그러나 서양의학을 수용해야 한다는 주장은 정부와 뜻 있는 인사들에 의해 개항 이후 일관되게 제기되었다. 즉 서양의학은 당시 조선을 근대화하기 위해 시급히 수용해야 할 것 중에서 대표적인 것이었다. 서양의학은 이미 외과수술 등에서 뛰어난 성과를 낳고 있었다. 조선 정부로서도 그 수용을 통해 자신의 애민정신을 선전할 수 있는 좋은 수단이었다. 따라서 조선의 근대화를 위한 방법으로 서양의학의 도입은 하나의 당위로 주장되기 시작했다. 《한성순보》는 발행 초기부터 의학교·종두법·위생회 등 서양의학 관련 내용들을 여러 차례 소개하였다.

그러나 앞에서 보았듯이 서양의학의 수용은 단순한 문제가 아니었다. '서양의학의 수용'이라는 원칙에는 동의하면서도 어떻게 수용할 것인가, 어느 나라를 통하여 수용할 것인가에 대해서는 쉽게 합의가 이루어지지 않았기 때문이다. 특히 일본의 침략이 노골화되고, 그들이 서양의학을 자신의 대표적인 시혜정책으로 선전하기 시작하면서, 수용 문제는 더욱 복잡해졌다. 서양의학 수용의 경로, 방식을 둘러싸고 전개된 문제는 단순히 의학분야에서만 논란될 성질의 것은 아니었다. 오히려 우리나라의 자주적 근대화라는 커다란 목표를 수행하는 과정에서 필연적으로 겪게 될 문제였다.

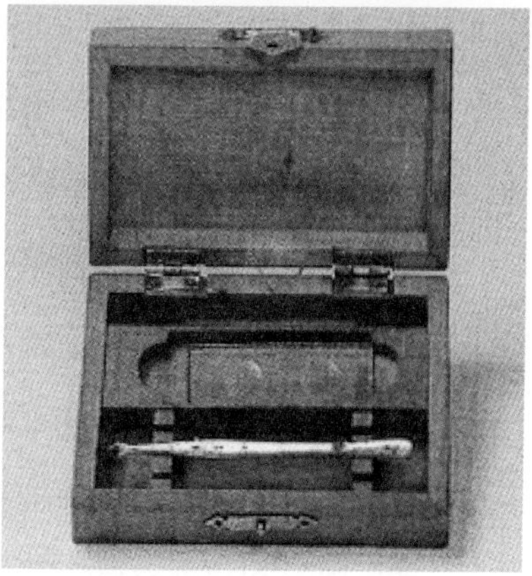

우두를 놓는 도구
서양의학은 조선인들에게 많은 반감을 불러일으켰고, 대표적인 예가 우두에 대한 사람들의 반응이었다.

식민지 의료정책, 누구를 위한 것인가

일본은 1905년 조선을 보호국으로 만든 후 자신들의 통치 정책이 조선인에게 해롭지 않다는 점을 대내외에 선전하고자 했다. 그 내용 중 근대적인 의료 정책의 시행은 가장 자주 선전하는 것이었다. 1910년 조선 강점을 알리는 포고에서 총독은 다음과 같이 주장했다.

> 종래 조선의 의술은 아직 유치한 정도를 벗어나지 못함으로써 조선 사람들은 천수를 다하지 못하였다. 이를 가장 가슴 아프게 여겼던바 지난번 경성에 중앙의원을 열고 또 전주·청주·함흥에 자혜의원을 설립한 이래 그 은혜를 입는 자 매우 많다.

보호국이 된 이후 일본이 조선에서 실시한 의료정책으로 조선인들의 수명이 연장되었다는 주장이다. 이제 일본의 조선 강점은 결코 조선인에게 해로운 것이 아니라, 오히려 조선인을 위한 것이라는 주장이 제기될 참이었다.

그러나 조선인들은 일제의 선전을 그대로 받아들이지 않았다. 조선인들은 의료 수혜 범위에서 일본인에 비해 차별을 받았으며, 그 수혜 역시 조선인의 실정을 고려한 것이 아니었기 때문이다. 특히 식민 당국의 의료정책은 조선인을 위한 것이라기보다 식민정책의 효율성에 중점을 두었고, 또한 강제적이었다는 점에서 조선인의 반발을 샀다. 대표적인 예가 함경남도 영흥에서 발생한 '에메틴(emetine) 중독 사건'이었다.

일제는 디스토마를 치료한다는 명목으로 에메틴 주사를 전국적으로 시행하고 있었다. 에메틴 주사는 치료 효과가 좋은 반면 중독성이 있어 주사 대상자의 건강 상태를 살펴야 했다. 만일 중독 증세가 있는 사람에게 계속 주사할 경우 사망할 수도 있었다. 하지만 그런 일이 일어났다. 영흥에서 에메틴 주사 접종자 100여 명 중 사망이 6명, 중태가 6명, 활동 부자유자가 93명에 이르는 사건이 발생했다.

이와 같은 문제가 발생하자 조선인들은 일제가 자신들의 건강 상태를 고려하지 않은 채 주사를 시행했고, 이미 주사로 인해 고통을 호소하는 사람에게도 강제로 계속 주사함으로써, 결국 사망자까지 나오게 되었다고 주장하였다. 그럼에도 불구하고 식민 당국은 사망한 사람들은 마침 감기가 극성을 부리는 중에 폐렴에 걸려 죽었을 뿐, 에메틴 주사와 아무 상관이 없다고 주장했다.

그러나 조선인들로 조직되었던 한성의사회 소속 의사들은 다른 의견을 펼쳤다. 그들은 영흥의 사망자와 환자들을 조사한 후 "지금껏 그렇게 괴상한 환자를 본 일이 없다."고 말하면서 중독이 틀림없다고 결론지었다. 그러나 식민 당국은 감기로 인한 폐렴이 사망의 원인이라는 주장을 되풀이할 뿐이었다. 많이 양보해 보아도 '호의로 인한 실책'에 불과하다는 주장이었다. 질병 치료를 위해 시행된 주사를 둘러싸고, 호의성(好意性)을 주장하는 일제와, 무단성(武斷性)을 주장하는 조선인이 대립하였던 것이다.

조선인들이 일제의 의료정책을 단순히 반대하는 데만 머물렀던 것은 아니다. 식민 당국에 의해 실시되는 의료정책을 부정하는 데서 나아가 조선인을 위한 의료를 조선인의 손으로 시행하자는 생각을 갖기에 이르렀다. 대표적인 예는 콜레라 유행 때 보인 행동에서 찾을 수 있다.

당시 몇 가지 전염병들은 혈청요법이나 화학요법으로 치료할 수 있었지만, 대부분의 질병들은 대증요법이나 자연치유를 기대할 수밖에 없었다. 따라서 전염병 대책이란 환자 치료보다는 격리수용에 주안점을 두어, 전염병이 널리 퍼지는 것을 막는 데 주력하는 것이었다. 콜레라 역시 마찬가지였다. 이 환자 격리를 둘러싸고 문제가 발생하였다.

1920년 8월 광화문 앞에서 경관이 한 남자를 끌고 가고 있었다. 콜레라 보균자로 의심받은 조선인을 순화원(順化院)으로 데려가는 것이었다. 순화원은 전염병 환자를 격리·수용하는 관립 피병원(避病院)이었는데, 당시 수용 환경이 열악하여 '살아 있는 지옥'이라 불리고 있었다. 남자는 자신을 죄인 취급하며 연행하는 경관에 반항하였고, 평소 식민 당국의 무단적인 의료정책에 불만을 가지고 있던 사람들이 주위에 모이기 시작했다. 그리고 남자를 끌고 가려는 경관에게 그동안 가슴속에 담고 있던 불만을 터뜨렸다. "성한 사람을 데려다가 괴질 구멍에 넣고자 하는 원수를 때려 죽여라!", "조선 사람은 아무렇게나 죽여도 괜찮다는 말이냐." 나아가 그들은 경관에게 돌을 던지며 '보균자'를 빼앗아서는 세브란스 병원으로 데려갔다. 일본인 의사는

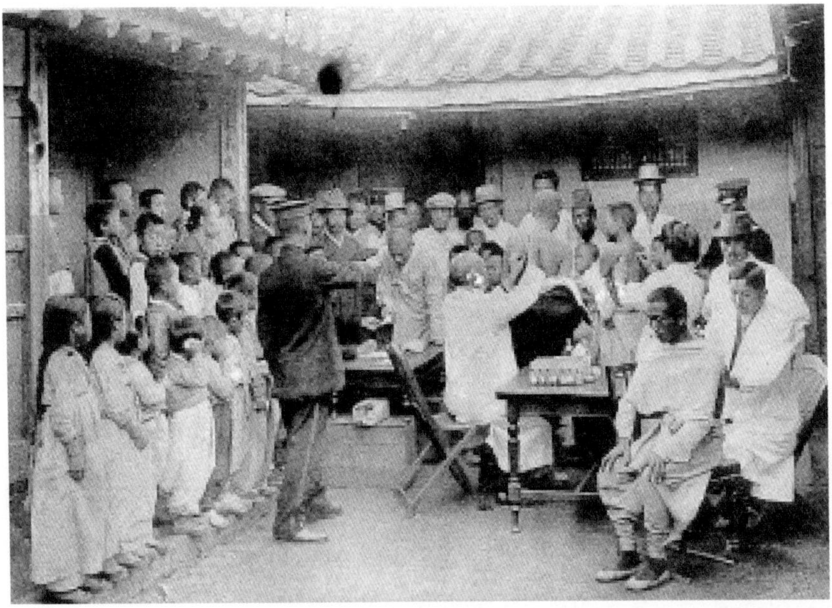

식민지시기의 예방접종
당시 의료체계는 조선인을 위한 것이라기보다는 식민정책의 효율성에 중점을 두었다. 나아가 강제적이었다는 점에서 조선인의 반발을 샀다. 예방접종하는 곳을 순사가 지키고 있다.

믿을 수 없고 조선인 의사는 피해를 입을까 두려우니, 제3자적 입장의 서양인 의사에게 진료를 받기 위해서였다.

이 사건 후 조선인들은 자신들의 손으로 자신들을 위한 피병원을 세우자는 주장을 하기 시작했다. 이 피병원에서는 한방과 양방을 함께 활용하자고 했다. 한방 처방이라고 해서 전염병에 대해 특별한 치료법이 있었던 것은 아니다. 하지만 한방이 우리의 전통적인 치료법이었다는 점에서, 나아가 주위에서 쉽게 접할 수 있으며, 무엇보다 가격이 양약에 비해 싸다는 점에서 선호했기 때문이었다. 그래서 돈을 모았고, 피병원 설립을 위한 추진위원회를 결성했다. 그러나 조선인에 의한 피병원 건립까지는 도달하지 못했다. 원하는 피병원을 스스로의 힘으로 건립하기에는 재력이 부족했기 때문이다.

식민지와 파리

다시 처음에 했던 파리 이야기로 돌아가자. 경성부에서 파리를 잡아 오면 값을 치러 주겠다는 방침을 발표하자 《동아일보》 등 당시 언론은 지금까지 경성부가 한 일 중에서 가장 잘하는 일이라며 적극적인 환영의 뜻을 밝혔다. 경성부 청사가 파리 시체에 파묻혀도 좋으니 좀 더 많이 파리를 사 모으라고 격려까지 했다. 하지만 경성부는 방침을 발표한 지 하루 만에 파리 값을 3분의 1로 깎았고, 그 다음날부터는 파리를 사지 않겠다는 발표를 했다. 사람들은 다시 한 번 식민 당국의 무책임한 행정을 나무랐다. 광고지의 잉크가 채 마르기도 전에 또 약속을 어기다니!

그러나 어디 한두 번 속는가. 사람들은 다시 한 번 스스로를 다스렸다. 우리가 파리를 산다고 잡고, 사지 않는다고 안 잡으랴! 그러고는 다시 외쳤다. "시민들이여, 파리를 잡으라. 덮어놓고 파리를 잡으라. 우리 자신을 위하여 파리를 힘써 잡으라!"

이렇게 한국의 근대의료사는 식민지 시혜를 선전하기 위한 일제의 정책 시행과 그 속에서 조선인 위주의 의료를 확보하려는 조선인의 노력이 대립하면서 힘겹게 전진하고 있었다.

박윤재 _경희대 교수

전 국민에게 과학기술을

문만용

현대사회는 과학기술의 산물로 가득 차 있다. 수많은 전자제품에서 감염병을 예방하고 치료하는 백신, 그리고 우리의 식탁에 오르는 식품에 이르기까지 과학기술이 없는 현대인의 삶은 상상하기 어렵다. 과학기술은 일상생활을 편리하게 할 뿐 아니라 합리성의 원천으로 여겨진다. "침대는 가구가 아니라 과학입니다."라는 광고 문구는 그러한 생각의 결과물이다. 현재 한국의 과학기술은 양적·질적으로 매우 높은 수준에 이르렀다. 하지만 높은 과학기술력에 비해 대중들의 과학기술에 대한 관심은 그리 높지 못한 편이다. 2018년 한국과학창의재단의 조사에 의하면 한국 성인의 과학에 대한 관심도는 100점 기준으로 39.2점에 불과해 선진국과 상당한 격차를 보였다. 실제 한국에서 성인들이 과학관을 찾는 것은 자녀 교육이 목적이지 과학을 즐기기 위해 자발적으로 방문하는 경우는 드물다. 성인보다는 낫지만 청소년들도 과학 과목의 점수에 비해 관심도가 많이 떨어지는 편이다. 이와는 달리 콘서트를 가듯 과학강연회에 참여하거나 주말 골든타임에 과학기술을 다루는 장수 프로그램이 방송되고 있는 해외의 사례가 비교 대상으로 언급되곤 한다. 왜 이런 일이 생겨났을까? 이 글에서는 한국인이 희망했던 과학기술과 그를 위해 추진되었던 다양한 과학대중화 운동의 역사를 추적하면서 그것의 의미와 한계를 밝혀 보고자 한다. 이를 통해 우리에게 과학기술이 무엇이었는가?라는 질문에 대한 답도 찾아볼 것이다.

"과학조선"의 꿈

열강의 야욕이 점차 노골화되던 개항기에 조선 정부는 부국강병을 목표로 군사기술 중심으로 앞선 서양 과학기술을 도입하고자 애를 썼다. 그러한 시도는 제한된 재원과 기초 지식과 기술의 부족, 그리고 일본의 간섭으로 인해 기대한 성과로 이어지지 못했다. 결국 한국은 식민지로 전락했고, 미흡한 과학기술력이 그 같은 불행한 결과를 가져왔다는 생각에 과학에 대한 갈망은 커졌다. 이는 이광수의 소설 《무정》(1917) 끝부분에서 주인공 형식이 "조선 사람에게 무엇보다 먼저 과학을 주어야겠다."면서 "과학! 과학!"을 외치게 된 배경이기도 했다. 그러나 강점기 동안 일제는 기본적으로 식민지에서 고급 과학기술의 교육과 연구를 제한하는 정책을 펼쳤기 때문에 그러한 갈망은 쉽게 채울 수 없었다.

1922년 12월 10일 첫 번째 조선인 비행사 안창남의 고국 방문 비행 행사는 식민지 조선인들에게 '과학운동'을 제시한 작은 출발이기도 했다. 《동아일보》는 하루 전 사설을 통해 과학에 대한 지식과 취미를 더 많은 이에게 보급하기 위해 여의도 비행장을 일반에게 공개하게 되었다면서 이후 "과학운동"이 일어나기를 바란다고 밝혔다. 그 기대에 걸맞게 5만여 군중이 여의도에 모였고, 이를 위해 남대문에서 하루 4회의 임시열차가 운행될 정도였다. 당시 경성 인구가 30만이었음을 감안할 때 엄청난 인파가 몰린 셈이었다. 비행기 옆면에 한반도가 그려진 '금강호'를 조종하던 안창남이 뿌린 전단지에는 조선이 "과학의 조선"이 되길 원한다는 그의 꿈이 담겨 있었다.

> "비행기의 발명 항공술의 발달은 이제 세계 모든 인류의 생활을 근본적으로 변화케 하고 또 향상케합니다. …… 위대한 조상의 피는 우리의 혈관에 흐르니 우리도 노력만 하면 예전의 영광을 다시 빛내 인류 공동의 행복 증진에 큰 공헌을 기여할 수 있을 것입니다. 우리는 이 뜻으로 고국 방문의 이번 비행을 실행하는 동시에 조선이 과학의 조선이 되고 아울러 다수한 비행가의 배출과 항공술의 신속한 발달을 요망하여 마지아니합니다."

당시 최고의 신문물이었던 비행기를 조선인이 조종했다는 사실은 조선인으로서의 자부심과 과학을 향한 관심을 끌어올리는 계기가 되었다.

1923년 10월 동아일보 사설은 "우리 민족이 과학에 각성하기를 절규"하면서 "조선의 과학화" 운동을 제안했다. 이러한 호소를 배경으로 이듬해 경성고공 출신 김용관이 동문들을 결집하여 발명학회를 창립했다. 이 학회는 "과학적 발명과 조선공업의 장려"를 위해 "회원의 공업적 지식의 보급과 발명적 정신의 향상"을 목적으로 내세웠다. 하지만 발명학회는 김용관의 사재에만 의존하다 보니 오래지 않아 개점 휴업 상태가 되었다.

꿈을 포기하지 않았던 김용관은 1932년 발명학회를 재건했으며, 이듬해 6월 우리나라 첫 번째 종합과학잡지인 《과학조선》을 창간했다. 과학을 문명과 부강의 원천으로 삼으려면 무엇보다 대중들에게 널리 보급시키는 것이 급선무라고 생각한 김용관은 "전문과학의 통속화"를 내세우며 《과학조선》을 통해 "과학조선의 건설"을 이루고자 했다. 그는 이를 위한 대중 행사를 구상하여 찰스 다윈의 52주기 기일인 1934년 4월 19일을 제1회 '과학데이' 행사일로 잡았다. 과학데이 행사는 과학강연회, 과학관과 공장 견학, 활동사진 상영, 자동차 퍼레이드 등의 다양한 활동으로 1주일 이상 진행되었으며, 경성뿐 아니라 지방 주요도시에서 개최되어 전국적인 주목을 끌었다.

과학데이 행사 일부였던 좌담회를 계기로 김용관은 그해 7월 사회저명인사와 발명학회 간부, 중등학교 교사 등 100명을 발기인으로 규합하여 과학지식보급회를 발족시켜 거족적인 과학화 운동을 펼치고자 했다. '과학 지식보급회의 창립 발기문'은 "생활의 과학화, 과학의 생활화"를 기치로 과학조선 건설을 힘주어 주장하면서 생활을 과학적으로 개선하자고 주장했다.

> "생활의 과학화, 과학의 생활화"
> 우리의 모든 생활을 과학적으로 개선하자!
> 일체 문화운동의 기초를 과학으로 다시 쌓아 올리자!
> 다같이 손잡고 과학조선을 건설하기 위하여 분기하자!

각계의 적극적인 호응 속에 민족운동의 성격도 띠면서 몇 년간 성황을 이루던 과학데이 행사는 일제의 탄압을 받아 점차 약화되어 1930년대 말에는 소규모의 견학단을 조직하는 정도에 머무르고 말았다. 사실 김용관은 발명을 통한 자립경제 건설이라는 목적을 달성하기 위해 '이화학연구기관'이 필요하다고 보았고, 이를 위한 재원과 공공의 동의를 이끌어 내기 위해 과학 대중화 운동인 과학조선 운동을 기획했다. 즉, 그에게 과학운동은 전문적 과학연구소를 설립하기 위한 수단이기도 했다. 하지만 식민지라는 현실에서 김용관의 꿈은 꺾이고 말았다.

"과학하는 풍토를 조성하자"

해방이 되자 과학기술자들은 진정한 독립을 위해서는 무엇보다 과학기술의 진흥이 필요하다면서 이를 위해 정부가 적극적으로 나설 것을 요구했다. 1948년 제정된 교육기본법은 과학·실업 교육의 중시와 1인1기(1人1技) 습득을 명시했다. 하지만 경제난과 사회적 불안, 뒤이은 한국전쟁의 비극 속에서 과학기술의 문제는 정부 정책의 우선순위에 들지 못했으며, 인적·물적 자원의 부족으로 과학·실업 교육도 충실히 시키기 어려운 상황이었다.

경제개발이 본격화되던 1966년 우수한 연구자와 최신 시설을 갖춘 한국과학기술연구소(KIST)가 세워지고 이듬해 과학 행정을 전담하는 과학기술처가 설립되면서 한국 과학기술도 본격적인 성장의 단계에 접어들었다. 1967년부터 실행된 제2차 과학기술진흥5개년계획에는 기술개발 극대화, 연구 활동 촉진, 선진과학기술지식의 도입, 과학기술 풍토조성이 4대 기본목표로 설정되었다. 과학기술 풍토조성은 "과학적인 풍토를 조성하여 사회생활과 사고방식의 과학화"를 꾀하려는 기획이었다. 그해 《과학기술연감》은 과학기술 풍토 조성의 필요성을 다음과 같이 밝혔다.

과학기술진흥은 과학하는 국민, 과학하는 풍토에서만이 개화할 수 있는 것이다. 우리 국민은 오랫동안 산업경제의 전근대적 전통사회의 인습 속에서 살아왔으며 사농공상제도하의 과학기술을 천시하는 환경 속에서 살아왔다. 합리적인 사고, 경제적인 소비생활, 건강한 의식주를 목적으로 하는 생활의 과학화운동과 함께 과학기술을 우대하는 사회 풍토 조성 없이는 근대화를 촉진시킬 수 없는 것이다.

생활과 사고를 어떻게 과학화할 수 있을지는 명확하지 않았지만 "과학기술 우대"를 목적으로 한 과학기술 풍토 조성은 신생부처 과학기술처의 주요 사업의 하나가 되었다. 그 일환으로 과학기술처는 1967년 말 과학기술후원회를 설립했다. 이 단체는 과학기술자의 후생복지 증대, 과학기술 진흥의 국민 활동 조성을 목적으로 삼고, 국민 생활 전반의 과학화와 과학기술 진흥을 위한 국민 활동 폭 증대 등을 추진했다. 원로 과학자를 우대함으로써 과학기술에 대한 사회적 인식을 높이고 학생들을 과학자의 길로 유도하겠다는 의도였다.

이처럼 1966~1967년 사이에 현대적인 과학기술 연구소가 세워지고, 과학기술행정기구가 설립되었으며, 과학기술자들의 목소리를 대변하는 한국과학기술단체총연합회(과총), 과학기술진흥법, 과학기술후원회 등 과학기술 활동을 뒷받침하는 여러 제도와 기관이 연이어 만들어졌다. 당시 언론에서는 이를 '과학기술 붐'이라 부르면서 큰 기대를 보였다.

과학기술처는 1968년 4월 21일 개청 1주년을 기념하기 위해 이날을 '과학의 날'로 지정했으며, 이후 4월은 '과학의 달'이 되어 현재까지 각급 학교에서 다양한 행사가 진행되고 있다. 과학의 날은 과학기술 발전에 공헌한 과학기술자들에게 여러 상을 시상하는 등 과학기술자들을 치하하는 행사가 중심이 되어 이루어졌다. 김용관이 기획했던 과학데이는 대중에게 과학의 힘과 의미를 널리 알리려는 데 일차 목적이 있었다면, 과학기술처가 시작했던 과학의 날은 과학기술자들을 격려하고, 그들의 역할을 사회에 알리려는 의도가 크게 작용했다.

한국과학기술연구소 초대 소장을 지낸 최형섭은 1972년 과학기술처의 2대 장관이 되어 7년 6개월이라는 헌정 사장 최장수 장관의 기록을 세우면서 안정적인 과학기술 행정을 펼쳤다. 그는 '과학기술기반의 조성 및 강화', '산업기술의 전략적 개발', '과학기술의 풍토조성'이라는 3대 정책기조를 세워 과학기술 발전을 모색했다. 특히 그는 과학자 출신인 자신을 '과학관료'로 칭하면서 과학계와 정부를 매개하는 것을 큰 역할로 생각했다. 이를 위해 과총을 통해 과학기술자들이 정부의 정책에 적극 호응하여 "조국 근대화"에 동참할 것을 요구했으며, 한편으로 과학계에 대한 정부의 지원을 늘리기 위해 노력했다. 최형섭은 과학기술 풍토 조성을 위해 과학기술처 진흥국에 과학기술 풍토조성과를 설치했으며, 과학기술후원회를 한국과학기술진흥재단으로 개편하여 풍토조성사업의 수행 주체로 삼고자 했다.

이에 발맞추어 과총도 "온 국민이 과학을 알고 또 과학적인 생활을 즐겨할 줄 아는 바탕이 마련되어야" 한다고 주장하는 한편 과학기술자들은 조국의 발전을 위해 봉사하겠다는 결의를 밝혔다. 최형섭은 과총에 당시 정부가 역점을 두고 추진하던 새마을운동에 과학계가 동참할 것을 주문했다. 이에 과총은 1972년 4월 "과학기술의 총동원"이라는 슬로건을 내세워 '새마을기술봉사단'을 조직해 농촌의 근대화에 과학기술자들이 자발적으로 참여하도록 했다.

새마을기술봉사단은 과총 산하 학회의 회원들로 구성되었으며, 농어민의 소득증대와 생활·사고방식의 변화를 목적으로 하여 농어촌 과학기술 보급 사업을 전개했다. 기술 지도 책자를 발간하고 농어촌 순회강연이나 과학영화 상영을 추진했으며, 농어민을 직접 만나 필요로 하는 지식을 제공하는 기술 상담도 진행했다. 또한 봉사단원이 주기적으로 농어촌 마을을 방문해 주민들이 처한 현안에 대해 해결 방안을 제시하는 현지 기술 지도 방식의 봉사도 시행했다. 이 같은 노력은 과학기술자들에 대한 긍정적 이미지 구축에 적지 않은 도움이 되었다.

전 국민 과학화 운동

과학기술 풍토 조성을 위한 노력은 1973년 전 국민 과학화 운동으로 새로운 차원으로 올라섰다. 그해 연두기자회견에서 대통령 박정희는 중화학공업화 선언, 치산녹화 10개년계획과 함께 전 국민 과학화 운동이라는 새로운 의제를 내놓았다.

> 오늘 이 자리에서 우리 국민들에게 내가 제창하고자 하는 것은 이제부터 우리 모두가 '전 국민의 과학화 운동'을 전개하자는 것입니다. 모든 사람들이 '과학기술'을 배우고, 익히고, 개발을 해야 되겠습니다. 그래야 우리 국력이 급속히 늘어날 수 있습니다. 과학기술의 발달 없이는 우리는 절대 선

진국가가 될 수 없습니다. …… 초등학교 아동에서부터 대학생, 사회 성인까지 남녀노소 할 것 없이 우리 모두 기술을 배워야 되겠습니다. 그래야만 국력이 빨리 신장하는 것입니다.

1980년대에 가서 우리가 100억 달러 수출, 중화학공업의 육성 등 이러한 목표 달성을 위해서는 범국민적인 과학기술의 개발에 총력을 집중해야 되며, 이를 위해 전 국민이 전부 기술을 배우는 '전 국민의 과학화 운동'을 전개하자는 제안이었다. 국민 모두가 과학에 대한 이해를 높이고 일상생활에 유용하게 활용할 줄 아는 생활환경을 조성할 때 과학기술자, 기술자, 기능인 등이 우대받는 풍토를 만들 수 있다는 생각이었다. 이는 농촌발전, 중화학공업화, 수출 신장이라는 국가적 과업을 위해 전 국민이 과학기술을 익혀 참여하라는 총동원령이었다. 이제 과학기술은 전 국민이 배워야 할 의무사항의 지위에 오르게 되었다.

연두기자회견으로부터 5일 뒤 대통령의 과학기술처 연두순시 자리에서 최형섭 장관은 1973년 사업계획을 보고하면서 첫 번째 주요시책으로 1인1기의 목표 아래 "전 국민의 과학화·기능화"를 꼽았다. 이를 위한 사업은 크게 '생활의 과학화'와 '학술 활동지원'으로 구성되었다. 후자의 구체적 방안에는 학회 활동지원, 국제학술대회 참가지원, 재외한국과학기술자의 활용, 과학기술회관 건립, 과학기술용어 제정 등이 포함되었는데, 대부분 과총과 관련을 맺고 있었다. 이는 과학기술처가 전 국민 과학화를 일반 국민들을 대상으로 한 과학계몽사업만이 아닌 과학기술자들의 과학학술활동 지원까지를 포괄하는 넓은 시책으로 이해했음을 보여 준다.

1973년 3월 전주에서 '전 국민의 과학화를 위한 전국교육자대회'가 개최되었고, 이 자리에서 과학화 방법론을 둘러싸고 열띤 토론이 전개되었다. 박정희는 이 대회의 치사를 통해 국민의 과학화란 사고방식과 생활 습성의 과학화를 의미한다고 설명했다.

> '국민의 과학화'란 무엇이냐? 우리는 '과학' 하면 흔히들 연구실과 정밀한 고급 기기를 연상하게 됩니다만, 여기서 말하는 과학화는 반드시 그것만을 뜻하는 것은 아닙니다. 그보다는 오히려 사고방식과 생활 습성을 과학화해서, 비록 간단하고 초보적인 과학 지식이라 할지라도 이것을 새마을 운동과 식목, 조림 사업에 유용하게 활용할 줄 아는 그러한 국민을 만들자는 것입니다. 다시 말해서 어느 특정한 연구실에서만이 아니라, 우리 사회의 각계각층이 모두가 자기의 직종에서 생산과 직결되고 국력 배양과 직결되는 과학기술의 생활화를 말하는 것입니다.

농촌의 획기적 발전, 중화학공업 육성, 수출의 대폭 신장이라는 목표를 달성하기 위해 모든 국민이 과학을 이해하고 활용하는 삶을 살고, 국가가 필요로 하는 성실하고 능력 있는 인재를 양성하는 것이 대통령이 밝힌 과학화 운동의 목적이었다. 과학화라고 했지만 사실상 생산과 국력을 늘리기 위한 기술을 익히라는 구상이었다.

흥미롭게도 같은 자리에서 과학기술처 장관 최형섭의 "국력 배양과 국민의 과학화 운동"이라는 기조연설은 같은 얘기를 하면서도 조금은 다른 결을 보였다. 그는 과학기술처의 과학기술 진흥시책을 설명하면서 그런 정책들에 대해 전 국민이 호응하고 능동적으로 참여할 때만이 소기의 성과를 이룩할 수 있으며, 이를 위해 과학기술 풍토조성에 힘을 쓰고 있다고 밝혔다. 그에 따르면, 이 운동의 기본 방침은, 첫째, 모든 국민의 사고와 생활 습성을 과학화하고 과학기술을 존중하여 과학 지식을 일상생활에 활용할 줄 아는 과학적 생활 풍토를 조성하고, 둘째, 국민 각자가 한 가지 기술과 기능을 익혀서 국가 개발에 기여하고 자기 삶의 향상을 도모하기 위한 기술과 기능의 습득을 촉진하며(1인1기), 셋째, 산업기술의 전략적 개발이었다. 사실 산업기술의 전략적 개발이란 연구단지 건설, 연구소 설립, 기업의 연구개발 활동 지원 등 매우 방대한 정책 수단을 포함하고 있으며, 그것의 주체는 과학기술자가 되어야 했다. 따라서 이 주장에 의하면 전 국민 과학화 운동은 사실상 대부분의 과학기술정책을 포괄하는 정책기조가 되어야 했다. 대통령의 제안이 생활의 과학화와 기능 교육 강화를 통한 인력 양성을 핵심으로 했다면, 과학기술처의 방안은 그에 더해 과학기술자를 대상으로 한 기술개발, 학술 활동 지원 등을 중요하게 포함했다. 일반적으로 전 국민 과학화 운동은 대중을 대상으로 한 과학문화운동, 과학기술 대중화사업으로 이해되지만 과학기술처는 그에 머물지 않고 과학기술자의 전문적 활동도 그 범주에 포함시켜 집행을 했던 것이다.

전 국민의 과학화 운동에는 과총, 한국과학기술진흥재단, 국립과학관이 중심 수행 기관으로 활동했다. 과총은 새마을기술봉사단을 통해 농촌을 대상으로 과학화를 추진했고, 과학기술진흥재단은 해외 우수과학영화를 번역해 각급 학교에 대여하고, 과학 문고를 발간했으며, 언론 매체를 활용한 과학지식 보급사업도 추진했다. 국립과학관은 상설전시실을 확충하여 과학기술의 원리와 응용 과정을 관람시키는 한편 전국학생과학발명품 경진대회, 전국과학전람회, 공개과학교실, 일일과학교실, 과학동산 등 청소년을 대상으로 한 과학행사를 통해 전 국민 과학화를 뒷받침했다. 정부는 전 국민의 과학화 운동을 위해 과학의 노래를 만들어 보급했다.

1. 과학 하는 마음으로 능률 있게 일하고
   사람마다 손에 손에 한 가지씩 기술 익혀
   부지런한 하루하루 소복소복 부는 살림
   세상에 으뜸가는 복된 나라 이루세
2. 과학 하는 이치 찾아 새로운 것 발명하고
   겨레의 슬기 모아 산업 크게 일으켜서
   만불 소득 천억 수출 무럭무럭 크는 국력
   세상에 으뜸가는 힘센 나라 이루세
3. 과학 하는 국민으로 기술 가진 국민으로
   살림살이 늘려가고 산업 크게 일으키면
   나라의 힘 용솟음쳐 다가오는 평화통일
   세상에 으뜸가는 민족중흥 이루세

〈과학의 노래〉(1973), 정진권 작사, 정세문 작곡

대통령의 지원에 힘입어 전 국민 과학화 운동과 그것을 품고 있는 과학기술 풍토조성은 더욱 탄력을 받았다. 과학기술처가 주관하는 전 국민 과학화 운동에는 문교부, 문공부, 건설부, 법무부, 국방부 등 여러 정부 부처가 참

여했다. 과학기술처는 과학기술 풍토조성사업의 틀에 전 국민 과학화 운동을 포함시킨 다음 과학기술자를 위한 학술활동조성을 중요 세부 사업의 하나로 추진했다. 논리적으로 과학기술자도 전 국민의 일원이기 때문에 전 국민 과학화 운동에 과학기술자를 대상으로 하는 제반 지원이 포함된 것은 이상한 일은 아니었다.

전 국민 과학화 운동을 통해 과총은 자신의 존재가치를 정부와 사회에 내보였으며, 그 결과 몇 가지 숙원 사업을 마무리 지을 수 있었다. 과총은 발족 당시부터 과학기술회관 건설을 추진하여 부지도 확보했지만 재원 부족으로 곤란을 겪고 있었다. 결국 1973년부터 연이어 정부로부터 보조금을 받아 1976년 9월 과학기술회관을 완공할 수 있었다. 또한 과총이 지속적으로 설립 필요성을 제기했던 과학기술재단 문제도 1977년 한국과학재단의 설립으로 결실을 보았다. 과학자들의 연구 활동을 뒷받침할 이 기관은 예산 문제로 진척을 보지 못하다가 1975년 1월 대통령의 승인을 얻게 되어 본격적인 설립으로 이어질 수 있었다. 이 같은 결과는 과총이 새마을기술봉사단 등을 통해 과학화 운동을 적극적으로 추진하는 것에 대해 대통령과 정부가 긍정적인 평가를 내렸기 때문이었다. 결과적으로 과학기술처가 전 국민 과학화 운동을 과학기술 풍토조성 사업으로 전유함으로써 과학기술자, 특히 과총은 과학화 운동의 주된 행위자이자 동시에 주된 수혜자로 부상하게 되었다. 과학기술 풍토조성이 처음 제기된 배경이 과학기술자가 인정받고 과학기술에 우호적인 사회를 만드는 것이었음을 고려한다면 전문가들의 활동을 고무하기 위한 정책은 자연스러운 귀결이라 볼 수 있다.

하지만 전 국민 과학화 운동은 시간이 지날수록 행사 위주의 관성을 지니게 되었고, 전체적인 활력이 떨어지게 되었다. 새마을기술봉사단도 초기의 높은 열의와 달리 사업 자체에 대한 충분한 재정지원이 뒤따르지 못하면서 봉사활동의 한계를 드러내기 시작했다. 1979년에 들어와 박정희는 다시 한 번 과학화 운동을 대대적으로 보급하라고 지시했다. 하지만 10월 26일 박정희가 갑자기 세상을 떠나면서 과학화 운동에 대한 관심은 크게 낮아지고 말았다.

과학하는 즐거움을 위하여

1973년부터 시작된 전 국민 과학화 운동은 한국 과학 운동의 정점이었다. 1960년대 과학과 기술이 대부분의 빈곤, 근대화, 산업화 등의 문제에 만병통치약으로 여겨지던 낙관적 믿음이 등장했고, 1970년대 중반까지 많은 후발국가들이 이러한 낙관주의를 공유하고 있었다. 기능을 익히고 과학을 배움으로써 생각과 생활을 과학화하고, 생활 주변의 부조리와 미신을 몰아내고 합리적이고 근대적인 생활을 영위할 수 있다는 전 국민 과학화 운동의 기조는 과학에 대한 낙관주의이자 과학주의의 산물이며, 1930년대 과학 운동에 뿌리를 두고 있었다. 전 국민 과학화의 전도사를 자임했던 홍문화의 "오늘날을 과학시대라고 하며, 과학자야말로 오늘날의 성직자라고 할 수 있겠다."(〈전 국민 과학화의 의의와 방향〉, 《과학과 기술》 1979년 4월호)라는 발언은 그 같은 분위기를 잘 보여 준다. 그는 과학기술자들에게 '과학기술 복음'을 전파하는 데 앞장서자고 제안했다. 과학은 전 국민이 반드시 익히고 알아야 하는 대상으로 격상되었고, 일상생활을 지배하는 핵심원리로 강조되었다.

하지만 간단한 생활 속 기술을 익히고 기본적인 과학 지식을 알게 된다고 해서 '생활의 과학화'가 달성될 수는 없었다. 삶과 생활을 과학화한다는 것은 일련의 계몽 캠페인으로 달성될 수 있는 성격이 아니었다. 이는 그 사회의 오랜 역사적 전통 속에서 형성된 국민성이나 국민 문화에 해당하는 것으로 기본적으로 상당한 시간의 축적이 필요한 과제였다. 따라서 과학화라는 담론이나 몇 가지 기능이나 지식 습득으로 그런 변화를 끌어내는 건 쉽지 않았다. 정부는 사회의 비합리적 관행도 과학화하려는 개인적 노력으로 극복할 수 있다면서 과학화 운동은 국민 각자의 생활발전과 복지증진을 위해서도 필요불가결하다고 주장했다. 하지만 과학화 운동은 국민들이 그 운동의 결과를 쉽게 느끼고 확인할 수 있는 가시성과 계측성이 약했다. 따라서 여러 기관들이 다양한 사업을 진행했음에도 불구하고 과학화 운동이 국민들의 삶 변화에 큰 변수가 되지 못했다. 결과적으로 과학화 운동은 일반 국민 속에서보다 과학기술자사회에서 효과가 더 잘 발현되었다.

사실 과학대중화가 대중들의 과학에 대한 이해를 높이는 것을 목적으로 하지만 궁극적으로 과학자들의 이해관계에 봉사하는 활동일 뿐이라는 전문가들의 목소리도 적지 않다. 과학대중화는 과학 지식을 둘러싸고 과학자의 권위 또는 사회적 위상을 높이는 역할을 할 뿐이라는 것이다. 과학대중화를 바라보는 시각이 계속 변모하고 있지만 기본적으로 과학 대중화 자체는 과학자들의 이해관계에 봉사할 수밖에 없다. 전 국민의 과학화 운동의 전개는 그 같은 지적에 상당 부분 부합하는 모습을 보였다.

또한 '과학화'를 내세웠지만 전 국민 과학화 운동은 '1인1기'에서 나타나듯이 기술과 기능을 강조했으며, 과학이 지니는 가치를 경제와 산업과의 관련 속에서만 파악하게 만들었다. 일반적으로 과학기술로 통칭되며, 최근에는 과학이나 기술 어느 하나로 정의하기 어려운 활동도 많지만, 과학과 기술은 서로 구분되는 역사와 성격을 지니고 있다. 과학은 자연을 이해하려는 지식으로서, 앎의 지평을 넓혀 가는 과정 자체도 매우 중요하다. 반면 기술은 현실적인 문제를 풀어 유용하게 활용하기 위한 행위로서 최종 결과물과 물질적 측면이 중요하다. 하지만 한국에서 과학기술은 부국강병에서 수출 증대에 이르기까지 기술이 중시되고 경제나 산업과의 친연성이 과잉 강조되면서, 삶의 질이나 문화·예술·복지·환경·교육 등 여러 가치와의 연결이 경시되었다. 물론 그 덕분에 빠르게 압축적인 양적 성장을 달성했지만 현재까지도 정부나 대중은 여전히 과학기술을 경제성장을 이끄는 도구로서만 파악하는 경향이 크다.

1990년대 이후 과학대중화는 과학기술문화라는 이름 아래 단순한 지식과 기술의 계몽을 넘어 과학기술의 사회적 수용도 넓히기 위한 방향으로 조정되고 있다. 그러나 한국 사회에서 여전히 과학기술은 경제적 도구의 차원에서 이해되고 있으며, 과학대중화도 그러한 자장에서 벗어나지 못하고 있다. 현재도 기초과학 연구계획서나 공익적 성격의 투자라도 경제적 효과를 언급해야 지원을 받고 공감을 얻을 수 있는 상황은 과학기술이 여전히 물질적 가치로만 인식되고 있음을 말해 준다.

한국인에게 과학기술은 그 결과를 재빨리 응용하여 선진국을 따라갈 수 있게 하는 유용한 수단이었으며, 과학화 운동에도 불구하고 자신의 생활이나 문화의 일부이기보다 과학기술자들의 것으로만 여겨졌다. 기술과 당장의 활용만 강조한 결과 과학기술이 지닌 다양한 가치를 찬찬히 받아들일 여

유가 없었다. 암기로 정답은 맞추지만, 그것을 찾기까지 과정이 주는 의미나 즐거움은 무시되었다. 이제 한국의 과학기술은 추격을 넘어 탈추격을 꾀하는 단계에 이르렀고, 기초연구에도 투자하고, 과학 지식을 만들어 내는 과정에도 관심을 두고, 과학이 지니는 여러 모습을 삶의 일부로 수용할 수 있는 때가 되었다. 진정한 생활의 과학화, 토착화된 과학문화는 떠들썩한 행사 위주의 캠페인이 아니라 장기간 긴 호흡으로 과학기술을 이해하고 음미함으로써 가능할 것이다. 여기에는 우리의 과학기술이 어떤 여정을 밟아 여기까지 왔는지에 대한 성찰도 필요하다. 과학 지식을 머릿속에 욱여넣기보다 시간이 걸리더라도 과학하는 즐거움을 느끼게 하는 것이 진정한 과학화에 도움이 되리라 믿는다.

문만용 _전북대 한국과학문명학연구소

근대화를 넘어 '푸른' 산으로

강정원

내가 심은 나무 한 그루로 나라 살림이 부강해질 수 있다고 철떡같이 믿던 시절이 있었다. "곳곳에 국민의 푸른 희망, 산에 심자", "산지개발 이룩하여 농촌개발 이룩하자", "내가 심은 한 그루가 십년 후에 나라기둥" 등 운율에 맞춰 딱 떨어지는 표어들은 사람들의 귀에 스며들어 녹화를 향한 열망으로 들끓게 했다. 지지리 못사는 우리네 가난한 삶만큼이나 붉어서 황량하기만 했던 산은 푸르름을 입고 대한민국은 '녹화'에 성공한 나라가 되었다. 한국의 경제성장은 그렇게 붉은 옷을 벗어던지고 푸른 옷을 입고 날아올랐다. 녹화의 성공은 경제의 성공과 직결되어 국민들의 뇌리에 깊이 박혔다.

대한민국의 '기적'이었던 산림녹화는 단기 속성 절대녹화였다. 권력자의 강력한 의지로 밀어붙인 국가 주도의 산림녹화는 단기간에 성공한 것처럼 보였지만, 임업 발전을 가져오지는 못했다. 전체 국토의 70퍼센트가 산림이지만, 산림은 사람들의 휴식처 이상의 기능을 하지 못하고 있다. 임업 발전과 지속가능한 성장을 담보로 하지 못한 산림의 역사, 어디서부터 그 단추가 잘못 꿰어졌을까.

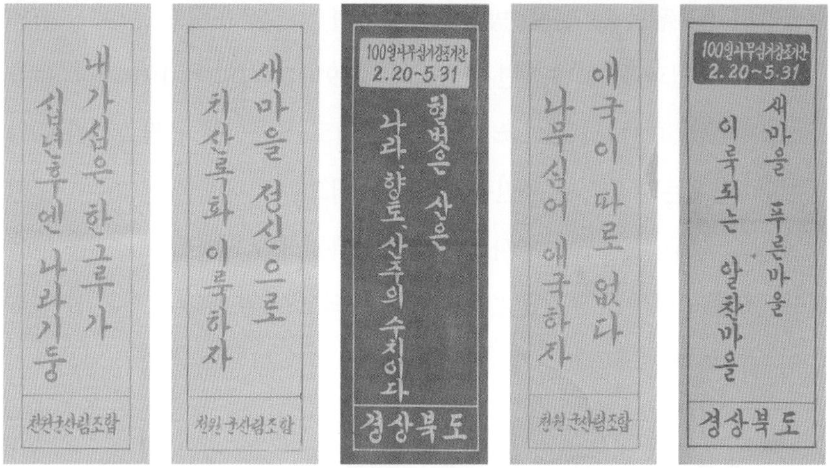

해방 후 만들어진 산림녹화 표어
산림녹화를 애국, 성장과 결부시켜 국민들에게 선전함으로써 '자발'적 녹화운동을 유도하려 했던 당시의 분위기를 엿볼 수 있다.(e-뮤지엄)

숲이 전쟁을 위해 착취당한 나라

해방 후 한국의 산림은 '붉은 산' '민둥산'이었다. 산림황폐가 심각했던 역사적 연원은 오래되었다. 조선 후기 두 차례 전쟁과 대규모 건축 사업이 늘어나면서 많은 목재가 필요했고, 소빙기로 날씨가 갑자기 추워져 온돌 보급이 늘어나면서 땔감 사용이 증가했다. 땔감과 목재 사용의 증가는 상품유통경제와 연계되어 전국의 많은 나무가 잘려 나갔고, 그렇게 산림은 훼손되었다. 이러한 상황은 일제강점기에 들어서도 크게 나아지지 않았다. 일제는 산림황폐를 야만국의 상징처럼 인식했고, 문명국 일본이 지배하면 근대 임업과 조림으로 산림이 푸르러질 수 있다고 주장했다. 식민지 재정이 부족했던 일제는 자본가를 유치하여 조림대부제를 실시했고, 일제가 정한 기준에 부합하면 소유권을 양도하는 방식을 채택했다.

일제는 조림과 함께 1908년 삼림법부터 1911년 삼림령, 1914년 국유림 구분조사사업, 1917년 임야조사사업을 차례로 실시하여 산림소유권을 확립했다. 일제는 효율적인 식민통치를 위해 필요한 국유림을 신고주의로 먼저 확보한 다음, 민유림을 조사하여 산림 소유자에게 배타적 소유권을 부여하고, 조림의 의무를 부과했다. 이러한 일제의 소유권 정리 방식은 산림 소유의 양극화를 초래했고, 자본가를 중심으로 한 조림 방식은 결국 자본가의 대지주화 현상을 가져왔다.

그런데 동척이나 미쓰비시 등 대산림지주는 조림에 드는 비용을 최소화하기 위해 자연스레 나무가 생장하는 천연조림을 채택했기 때문에 일제의 선전처럼 조림성과는 크지 않았다. 또한 1920년대 후반부터 본격적으로 시행한 민유림 정책에서는 산림녹화라는 명목하에 각종 식림 비용을 임야 소유자들에게 떠맡기면서 산림 이용을 제한하고 통제했다. 임야 소유자들은 삼림조합에 강제로 가입되었고, 1년에 2회가량 입산이 제한적으로 허용되자 불만이 커졌다.

민유림에 대한 통제와 금벌주의가 강화되는 가운데 1931년 만주침략과 공업화로 급증하던 목재 수요는 1937년 중일전쟁으로 군수용재, 건설용재와 펄프, 침목, 군수공업 시설용재, 신탄재 등 그 수요량이 점점 늘어났고, 이는 무차별적인 남벌을 초래했다. 전쟁이 지속되면서 일제는 전쟁에서 이기기 위해 나무를 하나라도 더 많이 벌채해야 한다고 했고, 비상시국에 임업이 할 수 있는 일은 다량의 임산물을 확보하는 것이라고 선전했다. "조선용재 공출은 총후 국민의 의무", "목재의 증벌 증산이 임업인에게 최고지상

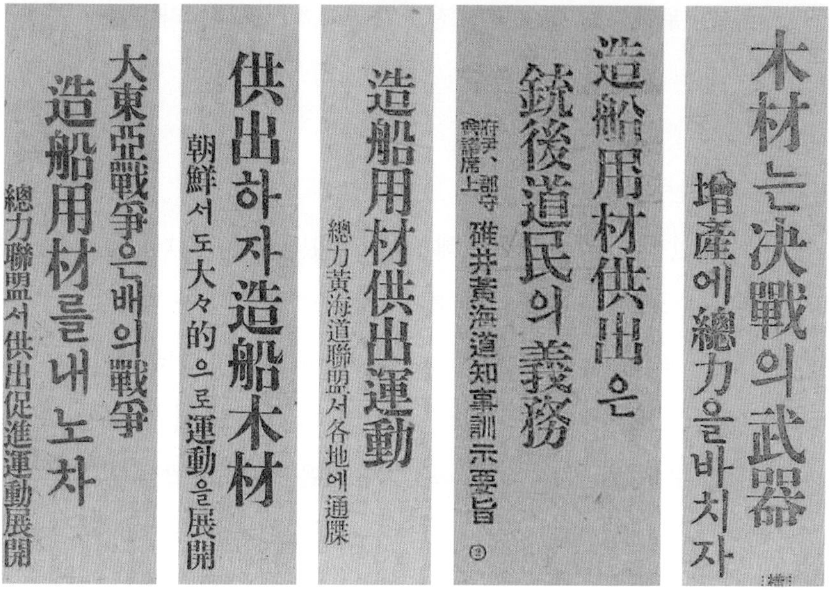
木材는決戰의武器
增産에總力을바치자

造船用材供出은
銃後道民의義務
府尹、郡守會議席上 碓井黃海道知事訓示要旨 ③

造船用材供出運動
總力黃海道聯盟서各地에通牒

供出하자造船木材
朝鮮서도大々的으로運動을展開

大東亞戰爭은배의戰爭
造船用材를내노차
總力聯盟서供出促進運動展開

1943년 《매일신보》에 등장한 목재 공출 관련 신문기사의 제목
일제는 전쟁에서 이기기 위해 목재 공출, 특히 배를 만들기 위한 조선재 공출에 적극적이었다.(《매일신보》, 대한민국신문아카이브)

의 사명이고 책무"라고 강조하면서 목재 공출을 독려했다.

특히 일제는 배를 건조하기 위해 필요한 조선재(造船材)의 공출은 전쟁의 승패를 가르는 중요한 사안이라고 주장했다. 이러한 일제의 논리를 뒷받침하듯 신문지상에서는 연일 "대동아전쟁은 배의 전쟁", "조선재 공출에 만전", "공출하자 조선 용재", "국유림이나 민유림, 절간의 고목, 집터에 있는 나무, 가로수 어떤 것을 막론하고 소용이 닿는 나무는 한 그루라도 공출하자" 등의 기사를 쏟아 내며 조선재 공출의 필요성을 강조했다. 전쟁을 위해 대규모 벌채가 진행되면서 임산자원은 고갈되었고, 임목축적량도 크게 감소했다. 해방 무렵의 한국은 "숲이 전쟁을 위해 착취당한 나라"였다.

산림 소유는 그대로

해방이 되었지만, 조선 산림은 해방되지 못했다. 산림은 더 황폐해졌고, 양극화되었던 소유 문제도 농지개혁에 밀려서 개혁 논의가 제대로 이루어지지 못했다. 민둥산으로 변해 버린 산림의 경제적 가치가 낮은 것도 이유였지만, 농지개혁을 둘러싸고 대립 갈등이 심화되는 가운데 지주들의 재산권을 침해할 수 있는 산림개혁까지 포함하는 것은 현실적으로 쉽지 않았다.

이러한 상황 속에서 농지개혁과 더불어 산림도 그 소유 구조부터 개혁해야 한다는 여론이 존재했다. 당시 사회경제사학자였던 인정식도 소수의 지주에게 대규모 산림이 집중되어 있는 것을 심각하게 인식했다. 그에 의하면 "1941년 4월 사유림에 대한 소유자의 총수는 대략 214만 명인데, 1정보(1정보는 3,000평) 미만 소유자가 임야 소유자 총수의 40퍼센트이지만 그들의 총 임야 면적은 5퍼센트에 불과한 반면, 20정보 이상의 대소유자는 수에 있어 3퍼센트에 불과하지만 소유 면적의 36퍼센트를 차지하고 있어" 심각한 불균형을 이루고 있다고 지적했다.

원래 대한민국임시정부의 경제질서 구상에는 산림에 대한 개혁 방향이 언급되어 있었다. 구체적인 것은 아니었지만, 1941년 대한민국건국강령에는 산림을 국유로 한다는 기본 틀을 제시했다. 그러나 남조선과도입법의원에서 상정한 여러 법안에서는 농지의 소유와 분배에 대한 내용만 있을 뿐 산림 법안은 없었다. 남조선과도입법의원에서는 토지개혁법안을 준비하면서 산림을 국유로 할 것을 전제로 토지개혁법안에 포함하려 했으나, 그 중요성에 비추어 좀 더 여론을 반영해야 한다는 명분을 내세워 산림 문제를 상정하지 않았다. 북한이 토지개혁에 산림을 포함시켜 국유로 한 것과는 대조적이었다. 토지개혁법안에 산림이 제외되자 황폐화의 주범인 산림지주와 모리상인들의 특권을 옹호하기 위해 일반 민들에게 황폐의 책임을 전가하는 한편, 조림열을 고취시켜 황폐=녹화의 논리로 나아가 산림개혁을 부정하려는 정치적 의도가 숨어 있다는 주장이 나오기도 했다.

산림황폐에 대한 해결책으로 녹화 논리가 힘을 받는 가운데 산림개혁 논의는 제헌헌법을 마련하고 심의하는 과정에서 구체화되었다. 초대 농림부장관이었던 조봉암도 "산림 문제는 중대하다. 면적으로 보더라도 농지와 같이 소홀히 처리할 것이 못 된다. 어떤 지방은 농지보다 소중히 여기는 곳이 있다. 농촌에서 나무가 없는 곳에 어떠한 지주가 혼자 차지하고 있기 때문에 때지 못하는 그런 몇 가지 곤란이 있고, 또 우리가 처리하지 않으면 안 될, 가령 토지를 반드시 지주에게서 박탈해서 농민에게 나누어서 경작하게 하더라도 산림을 그대로 둔다면 완전히 독점하는 위험이 있다."라고 하여 산림 독점을 해소하는 차원에서의 개혁이 필요하다고 언급하였다.

제헌국회에서 논의된 쟁점은 크게 국유화안, 농민분배안, 녹화안으로 나누어졌다. 첫째, 산림국유화안은 산림황폐와 그로 인한 장기적인 사막화 문제가 끊임없이 제기되는 가운데 이를 해결하기 위해서는 단순한 조림이 아니라 보다 근본적인 문제해결에 접근해야 한다는 입장이다. 당시 산림이 경지에 비해 경제성은 낮았지만, 면적이 크기 때문에 개혁을 하지 않으면 특정 개인에게 독점되어 문제가 발생할 것이라는 우려가 많았다.

둘째, 농지와 마찬가지로 산림을 농민에게 분배해야 한다는 주장이다. 농민분배를 주장했던 사람들은 우선 농지와 산림은 비료나 각종 건축자재, 농구의 확보 등 농민들의 삶과 밀접하므로 적절한 분배를 통해서 농민경제의 합리화를 도모해야 한다고 보았다. 국유보다는 농민에게 분배하여 각자가 산림에 대한 애착을 가지고 애써서 나무를 보호한다면 산림을 녹화시킬 수 있다고 주장하였다.

셋째, 현재의 산림 소유구조를 유지하면서 녹화를 적극 실시하자는 입장이다. 녹화안의 근거는 농지에 이어 산림까지 국유화하거나 분배하면 지주들의 소유권을 침해하여 커다란 반발을 초래할 것이고, 그로 인해 황폐화가 오히려 심각해질 수 있다는 것이었다. 실제로 농지개혁 법안이 상정되고 진행 방법을 모색하는 과정에서 나타났던 많은 잡음을 고려하면 산림 문제를 토지개혁에 포함하는 것이 당시 체제하에서는 쉽지 않았을 것이다.

제헌의회에서 여러 개혁안들이 제시되었지만 소유구조를 개편하려는 산림 개혁안은 좌절되었다. 이로 인해 일제시기 소유구조 틀이 그대로 유지되었고, 일제강점기 대산림지주들은 해방 이후에도 여전히 그 지위를 이어 갈 수 있었다. 이후 산림개혁은 황폐한 산림을 복구하기 위해 녹화사업에 치중하는 방향으로 전개되었다. 도시화가 진전되면서 산림은 임업경영 및 발전과 무관하게 부를 확대 재생산하는 자원으로 그 가치가 높아져 대자본이 집중되는 현상을 초래했다. 그뿐만 아니라 산림에서 식민잔재 청산을 어렵게 하여 오늘날까지 산림을 둘러싸고 친일파 후손들의 재산 분쟁이 발생하는 원인이 되었다.

심는 양보다 베어 내는 양이 많아서

일제의 산림 소유구조와 정책이 해방 이후에도 그대로 유지되는 가운데 행정력의 부재와 인구증가로 인한 식량난과 연료난, 북쪽 자원의 유입 단절로 인한 도벌과 남벌의 급증으로 산림은 벌거숭이가 되어 버렸다. 산림황폐가 불러온 파장은 매우 컸다. 1948년 여름 대홍수는 삼남지방의 전답 11만 1,000여 정보와 52만 931호의 농가를 삽시간에 백사장으로 만들어 버렸다. 1949년 충남과 전북에서는 금강 일대가 황폐해지면서 수해로 산사태가 발생하여 교량이 끊어지고 국도가 파손된 곳이 200여 개소에 달하는 등 피해 사례가 속출했다.

산림 황폐로 인한 자연재해가 농업을 비롯한 산업 전반에 영향을 미치면서 악순환이 계속되자, 해방 후 여러 신문에서는 "황폐해 가는 강토", "산림 2만여 정보 황폐, 도벌 남벌 방지 경고", "황폐한 산림을 綠裝", "극도로 황폐화된 남조선의 산림", "풍수해의 원인은 산림황폐화에 있다", "산림황폐화에 癌, 도벌과 남벌" 등 산림황폐와 관련된 기사가 연일 게재되었고, 일반 민들의 도벌과 남벌에 대한 경고와 애림사상 고취, 행정 당국의 시급하고 근본적인 대책을 요구하였다.

일반 민들의 '과도한' 벌채는 산림을 훼손하는 주요 요인으로 지적되었다. 사회 혼란과 행정력이 부재한 가운데 일반 민들은 마을 주변의 산에 들어가 도벌을 했고, 화전민들은 산화로 개간을 하거나 나무를 벌채하면서 생계를 이어 나갔다. 도벌의 근본 원인은 연료난에 있었다. 일반 민들은 추운 겨울을 나기 위해 아궁이에 넣을 연료를 확보하는 것이 중요했다. 해방 후 북쪽과의 연결이 막히면서 용재림과 무연탄 반입이 어려워졌고, 남한 내 석탄량의 부족과 수입이 여의치 않으면서 연료 기근이 심각해졌다. 이에 행정 당국은 해마다 장작 공급을 위한 연료 대책을 세웠으나 해방 후 만 5년을 경과할 때까지 "심각한 연료난과 더불어 차디찬 냉장고 속에다 시민의 숨을 조달리게 한 적이 한두 번이 아니었을" 정도로 대책은 실효성이 없었다. 특히 서울 시민의 연료 문제를 해결하기 위해 자본금 1억만 원을 들여 설립한 서울연료주식회사는 중역진들의 모리 행위와 수송수단의 독점, 각종 비리 등으로 장작 가격의 폭등을 초래하여 서울 시민들의 비난과 원성을 샀다.

행정 당국의 실효성 없는 대책과 장작 값의 폭등으로 도시와 농촌에서는 겨울철 연료를 확보하기 위해 도벌이 성행했다. 서울 시내에서는 밤이 깊어지면 남산 일대 공원 임야를 일가가 총출동해서 베어 가는 일이 발생하기도 했다. 대부분의 가난한 일반 민들은 장작도 없고, 숯도 없어 아이도 어른도 노인도 낙엽을 찾으러 산으로 가로수 아래로 가야 하는 상황이 발생했다. 이 때문에 연료 문제를 해결할 대체재를 개발하지 않고서는 "심는 양보다 베어 내는 양이 더 많아서" 조림정책 또한 효과를 거두기 어려웠다.

한국전쟁 중인 1952년 남한의 1헥타르당 평균 임목축적은 10.3세제곱미터로 떨어져 전쟁 직전인 1949년에 견주어 무려 36~40퍼센트 정도로 줄어들었다. 전쟁으로 산림 면적의 절반이 민둥산으로 바뀔 정도로 상황이 악화되었다. 헐벗은 산을 막기 위해 설치했던 사방 시설물도 대부분 파괴되었고, 국내 임산물 자급자족도 힘들어졌으며, 매년 농산물이 한재 또는 수재로 인해 피해를 입으면서 식량난이 심각해졌다.

"전란으로 죽고, 한해로 죽고, 풍해로 죽고, 수해로 죽고…… 恨 많은 한민족"이었던 일반 민들이 당시 할 수 있는 유일한 돈벌이는 산에서 나무를 벌채하는 일이었다. 산림경찰의 눈을 피해 매일같이 심산에 스며들어 생나무를 베어다 장작으로 파는 것이 일상사였고, 이로 인해 산림은 나날이 훼손되었다. 도로변이나 기차연변이면 어디서나 볼 수 있는 산림녹화니 입산금지니 하는 대문짝만 한 표어가 무색할 정도로 일반 민들은 우선 먹고 살기 위해서 먼저 나무를 죽여야만 했던 시절이었다.

생계형 도벌은 무연탄 사용 등 연료대책과 연계해서 점차 해결될 수 있었지만, 관권과 결탁한 대규모 도벌은 산림녹화사업을 비웃는 듯 계속되었다. 목재상이 관의 단속을 받지 않고 산림을 무작위로 벌채했고, 하루 수십 대씩 관과 결탁한 목재 임산물의 부정 운반이 성행했다. 이렇게 불법으로 벌목하여 운반하는 트럭은 검거되더라도 소위 사바사바 자금만 지불하면 쉽사리 통과되는 경우가 다반사였다. 매년 이루어지는 산림녹화는 헛구호일 정도로 권력층과 결탁하여 대규모 벌채로 부를 축적하는 행위는 근절되지 않았다.

산림 당국에 의해 적발된 산림 범죄사건의 거의 대부분이 소규모의 "송사리떼들"이며, 체계적으로 조직화된 대규모의 범죄사건은 적발되지 않고 은폐되는 경우가 많았다. 이처럼 통계에 나타나지 않는 조직적인 도벌을 더하면 그 피해는 어머어마했다. 특히 전주, 설악산, 여주, 고성군, 법주사 부암사 일대, 내장산, 지리산에서 조직적인 도벌이 성행하였고, 태백산, 백운산은 하루도 도벌 행위에 대한 보고가 없는 날이 없을 정도로, "푸른 산을 깎아 먹는 인간 송충"이 전국 도처에 만연했다.

전국의 산이 도벌로 몸살을 앓는 가운데 1964년 지리산 도벌 사건이 발생했다. 지리산이 도벌왕국이 되어 2년간 1만 세제곱미터가 넘는 아름드리 나무가 잘려 3,000트럭이 실려 나갔다. 이곳 일대에서는 특히 350년생 소나무가 울창했던 2,600정보의 풍치림이 벌채되었을 정도로 지리산 도벌은 심각했다. 대규모 도벌은 산림 공무원과 국회의원, 목재회사 등 권력층과의 유착 속에서 진행되었고, 세상을 떠들썩하게 했던 지리산 도벌사건은 국회에서 진상조사위원회까지 구성되었을 정도였다. 이 사건은 권력층과의 유착관계를 제대로 밝혀 내지 못하고 흐지부지 처리되었지만, 산림 행정조직의 대대적인 개편과 산림청 설치를 재촉하는 계기가 되었다.

근대화의 경관 '푸른 산'

1961년 산림법이 마련되고 박정희정권의 '강력한' 녹화 의지에 따라 전국적으로 녹화사업이 전개되었다. 박정희정권은 "치산치수가 정치의 으뜸을 차지하고 있음에도 불구하고 부패한 지난날의 위정자들은 이를 방관해 왔다고 전제하고 국토개발 5개년 계획의 일환으로 이 강산을 푸르게 가꾸는 것은 혁명정부의 기본정책"이라고 강조했다. "나무를 심는 것이 능이 아니고 나무를 아끼고 가꾸는 것이 조림녹화의 요체, 정부는 앞으로 몇 년 동안 산에 있는 나무를 한 그루도 베지 않을 방침", "벌거벗은 산은 흉흉한 민심을 불러일으키는 계기"라고 언급하면서 산림녹화를 강조했다. 박정희에게 황폐로 얼룩진 산림은 빈곤의 상징이었고, 조국 근대화를 위해 반드시 극복해야 할 대상이었다. '푸른 산'은 박정희가 꿈꾸는 조국부흥과 근대화에 필요한 경관이었다.

그러나 현실적으로 경제개발 추진과 더불어 산림사업에 사용될 예산편성

▍**국토건설요원 사방공사 광경**(1961)(국가기록원)

은 한계가 있었다. 1960년대의 산림녹화는 〈국토녹화촉진에 관한 임시조치법〉에 따라 국민 동원으로 이루어졌다. 전 국민을 대상으로 한 국민 총동원법이었지만, 그 중심은 산림계와 병역기피자였다. 리동을 단위로 만들어진 산림계는 주민을 동원하여 현장에서 직접 녹화사업을 주도했다. 또한 병역기피자 등의 범법자의 처벌과 사회기강 확립을 목적으로 설립했던 국토건설단이 해체된 이후 병역기피자들은 자연스레 국토녹화사업에 흡수 활용되었다. 국토녹화사업은 병역기필자의 처벌 수단이면서 이들을 갱생시켜 구제해 주는 구제자의 역할을 담당했을 뿐만 아니라 사회갱생, 사회기강 확립

1962년 전라북도 녹화사업 촉진대회장에서 연설하고 있는 박정희 의장(국가기록원)

아래 이들을 규율하고 체제 내로 포섭했다.

박정희정권은 민생안전과 국력부강은 산림이 무성한 데서 비롯되는 것으로 산림관리와 녹화사업은 정치의 요체라고 주장했다. 또한 애국하자는 열 마디 말보다 한 포기 나무를 심어 정성껏 가꾸는 것이 참된 애국의 길임을 강조하면서 산림녹화를 애국심 함양, 정치안정, 근대화와 결부시켜 국민을 통제했다.

전 국민을 동원했지만 녹화는 더디기만 했다. 심는 만큼 효과를 보지 못했던 녹화사업은 연료재 대체사업이 안정되고 1973년 치산녹화사업이 실시

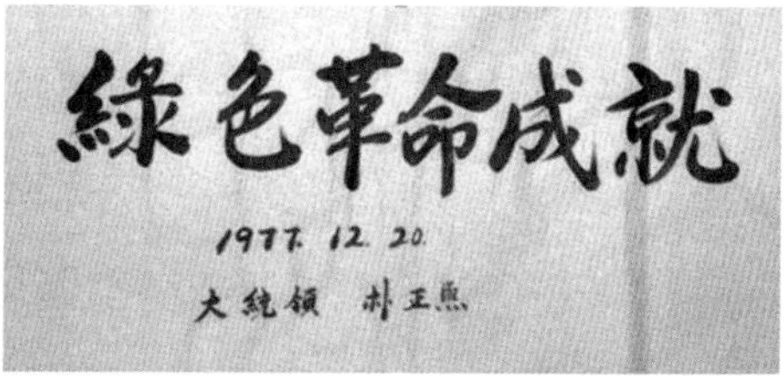

1970년대 산림녹화 포스터와 박정희 글씨
절대녹화, 녹색혁명이 절대명제였던 시절의 분위기를 알 수 있다.(국가기록원)

되면서 성과를 보이기 시작했다. 1972년 유신으로 대통령의 권한이 더욱 막강해지자, 1973년 연두 기자회견에서 박정희 대통령은 중화학공업정책 선언과 함께 "전 국토의 녹화를 위해 앞으로 10개년 계획을 수립해서, 80년대 초에 가서는 우리나라가 완전히 푸른 강산이 되어야 되겠습니다."라며 치산녹화 선언을 했다. 이는 전담부처인 산림청과의 사전 협의 없이 이루어졌고, 박정희 대통령은 단기간 녹화를 위해 강력한 행정력이 필요하다고 판단하여 산림청을 농림부에서 내무부 소속으로 이관했다.

내무부가 주관한 1973년의 치산녹화사업은 '푸른 유신'이라는 슬로건 아래 작전실을 방불케 하듯 일사분란하게 진행되었다. 조림수종은 용재수종에서 이태리포플러, 은수원사시나무 등 속성수·유실수로 바꾸고 산주뿐 아니라 온 국민이 묘목을 길러서 심고 가꾸는 범국민 조림으로 방향을 전환했다. 그리고 새마을운동과 연계하여 마을조림, 기관조림, 학교조림, 산주조림, 기업조림 등 다양한 단위에서 식수계획을 세워 추진했고, 조림과 농가소득 향상을 위해 새마을 양묘를 각 마을에서 담당하도록 했다. 이러한 과정은 빠른 행정력과 경찰력을 토대로 이루어졌고, 농촌재건, 푸른 산, 근대화로 연결되었다.

연료재 대체는 1950년대 중반 이후 화석연료 대체를 위해 무연탄 생산을 늘렸으며, 농림부는 도시지역으로의 임산연료 반입을 금지하고, 상대적으로 연료재의 압박이 덜한 농산촌에는 연료림을 조성하는 정책을 추진했다. 영암선, 태백선 등 석탄철도 시설이 확장됨에 따라 무연탄 생산은 급속히 증가했고, 교통이 편리하고 인구가 밀집된 도시지역부터 연료재의 대체가 이루어졌다. 특히 1960년대 도시 대부분의 가정으로 연탄 보급이 확대되었다.

1970년대 들어서면서 농촌지역도 서서히 석탄이 임산연료를 대체하기 시작했고, 1980년대 들어서면 취사용은 가스로, 난방용은 주로 석탄으로 대체되었다. 가정용 연료로 무연탄 사용이 늘어나면서 생계형 도벌이 줄어들었고, 녹화의 효과로 이어졌다. 연탄이 대도시를 비롯하여 1970년대 초 농촌까지 보급되면서 어느새 푸른 산이 되었다는 지적처럼 1970년대 가정용 연료재의 화석연료 대체는 산림녹화에 큰 영향을 미쳤다.

지속가능한 '푸른' 산의 성장을 꿈꾸며

산림녹화는 '성공'했다. 붉었던 산은 푸르러졌고, 홍수와 같은 자연재해는 줄어들었다. 대한민국은 세계에서 유례를 찾아볼 수 없을 정도로 산림녹화에 성공한 나라가 되었다. 경제개발과 더불어 푸르러진 산은 성장을 더욱 빛나게 했다. 모두들 '기적'이라고 했다. 그런 산림녹화가 지금 대한민국 임업의 발목을 잡고 있다. 무엇을 어떻게 심어야 할지보다 무조건 심는 것으로 대신했던 녹화사업은 빠른 성장을 이루었지만, 단기 속성, 보호, 절대녹화는 결과적으로 임업발전을 저해하는 결과를 초래했다. 산림은 장기사업이라 한번 잘못 심어 놓으면 수습이 힘들다. 절대녹화였지만, 지속가능성을 담보한 녹화가 아니었기 때문에 그 폐해가 곳곳에서 나타나고 있다. 나무는 노령화되었고, 다양성을 담보하지 못한 생태계는 우리의 경제개발처럼 획일화되었다.

임업은 좋은 종자를 골라 알맞은 땅에 심고 나무의 성질과 용도에 따라 기르다가 때가 되면 나무를 잘라 소득을 올리는 산업이다. 나무를 심어 얻고자 하는 목표가 무엇인지 이를 바탕으로 무엇을 심고 어떻게 관리해 나갈 것인가는 임업기술과 밀접히 연관되어 있다. 하지만 절대녹화가 함축하고 있듯이 당시는 산주가 어떤 나무를 심어야 할 것인가를 선택하기 이전에 정부와 국민이 주도가 되어 단기간에 나무를 심어 목표를 달성하려 했다. 정부는 산림의 70퍼센트를 소유한 대부분의 개인 산주가 산림을 관리할 만한 의지와 재원이 부족하다고 판단했고, 산주는 국가 주도의 녹화정책에 순응하면서 보조금에 의지했다. 그뿐만 아니라 일제강점기부터 이어져 온 영세한 사유림 구조는 해방 이후에도 개선되지 못하면서 임업경영 기반은 약화되었다.

지금은 지속가능한 성장을 담보한 '푸른' 산을 꿈꾸어야 할 때다. 생산력이 떨어진 산림을 갱신하고 나무의 연년 생장량을 고려한 목재 생산을 추구해야 한다. 그동안 속성수 위주의 빠른 조림을 하다 보니 나무의 질이 좋지 않았고, 경제적 가치가 낮아 산림의 생산성을 떨어뜨리는 경우가 적지 않았다. 목재의 부가가치를 높일 수 있는 낙엽송, 편백 등 경제림을 더욱 적극적으로 조성해 나가야 한다.

한편으로 지구 위기가 가속화되고 있다. 기후변화로 평균기온이 상승하면서 폭염, 한파, 집중호우, 가뭄 등 기상이변이 자주 발생하고 있다. 이상기후로 꿀벌이 점차 사라져 우리의 먹거리가 위협받고 있으며, 코로나와 같은 바이러스 위험도 일상화되었다. 우리 산림은 노령화가 진행되고 있어 온실가스 흡수원으로의 역할이 급격히 저하되고 있다. 나무는 자라면서 이산화탄소를 필요로 하지만 나이를 먹을수록 필요로 하는 이산화탄소는 적어진다. 이러한 기후변화와 위기에 대응하기 위해 노령목을 적절히 벌채하고 탄소중립과 생명다양성을 담보할 수 있는 산림을 조성하는 것이 중요하다. 무엇보다 전 국토의 70퍼센트에 이르는 산림을 제대로 활용하기 위해 지구적 관점에서 '녹색' 전환을 고민해야 한다. 지속가능한 성장과 환경, 공존을 염두에 두고 말이다.

강정원 _부산대 교수

자연재해에서 복합재난으로, 우리는 재난을 어떻게 마주해 왔나

고태우

과학기술과 토목공학의 발달로 재난이 극복될 것으로 믿었던 인류는 오히려 문명의 고도화와 지역 간 상호의존성 증대, 복잡한 사회구조의 형성으로 대형 재난의 위험 앞에 놓여 있다. 코로나19 팬데믹과 현재 보고 있는 지구촌 곳곳의 각종 재난은 안타깝게도 예전부터 진행되어 왔던, 그리고 앞으로 다가올 재난의 극히 일부분에 불과할 것이다. 인류가 만든 과학기술과 사회경제체제로 인하여 증폭된 기후위기와 생태계 파괴는 인류 자신은 물론 지구생태계 전체에 걷잡을 수 없는 재난을 일으키고 있다. 이러한 재난이 지난 100년간 한국에서는 어떻게 발생했고, 여기에 우리가 어떻게 대응해 갔는지를 조망해 보자.

재해대책의 '식민지성'

예로부터 동아시아에는 자연현상과 인간사를 인과관계로 해석한 천인감응론(天人感應論)에서 보듯 재해의 책임을 군주의 통치와 연결하고 그 대책

마련을 공적 집단이 해결해야 한다는 인식 아래 다양한 재해대책이 시행되었다. 일제 식민권력 역시 지배 목적의 달성과 통치 안정을 위해 여러 대책을 마련해야 했다. 일제는 조선의 산업구조 특성상, 본국으로의 안정적인 식량 조달을 위해서 홍수와 가뭄, 흉작 등으로 인한 농업 부문의 피해를 최소화할 필요가 있었고, 곤경에 빠진 이재민의 피해에 대처하면서 자신의 통치력을 증명해야 했다. 곧 재해는 식민지 인민과 통치권력이 조우하는 장이었다.

식민권력의 대책사업은 자연재해마다 나름의 특성이 있어 각기 일정한 차이가 있지만 크게 이재민 구조 및 재해복구 차원의 응급구제사업, 재해예방대책으로 나눌 수 있다. 먼저 응급구제로서 이재민 구조사업은 재해지역 주민에게 곡식이나 현물을 직접 지급하는 것이다. 피해가 큰 지역에는 조세나 각종 공과금을 감면하는 경우가 있었다. 또 노약자나 환자 등 생계유지가 곤란한 극빈자에게 직접 식량을 급여하거나 종곡과 양식자금을 대부했다. 식민 당국은 풍수해로 파괴된 가옥이나 선박의 수리비용을 지원했고, 환자 치료와 전염병 예방을 위한 의료 구호도 진행했다. 학교 수업료 감면, 결식아동 급식, 학용품 급여가 이뤄지기도 했다.

다음으로 재해 시설 복구와 연관된 생업부조사업은 이재민 중 자금력이 없는 자에 대하여 자활의 기회를 주는 것이다. 토지개량사업과 도로 및 하천 수리 등의 토목사업, 철로 복구 등에 이재민을 동원하고 여기서 이재민이 획득한 공사 임금으로 구제의 취지를 살리겠다는 것이었다. 이와 함께 생업부조 차원에서 식민권력은 가마니 짜기, 죽세공품 만들기 등 부업을 장려했고, 관청에서 그 판로를 원조하는 사업을 진행했다. 이를 통해 이재민의 소득을 올린다는 계획이었다.

재해예방대책의 중심은 치산치수사업이었다. 여기에는 토사 붕괴를 막기 위한 사방사업과 조림사업, 하천 개수 등 토목사업이 포함되었다. 이 사업들은 생업부조 공사와 같은 맥락에서 이재민에 임금 획득의 기회를 제공하고자 추진되었다. 단, 기존 시설에 대한 사후 복구가 아닌 '예방'의 성격이 강한 것이었다. 이 밖에 가뭄대책으로 토지개량사업, 벼 품종개량, 보리 등의 대용작물 장려 등 농업기술 부문 사업도 진행되었다. 또한 1930년대 들어서는 풍수해 예방과 재해 대처 기구로서 수방단(水防團)이 설치되었고, 각 지방단체에서 흉년 대비 저축창고를 설립한다든가 재해기금을 조성하기도 하였다.

이렇게만 말하면 현해탄을 건너온 일본인들이 선의의 통치자로 보일지 모른다. 권력이 의도한 바를 따져 보면 '선의'는 아니었다. 우선 일제는 응급구제사업을 천황이 베푸는 '은혜'로 선전했다. 응급구제사업 중 이재민 구조사업의 자금은 국고와 지방비에서 조달되었지만, 임시은사금, 은사이재구조기금, 천황 등 일본 황실에 의한 하사금, 그리고 민간에서 모금된 의연금에서도 마련되었다. 임시은사금과 은사이재구조기금, 하사금 등은 '은사(恩賜)'라는 용어에서 보듯이 천황으로부터의 '시혜' 의미가 깃들어 있는 것이었다.

둘째, 식민권력은 이러한 직접 현금과 물품을 제공하는 구제사업 부문을 최소한으로 줄이려 했다. 노동능력이 없거나 주머니에 동전 한 푼 없는 노약자나 여성, 병약자 등에만 직접 현품을 배급하고, 그 외에는 개인의 노력을 통해 재해를 극복하라는 논리였다. 노동에 대한 강조는 식민지민에게 '근로관'을 주입하는 교화와 통제의 의도가 있었다. 총독부 관료들은 '구제

1925년 대홍수 당시 영등포 지역 피해
(출처: 井上勇夫 編, 『大京城龍山大洪水慘狀寫眞帖』, 1925.)

라고 말하면 게으른 백성을 양성할 염려가 있어 폐해가 생긴다'는 명분으로 자력갱생을 외쳤다. 이들의 의식에는 조선 지배를 합리화하는 이데올로기로서 조선에서의 정체·낙후성을 이미지화하려는 '조선인 나태론'이 자리 잡고 있었다. 다른 한편으로는 '일하지 않는 자여 먹지도 말라'는 자본주의 교의의 실현이기도 했다.

셋째, 식민권력은 재해복구사업을 통해 이재민들에게 일거리를 제공하며 구제 명분을 찾고, 이재민에게 최소한의 임금을 주면서 산업개발에 활용하는 등 '일석이조'를 노렸다. 이는 식민지 개발과 재해대책의 결합을 보여 주는 것이다. 재해토목공사나 개간사업은 일제의 조선 산업개발을 목적으로 하는 것이기도 했다. 이 과정에서 민간 자본가들(주로 일본인 자본)은 토목공사를 수주하여 이윤을 추구했다. 자본은 이윤만 남기면 되었기에 이재민의 현실은 등한시하는 경우가 많았다. 이 과정에서 노동의 대가이자 구제 명분으로 지급될 매우 빈약한 임금마저도 제때 이재민 손에 들어가지 않는 일이

비일비재했다. 곧 당시 재해대책에는 통치권력과 자본권력의 이익 추구 성격이 다분했다.

'전통'의 경로의존성

이러한 재해대책의 '식민지성'과 함께 또 하나 주목할 부분이 있다. 전통시대 이래로 시행된 재해대책이 식민지시기에 미친 영향력이다. 전통과 식민지는 얼핏 어울릴 것 같지 않지만, 식민권력이 추진한 각종 재해대책사업은 왕조국가가 행한 진휼·황정(荒政), 곧 재해대책을 변용한 모습을 보인다. 식민지에서의 재해대책은 재해실태 조사, 현물·금품의 배급, 종곡 대부, 대용작 장려, 조세 감면, 창고(조선시대에는 의창·사창, 일제하에서는 비황창고 등)의 설치, 의료 구호, 예방대책으로서 토목공사 시행 등 많은 부문이 왕조국가 조선에서의 그것과 중복된다. 사실 이재민의 처지를 개선하거나 회복시킨다는 차원에서 전통과 근대는 합치될 바가 많았다.

'전통'은 현상적인 유사성에만 그치지 않고, 성격에서도 일정한 영향력을 발휘했다. 첫째, 국왕의 '은혜'를 강조했던 흐름이 두 시기 모두 등장한다. 식민지라는 사실을 잠시 내려놓으면 천황의 이재민에 대한 '시혜', 다시 말해 국왕의 은혜를 강조하는 흐름은 조선시대 내탕금을 이재민에게 분급하는 과정에서 이미 연출된 것이다. 대한제국 시기에도 구휼기관 혜민원(惠民院)은 진휼과 함께 '은혜로운' 고종의 이미지를 보여 주는 홍보 기능도 담당했다. 둘째, 정부가 직접 구제하는 대상을 제한하고 노동을 통한 자활을 강조했던 모습은 조선시대에도 찾을 수 있다. 일제 식민지시기에 직접 구조할 대상을 지칭했던 상투어인 '환과고독(鰥寡孤独: 홀아비와 과부, 고아, 자식 없는 노인 등 외롭고 의지할 곳 없는 사람을 의미)'은 《맹자》에 등장하는 유래 깊은 표현이다. 물론 전통시대에 유교의 왕도정치가 표방된 것에 비해 식민지시기 노동윤리의 강조는 식민통치의 합리화, 자본주의사회에 걸맞은 노동자로의 탈바꿈 의도가 강했던 점에서 차이가 있다. 그러나 표현의 유사성과 그 변용에 주목하고 싶다. 셋째, 지배권력이 토목공사에 이재민을 동원해 구제 및 재해복구사업을 동시에 추진하는 시도는 동아시아 사회에서 공통된 것이었다. 조선 후기에는 구휼을 겸해 굶주리는 백성을 제언 수축과 같은 토목공사에 동원하는 일들이 있었고, 이러한 방식은 중국과 일본에서도 예외가 아니었다.

식민권력도 통치를 위해서는 식민화 이전의 전통적 요소들을 간과할 수 없었고, 또 이를 접합해 갈 필요가 있었을 것이다. 일종의 경로의존성이 발현한 것이라 할 수 있을까. 전통은 근대를 낳은 씨앗이었고, 근대는 '전통'을 창출하거나 변용해 갔다.

동포애가 동반된 자선·기부문화와 식민권력의 억압

식민권력은 친척과 지주, 지역공동체의 이재민 구제를 권장하는 등 조선 재래의 '관습'을 선전하고, 사회로부터 걷힌 의연금을 직접구제 부문의 비용으로 충당하기도 하였다. 이는 물론 직접구조의 최소화 방침의 이면이자 통치 부담을 민에 전가하는 것이었다. 그럼에도 당시 조선 사회에서는 부자들이 도덕성을 갖추고, 그들이 빈민구제와 자선의 주체가 될 것을 요구하는 주장이 지속적으로 제기되고 있었다. 사회는 빈민들에게 "따뜻한 밥 한 그릇을 주어야 할 의무가 있"으며, 부자의 임무 가운데 하나가 "궁민(窮民: 생활이 어렵고 궁한 민)에게 그 부의 일부를 희사하는 것"이라 했다(《동아일보》 1932년 6월 13일). 실제로 지주나 부호가 기부와 자선에 동참했을 때, 이는 지역에서 칭송거리가 되고 송덕비가 세워지기도 했다. 그러나 칭송의 이면에는 그렇지 않았을 때 비난의 화살을 받을 수 있는 측면도 있었다. 1923년 강원 홍천 주민들은 주사인 부호 이용균과 도평의원 이두용을 "사회사업이나 친척 구조에 냉정"하여 '개 주사(主事)와 돼지 평의원(評議員)'으로 부르기도 했다(《개벽》 1923년 12월호, 통권 42호). '인보상조' 또는 '관습'의 활용 및 그 필요성은 식민권력뿐만 아니라 조선 사회에서도 함께 제기되었던 것이다.

이를 기부와 자선에 대한 바람이라고 할 수 있을 것이다. 그러한 심리는 조선 사회 일반에 존재하였고, 실제 자선과 기부, 의연활동이 광범위하게 벌어지고 있었다. 일종의 기부문화, 자선문화가 형성되었다.

풍수해와 한해 등 재해에 대응하여 조선 각지에서는 활발한 기부, 의연활동이 벌어졌다. 참가자는 계층과 연령, 성별에서 뚜렷한 구별을 발견하기 어려울 정도로 광범위했다. 남녀노소를 가리지 않았으며, 지역 자산가나 유력자뿐만 아니라 소작농민과 빈민층, 장애인, 고학생, 기생 등도 참여했다. 심지어 재해지역의 이재민이 가담하기도 하였다. 재해 때 각 언론에서 집계·보도한 의연금 모금 명단을 보면 당시로서는 거금인 수백 원 이상을 기탁한 인물도 더러 있었지만, 1원 이하의 현금이나 쌀 한 말 내외의 물품을 기부한 무수히 많은 인물이 확인된다. 이러한 상황은 곧 조선 사회에서 일종의 기부·자선문화가 형성되었다는 사실을 암시한다.

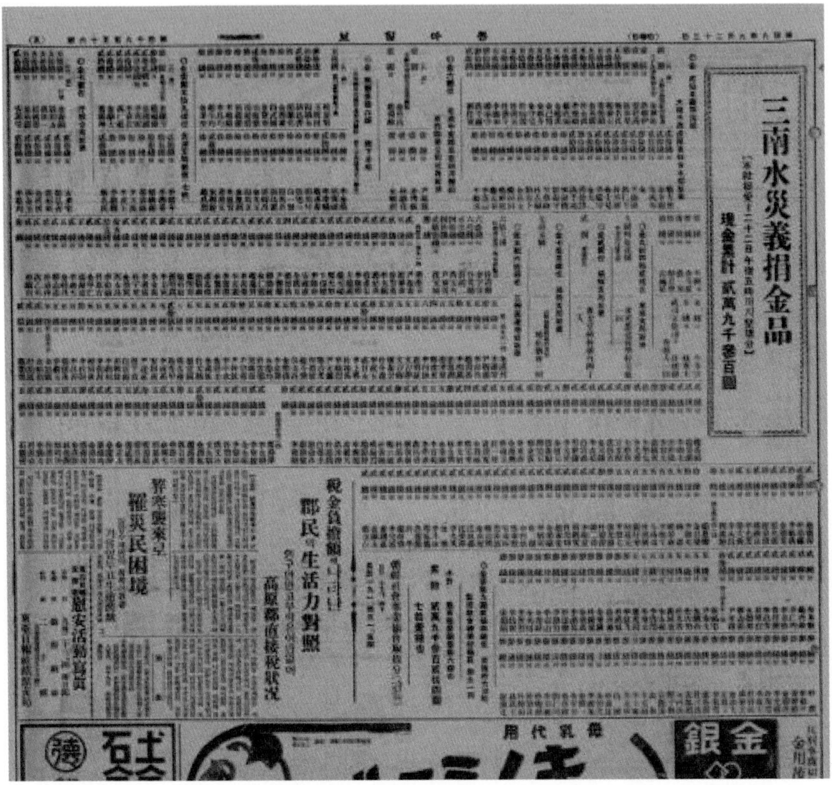
三南水災義捐金品

現金累計 貳萬九千壹百圓

郡民의 生活力對照

《동아일보》 조간에 실린 1934년 삼남지역 수해 의연금품 모금 명단의 하나(1934년 9월 23일 조간 5면)
각지에서 접수된 빽빽하게 적힌 인명과 금품명을 확인할 수 있다.
(출처: 네이버 뉴스라이브러리)

지역에 따라서는 청년회나 신문사 지국, 지역 유지가 주축이 되어 구제회나 자선회를 설립해 의연금 모금 운동을 벌였다. 모금 독려를 위해 호별 방문이나 여러 선전 활동, 연설회라든가 활동극회, 자선음악회 등도 활용되었다. 이러한 활동은 지역 유지나 자선단체가 자체적으로 진행하기도, 한편으로는 군·면 등 지방관청과 연계되면서 이뤄지기도 하였다. 재해 규모가 클

때 이재지역이 아닌 다른 지역에서 별도의 구제회가 결성되어 전국적인 모금 및 구제 활동이 전개되는 경우도 많았다.

기부·자선문화는 근대적인 현상이었다. 조선시대의 교통과 통신 문제 등으로 인한 지역적 한계를 뛰어넘으며 전국적으로 '회'가 결성된 점, 신분과 계층을 불문한 기부가 행해진 점에서 그러하다. 보기로 1934년 조선 남부 대수해 당시 동아일보 대구지국의 의연금 모금을 위한 수해사진회를 본 열한 살의 보통학교 4학년 학생은 86전을 기부하며 인터뷰하기를, 신문을 보고 각지에 물난리가 많이 난 것을 보고 놀랐는데, 공회당에서 수해 사진을 구경하니 불쌍하고 눈물이 났다고 한다(《동아일보》 1934년 8월 2일). 소년은 신문이라는 미디어를 통해 타지 소식을 접하고 공회당에서 사진회를 보며 동정심에 기부했다. 기부·자선의 전국화는 신문, 잡지 등 출판물과 미디어의 힘을 배경으로 했던 것이다.

이 문화는 재해 때마다 '형제애'나 '동포애' 등 민족담론이나 '인류애' 등의 담론으로 유포되었고, 실질적인 이재와 구제의 경험을 통해 확대되었다. 또 이는 각 개인의 사회적 상상력을 발휘하게 했다. 보기로 경성부 도화동과 시흥군 잠실(오늘날 서울의 도화동과 잠실) 주민들은 을축년(1925년) 대홍수 당시 조선 각지로부터 많은 동정을 받았다. 이러한 체험은 1934년 대홍수 때 삼남지역 이재민을 위해 하나로 협력하여 의연금을 모금하는 동력이 되었다(《동아일보》 1934년 8월 9일). 이름도 얼굴도 알지 못하는 사람들로부터 도움을 받은 경험을 통해 도화동 주민과 잠실 주민들은 자신들의 사회적 환경을 상상하고, '동포사회' 속에서 조화를 이루어 가고자 했다.

이재민과 지역민들이 중심이 된 구제 활동, 자선 행위는 식민권력이 행하는 재해대책의 한계에 일정한 '대안'을 마련해 가는 과정으로 발전하기도 하였다. 예를 들어 1924년 조직된 조선기근구제회는 식민당국이 아닌 조선인이 직접 조선의 가뭄 상황을 조사하고, 여러 단체를 망라하여 대책을 마련한 단체였다. 구제회는 집행위원을 선정하고 여러 방안을 정해 실행하는 한편, 당국에 대해서는 이재민에 대한 자금 융통, 구제공사, 이재민에 대한 최저한도의 생활 보장 등을 요구했다. 조선총독부는 1924년 연말에 가서야 재해예산을 확보하고 대책 방안을 제시했는데, 그 이전부터 구제회는 당국에 압박을 가하고 식민권력이 대처하지 못하는 빈틈을 메우고자 하였다.

식민당국은 조선인 사회가 재해 구제 활동을 활발히 하면서 민족 감정을 불러일으키는 상황을 우려하고, 그 활동을 통제하려 했다. 위의 조선기근구제회 활동에 대하여 경찰은 강연회 중지, 연설회 불허 등을 명령하며 방해공작을 펼쳤다. 1930년에는 좌우합작 단체인 신간회도 가담하여 조직된 전조선수해구제회가 기부 활동 허가원을 제출했으나 당국이 거절했다. 그러면서 관변단체인 조선사회사업협회를 통해 모금운동을 통제하려 했다. 활동 양상이 '불온'하고 민족성이 발현될 여지가 있다고 여길 때, 식민권력은 기부·자선 활동을 제약하고 때로는 조직을 해산하기도 하였다. 그 과정에서 재해에 대한 조선인 사회의 자율성은 훼손될 수밖에 없었다. 1930년대 이후에도 재난 시 의연금 모금 등 자선·기부 활동이 이어졌지만, 식민권력은 조선인이 집단적으로 전개하는 모금 활동을 통제하고자 했다. 이에 조선인 사회의 자선·기부문화도 점차 위축되었다.

해방 한국의 재난 연대기

식민지시기에는 재해와 재난에 대처하는 법령이 미비했다. 해방된 뒤에야 비로소 한국에서 자연재해와 사회재난에 관한 법령이 마련되기 시작했다. 재난 관련 법령의 제정과 개정 과정은 한국 사회의 재난에 관한 인식 변화와 맞닿아 있다.

1948년 대한민국 정부가 수립하면서 내무부 산하 치안국 소방과에서 화재 업무를 담당했고, 건설국 아래 이수과는 치수사업과 하천 관리 등을 맡으면서 풍수해에 대처하는 부서가 되었다. 1958년 3월 〈소방법〉이 제정되면서 화재와 풍수 재해 또는 설해(雪害)를 예방하고 경계하기 위한 법령이 마련되었다. 소방법은 풍수와 설해를 예방하기 위한 목적도 있었지만, 주로 화재 예방과 소화(消火)를 위한 성격이 강했다. 그러나 이러한 방재 부서와 법령이 설정되었더라도 1950년대 대규모 풍수해가 발생하면 국제 원조와 국민 성금에 복구 재원을 의존할 정도로 정부의 재난 대응 수준은 취약했다.

1959년 9월 태풍 사라가 다녀간 뒤 제주도와 남부, 영동 지방에 사망자 750명, 부상자 2,533명, 선박과 주택 파손, 농경지 유실 등 큰 피해가 발생했다. 당시 부산 지역마저 육상 및 해상교통과 전신전화가 끊기며 고립되었다. 이렇게 피해가 크게 발생한 데에는 당시로서 최대 규모의 태풍이라는 '천재지변'의 성격이 있었지만, 인재의 성격도 컸다. 중앙관상대(오늘날 기상청)가 태풍이 '한반도에 상륙하지 않을 것'이라고 오보한 점, 당시 한반도가 산림 황폐화로 인해 풍수해에 매우 취약한 환경이었던 점, 전후 복구 예산의 상당수를 원조에 의존하던 상태에서 재해대책에 예산 여력을 쏟을 수 없었던 재정적 상황 등이 복합된 인재였다.

1960년대는 재해대책에 관한 제도화가 이뤄지는 시기였다. 1961년 경제기획원 아래에 국토건설청이 설치되면서 내무부 담당의 재해대책 업무를 이관받았고, 이듬해 국토건설청이 건설부로 확대 개편되면서 하천 정비 업무도 본격화하였다. 하천 정비 차원에서 제방 축조 등 하수 피해를 예방하고 하천 사용의 이익을 증진하기 위한 법률로써 1961년 〈하천법〉이 제정되었다. 같은 해 식민지시기에 만들어진 〈조선수난구호령〉이 폐지되고 조난선박과 인명 구호 등 제반 사항을 정비한 〈수난구호법〉이 시행되었다. 1962년 3월에는 풍수해와 한해, 화재 등 재해를 긴급 복구하고 이재민을 보호하기 위한 목적으로 〈재해구호법〉이 제정되었다. 이어 1967년 2월에 〈풍수해대책법〉이 제정되면서 재해대책을 체계적으로 추진할 기반이 마련되었다. 이 법률에서는 정부가 국토건설종합계획법에 따라 방재에 관한 기본계획을 수립하도록 했고, 재해가 발생할 때 국무총리 소속 재해대책본부를 설치하도록 했다. 특히 제2조에서 '재해'를 "홍수·호우·폭설·폭풍 또는 해일 기타 이에 준하는 자연현상으로 인하여 발생하는 피해"로 정의함으로써 재해에 대한 최초의 법률적 정의가 내려졌다. 그러나 이때 재해의 정의는 자연재해에 국한된 것이었다.

재해대책의 제도화에도 불구하고 가뭄과 홍수 등 재해는 연례행사였다. 1961년 남원과 영주 일대 수해, 1962년 순천 수해, 1964년과 1965년 중부지방의 집중호우, 1967년과 1968년의 가뭄, 1969년 7월과 9월의 호우 피해 등이 대표적이다. 1960년대까지도 전국의 산림이 황폐화하여 집중호우에 취약했고, 긴급 구호는 건빵이나 담요 같은 구호물자를 나눠 주는 정도에 그쳤다. 정부 당국은 매년 다가오는 자연재해를 불가항력이라고 해명하기

1968년 가뭄 당시 전남 지역 식수 공급
(출처: 국가기록원 소장, 《전남 지구 한해》(관리번호: CET0066934))

에 급급했으며 재해대책은 임기응변에 그치면서 종합적인 예방대책이 시행되지 못했다. 1967년 풍수해대책법 시행 이후 1968년 최초로 정부에 의한 방재기본계획이 수립되었으나 부족한 재정은 그 계획 수행에 걸림돌이 되었다.

1970년대는 치수사업이 본격적으로 진행되었다. 1972년부터 시작된 제1차 국토종합개발계획의 일환으로 한강과 낙동강, 금강, 영산강 유역을 중심으로 한 4대강유역종합개발이 실시되었다. 정부는 4대강 유역에 치산사업과 다목적댐 착공, 관개시설 개선 등을 전개하며 가뭄과 홍수 방지, 농업 및 공업용수의 공급을 꾀했고, 이후 자연재해 방지와 용수 공급에서 일정한 효과를 보았다. 그러나 한편으로 대규모 댐과 하구둑 건설은 주변 지역의 환경문제를 발생시키기도 하였다.

이 시기는 1972년 집중호우 등 이상기상이 동반하는 자연재해가 계속되면서도, 한편으로 붕괴와 화재 등 대규모 인적 재난이 사회문제로 대두한 시대였다. 1970년 4월 8일, 서울 마포구 창천동에서, 지어진 지 넉 달도 채 안 된 와우아파트가 붕괴되었다. 헐가의 시공비로 진행한 부실공사, '불도저 시장' 김현옥의 무리한 시민아파트 건설 추진, 서울시의 관리·감독 부실, 마포구청 공무원의 비리 등이 복합적으로 작용한 결과였다. 1971년 12월 25일 성탄절에는 서울 대연각 호텔의 화재로 사망자 163명, 부상자 63명이 발생하면서 건축 화재 역사상 가장 큰 인명 피해를 기록했다. 이 화재는 유명한 재난영화 '타워링'의 모티브가 되는 등 불미스러운 사고였다. 건물 내부에 비상계단이나 스프링클러, 방화벽 등 소방시설이 마련되지 않았고, 허가된 20층을 초과해 1층을 더 올린 뒤 〈건축법〉이 완화되자 준공검사를 받는 등 문제가 있었다. 한편, 1972년과 1974, 1975년 서울 청량리의 대왕코너에서 연달아 화재가 일어났다. 1974년 2차 화재 후 여러 문제점이 드러났다. 불이 난 6~7층이 불법으로 증축되었고, 이 가운데 나이트클럽은 실내장식이 대부분 가연성물질로 이뤄져서 소방본부의 준공검사를 받지 못했는데도 무리하게 영업을 해 왔고, 대왕코너에 소방시설을 갖추라는 행정명령이 있었으나 개선되지 않았다. 연이은 화재의 배경에는 판자촌 철거와 도시미화를 명분으로 설계와 시공을 '속도전'으로 몰아붙이며 안전시설을 제대로 갖추지 못하게 만든 박정희 정부 시기 개발정책의 문제가 있었다.

이 밖에 1970년 12월 15일 서귀포에서 부산을 향하던 남영호가 침몰하여 326명이 사망 또는 실종한 사고, 1977년 11월 11일 이리역에서 정차하던 화약열차가 폭발하여 1,402명(사망 59명, 중상 185명, 경상 1,158명)의 인명 피해와 7,591동의 건물 파손이 일어난 사고가 이 시기 대표적인 인적 재난이었다. 남영호 사고는 화물의 과적 문제에서 시작하여 남영호의 구조 요청에 대한 정부의 늑장 대처가 큰 피해의 원인이 되었다. 이리역 폭발 사고는 한국화약주식회사 호송원이 화기 취급에 미흡했고, 위험물을 역 구내에 대기시키지 않고 곧바로 목적지까지 통과시켜야 하는 원칙을 무시한 철도청의 소홀함이 빚어낸 사고였다.

1980년대는 1970년대 이후 급속한 경제개발 과정에서 재해 방지 개념을 도외시하면서 여러 대형 토지개발 사업이 진행된 데다가, 대규모 태풍이 상륙하고 집중호우가 발생함으로써 풍수해 피해가 잦았던 시기였다. 1970년대부터 추진하던 치수사업이 계속되었고, 충주댐을 비롯한 5개의 다목적댐이 건설되었다. 제2차 국토종합개발계획(1982~1991년) 추진과 함께 하천개수 및 연안개발사업, 각종 펌프장 설치 등도 이뤄졌다. 그러나 개발사업이 확대되면서 피해 규모도 대형화하였다. 각 지역의 수해 방재시설의 수용 범위를 초과하는 집중호우가 전국에 걸쳐 발생하면서 피해는 계속되었다. 서울의 강변북로와 올림픽도로처럼 하천 둔치를 활용한 도로 건설이 늘어나면서 홍수 때 도로가 침수되는 피해도 발생했다.

이 시기 대표적인 재난 사례로는 1984년 대홍수, 1987년 태풍 셀마에 의한 피해 등을 꼽을 수 있다. 1984년 8월 31일부터 9월 3일까지 전국에 집중호우가 있었고, 특히 한강수계에서 큰 피해가 발생했다. 사망과 실종 189명, 이재민 35만 명 이상이라는 피해가 발생했다. 이 피해에 대하여 당시 북한의 구호 물품이 서울에 도착하기도 했다. 9월 8일 북한적십자회가 구호품 제공을 제의하자 대한적십자사에서 수락하면서 이뤄졌다.

위험사회로의 진입, 사회재난에 관한 제도 정비

독일의 사회학자 울리히 벡은 체르노빌 원전 사고를 보고, 합리성에 기초한 현대 과학기술문명 자체가 위험을 생산하고 있다는 점을 지적하며, 현대사회를 '위험사회'로 볼 것을 제안한 바 있다. 한국의 경우 1990년대 들어 '압축적 근대화'의 문제가 누적되며 연이어 발생한 대형 재난은 위험사회로의 진입을 보여 주는 상징과 같다. 고속성장으로 생활수준은 향상되었지만, 안전을 방기한 채 이윤을 추구하고 수출지향의 외형을 키우는 데 몰두한 경제구조, 독재정권 아래에서 만연한 부정부패 및 소통의 부족은 각종 위험을 축적하면서 산업재해와 환경 파괴, 대형 참사로 이어졌다.

이 시기 발생한 대형 재난은 한국사회에 큰 충격을 일으켰다. 대표적인 사건만 언급하면, 1992년 3~4월 낙동강 페놀 유출 오염, 같은 해 7월 신행주대교 붕괴, 1993년 1월 청주 우암상가 아파트 붕괴, 같은 해 3월 구포역 열차 전복, 7월 목포 아시아나항공기 추락, 10월 서해훼리호 침몰, 1994년 10월 서울 성수대교 붕괴, 같은 해 12월 아현동 가스 폭발, 1995년 4월 대구 상인동 지하철공사장 가스 폭발, 같은 해 6월 삼풍백화점 붕괴, 7월 광양만 씨프린스호 침몰, 1999년 6월 화성 씨랜드 청소년수련원 화재 등 무수한 재

삼풍백화점 붕괴 현장
(출처: 국가기록원 소장, 《삼풍백화점 붕괴사고 현장》, 관리번호: DET0051975)

난사건이 발생했다. 참사의 원인은 조금씩 다르지만, 상당수는 부실시공 등 안전보다 이윤 추구를 우선시한 행위, 정부 당국의 관리 감독 소홀과 비리가 얽힌 사회재난이었다. 또한 항공기, 열차, 도시가스 등 근대화와 과학기술문명의 상징 자체가 '위험'을 생산하는 모습을 여실히 보여 준다.

특히 성수대교와 삼풍백화점 붕괴는 1970년대 와우아파트 붕괴, 대왕코너 화재에서 보던 문제가 여전히 해결되지 않았음을 보여 준다. 성수대교는 건설된 지 15년 만에 붕괴한 것으로, 건설사의 부실공사와 감리 공무원의 부실감사, 정부의 안전감사 미흡 등 한국사회의 부정부패가 결합한 참사였다. 성수대교의 붕괴 이후 정부는 한강 교량에 대한 전면 점검을 실시했고,

이후 당산철교 등 일부 교량에서 문제를 발견하여 보수공사를 진행했다.

삼풍백화점 붕괴도 부정과 비리로 인한 인적 재난의 대표 사례이다. 백화점 부지는 본래 상업용이 아닌 주거용지로 계획되어 시공 당시 건축허가를 받지 못하자, 건설회사가 뇌물을 써서 부지 용도를 변경한 뒤 백화점을 건설했다. 또한, 1987년 설계 당시 삼풍백화점은 삼풍아파트의 종합상가로 설계되었는데, 삼풍건설산업은 이를 무리하게 백화점으로 변경하여 공사를 강행했으며, 건설과정에서도 자재를 줄여 공사비를 착복했다. 또한 본래 4층까지 설계된 것을 무리하게 5층으로 확장했고, 더구나 5층을 하중이 많이 필요한 식당으로 활용했다. 부정과 비리로 얼룩진 삼풍백화점 건설은 508명의 사망 및 실종자가 발생한 최악의 건축사고로 귀결되었다.

성수대교 붕괴 사고 이후 정부는 시설물의 안전 점검과 유지관리를 통해 재해를 예방하고자 1995년 1월 〈시설물의 안전관리에 관한 특별법〉을, 1995년 7월에는 인적 재난에 대한 국가와 지방단체의 대응 및 관리 강화를 위해 〈재난관리법〉을 제정했다. 특히 재난관리법 제정은 화재와 폭발, 붕괴 등 자연재해를 제외한 모든 사고를 적용 대상으로 함으로써 인적 재난에 대한 재난관리 체계를 구축한 의미가 있다. 사회재난이 재난관리의 법적 대상에 포함됨으로써 기존 자연재해 중심의 재난관리정책이 자연 및 인적 재난 모두를 포괄하는 정책으로 확대되었다.

사회재난과 함께 자연재해도 계속 이어졌다. 도시화와 산업화가 진전되었으나 안전에 대한 대응은 취약한 가운데 세계적인 기상이변 현상으로 자연재해가 빈발했다. 이에 1995년 12월 기존의 〈풍수해대책법〉을 대신하는 〈자연재해대책법〉이 제정되어, 자연재해 범위에 지진과 가뭄이 추가되고,

재해에 영향을 미칠 대규모 개발계획에는 재해영향평가를 먼저 시행하도록 했다. 또한 지자체는 매년 지방세의 일부를 재해대책기금으로 적립할 수 있도록 하여 재난 상황에 대처했다. 이 법은 2002년 일부 개정되어 재해가 극심한 지역을 대통령이 특별재해지역으로 선포하여 국가가 재해구호 및 복구를 지원할 수 있도록 했다.

〈재난관리법〉과 〈자연재해대책법〉 등 재난 관련 제도가 정비되었지만, 2000년대 들어서도 각종 재난은 끊이지 않았다. 2002년 태풍 루사와 2003년 태풍 매미로 인한 재산 피해는 각각 6조, 4조 원 이상에 달할 정도로 역대 최대의 태풍 피해를 보았다. 2003년 2월에는 대구 지하철 중앙로역 방화 사건과 그에 대한 조치 미비로 인하여 사망자 192명, 부상자 151명의 인명 피해가 발생하는 참사를 겪었다. 연이은 재난은 더욱 총체적인 재난관리가 필요함을 일깨워 주었고, 2004년 3월 〈재난 및 안전관리 기본법〉(이하 〈재난안전법〉) 제정, 같은 해 6월 소방방재청(2023년 현재 소방청)의 출범으로 이어졌다. 〈재난관리법〉을 대체한 〈재난안전법〉은 재난 예방과 재난 발생 시 그 피해의 최소화를 국가와 지자체의 기본 의무로 명시하고, 자연적 원인에 따른 자연재해와 인위적 원인에 따른 사회재난 모두를 포괄하는 법령이다. 그리고 이 법률에 근거하여 2004년 국가안전관리기본계획이 수립되었다. 소방방재청 신설은 한국 최초의 국가 재난관리 전담 기구의 출범을 의미하며, 통합적 재난관리의 토대를 마련하고자 한 조치이다.

그러나 2014년 4월 세월호 침몰 참사가 발생한 뒤 정부의 재난대응시스템 부재가 노출되었다. 이에 개별 부처에 분산되어 있던 재난 대응 및 안전 기능을 통합한 국민안전처가 2014년 11월 설치되었다. 이후 문재인 정부의

침몰하는 세월호
(출처: 《연합뉴스》 2014년 4월 21일, https://www.yna.co.kr/news/view/AKR20140422094300004)

조직 개편 과정에서 국민안전처는 행정안전부에 통합되었으며, 소방청과 해양경찰청은 각각 행정안전부와 해양수산부의 외청으로 독립했다.

세월호 참사로 인하여 탑승객 476명 중 304명이 사망·실종했다. 선박업계 이윤 확보를 위한 이명박 정부의 선박 제한 연령 규제 완화, 악천후 속 무리한 출항, 수화물 과적, 무리한 변침으로 인한 복원력 상실, 정부의 선박 지도 감독 소홀, 사고 초기 선체 내 승객 방치 등의 대응 문제, 해양경찰 등 박근혜 정부의 초동대응 미숙 등이 복합적으로 작용한 참사였다. 이에 많은 시민이 분개하며 국가의 존재 이유를 묻는 계기가 되었다.

복합재난의 시대를 어떻게 살아가야 할까?

각종 재난과 참사가 있을 때마다 법과 제도, 재난 기구의 정비가 있었다. 현재 정부의 각 부처가 관리하는 재난 및 안전 관련 법률도 수십 개에 달하고, 위기 대응 매뉴얼은 수백 개를 헤아릴 것이다. 그럼에도 재난은 끊이지 않고 오히려 대형화하는 추세에 있다. 이는 과학기술의 발달과 과밀화·복잡화한 도시화, 무절제한 환경 파괴 등 현대사회에 구조적으로 내재한 위험이 증폭되는 '위험사회'로서의 특징이 반영되어 있기 때문이다. 게다가 한국에는 안전보다 이윤을 우선시하는 성장과 개발 중심의 경제 질서가 강하게 자리 잡고 있다. 이러한 상황에서 대규모 개인정보 유출과 해킹, 테러, 금융위기, 팬데믹 감염병, 기후위기, 플라스틱 폐기물 범람, 미세먼지, 통신망 사고 등의 새로운 현상이 재난으로 다가오고 있다.

이러한 신종재난은 복합재난으로서의 형태를 보인다. 복합재난은 두 가지 이상의 재난이 동시에 또는 연쇄적으로 발생하거나 결합하여 일어난 현상을 의미한다. 2011년 동일본대지진은 쓰나미를 동반하면서 후쿠시마 핵발전소의 폭발과 방사성 물질 누출, 수많은 희생자와 피난민 발생, 재산 피해를 초래했다. 자연재해와 과학기술문명의 위험성이 결합한 복합재난의 대표 사례다. 코로나19 팬데믹도 신종 바이러스 접촉과 확산이 인간의 생태계 파괴, 무역과 여행·교류의 글로벌화 속에서 발생한 복합재난이라고 할 수 있다. 탄소 배출 등 인간의 활동으로 촉진된 기후변화는 대규모 홍수와 국지성 집중호우, 대가뭄, 폭염, 대형 산불, 해수면 상승과 해안 침식으로 이어지고, 인간사회의 대응 문제와 결합하면서 심각한 위기를 초래하는 복합재난의 특징이 있다.

21세기 한국에서도 이러한 신종재난, 복합재난이 초국가적인 형태로 등장했다. 2000년대 들어 기후변화와 동반된 대형재해가 두드러졌다. 2002년 태풍 루사, 2003년 태풍 매미로 인한 대규모 피해 이래로 국지성 집중호우와 폭염, 폭설, 가뭄, 대형 산불 등은 연례행사가 되었고, 이는 기후변화 상황에 따라 더욱 심각해질 전망이다. 전 세계적인 감염병 유행은 한국에서도 예외일 수 없었다. 2004년 급성호흡기감염증(SARS), 2009년 신종인플루엔자, 2015년 메르스, 2019년 이후 코로나19, 여러 차례의 구제역과 조류독감(AI) 등이 그것이며, 신종 감염병은 앞으로도 계속 등장할 것이다. 기후위기에 따른 이상기상 현상, 팬데믹 감염병을 비롯하여 발암물질을 동반한 황사와 미세먼지, 해킹과 금융사기 등을 동반한 사이버 범죄 등은 모두 초국가적인 성격을 지니고 있어 국제적인 대응이 필요한 상황이다.

복합재난, 신종재난에 우리는 어떻게 대처해야 할까? 먼저 재난으로부터의 회복력(resilience)을 중시하는 대책이 필요하다. 현대의 재난이 사회구조적이고 복합적인 원인에서 일어나는 상황에서 현실적으로 재난 자체를 원천 봉쇄할 수는 없으므로, 재난을 예방하는 노력과 함께 재난으로 인한 충격으로부터 회복하고 재도약할 수 있는 사회적 능력을 기르는 것이 필요하다. 이를 위해서는 사회 안전망의 구축과 함께 재난을 둘러싼 공동체적인 연대감의 형성이 중요하다. 동포애에 입각한 식민지기 자선문화에서 보듯이, 2007년 충남 태안 삼성1호-허베이 스피리트호 원유 유출사고 때 수많은 자원봉사자가 나선 것에서 보듯이 한국 사회에는 재난 때 서로 연대하는 문화가 존재해 왔다. 반면, 세월호 참사 때 일간베스트 저장소 커뮤니티 회원들의 폭식 투쟁 등 일각에서는 사회적 약자에 대한 혐오 현상도 대두하고 있다. 혐오를 넘어 재난 속 연대의 문화를 어떻게 만들어 갈 것인지에 관한 깊은 성찰이 요구된다.

둘째, 재난 불평등의 심화를 막을 수 있는 대책이 필요하다. 폭염과 감염병에 노약자들이 취약하고 반지하에 사는 주민이 침수 피해를 볼 확률이 높은 것처럼, 재난에 노출되거나 대응할 수 있는 역량은 개인의 사회경제적 위치에 따라 차이가 크다. 원청과 하청 노동자 간 산업재해 위험에 노출되는 격차도 심하다. 위험을 예방하고 재난 상황에서 발생할 불평등을 완화할 포용적인 재난관리가 요구된다.

셋째, 국가와 자본, 개개인 사이의 민주적인 의사소통 구조를 만들어야 할 것이다. 독재정권 시절 위험이 생산될 수 있는 국가 관료가 내린 결정을 시민들이 모르는 경우가 많았고, 억압적인 정치구조 속에서 재난은 공론장의 의제가 되기 어려웠다. 1990년대 이후 시민의 참여의식이 증대하면서 재난과 재난 수습 과정은 정치적인 의제가 되었으나, 세월호 참사나 가습기 살균제 참사, 2022년의 이태원 참사에서 보듯이 국가권력은 책임 소재를 회피하기 위해 정보를 공유하지 않고, 오히려 문제를 제기하는 유족과 시민사회를 탄압했다. 화학물질 유출 및 폭발 같은 재난사고를 일으킨 기업이 영업 비밀을 들먹이며 조사를 회피하거나 방해하는 일도 비일비재하다. 재난 정보를 둘러싼 민주적이고 개방적인 소통 구조가 만들어질 때 재난에 대한 책임 규명, 재난에 대한 공통의 사회적 기억을 만들 수 있다.

넷째, 근본적으로는 성장과 이윤 추구 중심의 자본주의 체제를 개혁하고 생태적으로 지속가능한 세상을 만들어야 할 것이다. 생명보다 이윤을 우선하는 기업을 누가 어떻게 통제할 수 있는가? 복합재난을 일으키는 기후위기와 팬데믹 감염병으로부터의 안전을 위하여 어떻게 화석에너지 문명에서 탈피하고, 생태계를 무한정 파괴하는 우리의 생활양식을 바꿀 수 있는가? 인류를 위협하지 않고 테러에 이용되지 않는 인공지능을 개발하는 방식은 무엇인가? 이러한 질문에 실질적인 해답을 만들어 가는 작업이 필요하다.

고태우 _서울대 국사학과 조교수

1980~1990년대 쓰레기 '분리수거'의 도입과 정착

정무용

생활쓰레기 증가와 쓰레기 처리의 사회문제화

한국의 도시 주민들은 모두 쓰레기를 배출한다. 각자 처한 주거 환경에 따라 다르지만, 도시 주민들은 '쓰레기 관리자'라 해도 과언이 아니다. 환경보호에 대한 관심이 높아지면서 적절하게 분리하여 쓰레기를 배출하라는 요구는 더욱 커지고 있다. 쓰레기를 적절히 분리배출하여 재활용이 더 잘되게 해야 한다는 당위성은 한국에서 사회적으로 합의되어 있다. 이 글은 도시 내 생활쓰레기 처리가 사회문제로 부각되고 이를 해결하기 위한 방안으로 쓰레기분리수거 제도가 도입되고 일상생활 속에 정착되는 과정을 서울을 중심으로 서술한다. 2003년 분리배출 표시제 시행 이후 분리배출이라는 용어가 적절하다는 의견이 많고 글쓴이도 그 의견에 동의한다. 그러나 이 글에서는 당시에 사용된 용법에 따라 분리수거라는 용어를 사용한다.

생활쓰레기를 처리하는 방식은 도시의 행정 체계와 더불어 도시민들의 생활양식에 의해 좌우된다. 어떤 사람에게는 매우 쓸모 있는 물건이 어떤 사람에게는 쓸모없는 쓰레기일 수 있듯이, 삶의 조건이 매우 열악해서 하루

하루의 생존을 걱정해야 할 정도라면 배출되는 쓰레기의 양은 적을 것이다. 소비 수준의 확대가 쓰레기 배출량의 증가로 곧바로 이어지지는 않으나 소비하는 소비 수준이 절대적으로 열악한 상황에서는 쓰레기 배출로 인한 문제는 크게 부각되지는 않았다. 생활 변화와 함께 일상생활의 부산물로서의 폐기물, 즉 생활쓰레기 처리는 1970년대 후반이 되면 주요한 도시 문제로 부각되었다. 행정 당국이 처리할 수 있는 수용 한계를 쓰레기 배출량을 넘어서고 있었기 때문에 문제가 더욱 부각되었다.

생활수준이 높아짐에 따라 식품 쓰레기 및 주거, 의복 쓰레기도 증가할 것으로 예상되었지만, 이 시기 도시 쓰레기 처리의 중점은 연탄재의 효과적인 수거였다. 1977년 12월 14일 구자춘 서울시장은 "외국에서 쓰레기를 비닐 자루, 보자기 등에 담거나 싸서 청소차가 지나갈 때 던져 주는 것을 보았다면서 우리도 불에 타지 않는 쓰레기인 연탄재의 재활용 방안을 본격적으로 채택하고 반자가(半自家) 수거 방식으로 쓰레기를 수거하는 것이 바람직하다"라며 이 같은 방안을 강구하도록 관계자에게 지시했다. 서울시는 1978년부터 쓰레기를 분류하여 수거하기로 결정하고 이를 단계적으로 적용하려고 했다. 가정에서 불에 탈 수 있는 쓰레기와 타지 않는 쓰레기를 구분하여 별도의 용기에 담거나 끈으로 묶어 문 앞에 내놓도록 하고 서울시 수거차가 이를 실어다 치우는 방법을 실시한다는 것이었다. 또한 서울시는 불에 타지 않는 연탄재를 따로 뽑아 벽돌, 보도 등을 만드는 건조 제조 공장으로 보내고 불에 타는 물질은 소각 처분하기로 하였다.

서울시는 우선 1978년 2월 22일부터 서대문구, 마포구, 은평구 등 3개 구청 관내 일부 시범동부터 쓰레기를 연탄재와 기타 쓰레기로 분리해서 수거하기로 했다. 해당 지역 주민들은 쓰레기 가운데 연탄재 등은 쓰레기통에 담아 두었다가 난지도 벽돌 제조공장이나 저지대를 메우는 데 사용하게 하고, 불에 타는 쓰레기 등은 비닐에 담거나 끈으로 묶는 방식으로 쓰레기를 배출하게 되었다. 또 연탄재를 사용해서 벽돌을 만들거나 복토용으로 사용하려는 사람은 관할구청장에게 분리수거를 요청하면 구청에서 동 또는 마을 단위로 분리수거 지역을 선정하기로 하였다. 가정에서 연탄재와 기타 쓰레기를 분리해서 쌓아 놓으면 서울시 청소차가 연탄재를 요청하는 장소까지 운반해 준다는 것이었다. 서울시는 우선 서대문구 등 3개 지구에 대해 2~3개 동씩 시범동을 선정하여 분리수거를 시행한 후 더 많은 연탄재 사용처에서 분리수거 요청이 들어오면 시내 전역으로 이를 확대 실시한다는 방침을 갖고 있었다.

그러나 종이, 비닐 등 가연성 쓰레기가 대부분인 외국의 경우와 달리 연탄재 등 불에 타지 않고 무거운 쓰레기가 많고 장비와 인력을 충원하지 않아 부족한 상황에서 가정에서 쓰레기를 적절해 분리하여 배출해도 이에 대한 수거가 원활히 시행되지 않았다. 1981년 초 환경청의 한 당국자가 말한 바와 같이, "지난 78년 서울시에서 의욕적으로 실시했다가 가정주부들의 심한 반발과 갖가지 불편 때문에 실시 1년여 만에 어물어물" 취소되었다.

1980년대 분리수거 시범 도입과 정착의 실패

1980년대 들어 환경 문제는 더욱 중요한 국가 정책 과제로 부상하였다. 정부는 1981년 2월 〈환경보전5개년계획안〉을 발표하고, 각종 공해 및 환경오염에 대한 국가의 중장기적 대책을 세웠다. 또한 정부는《제5차 경제사회 발전5개년계획》을 작성하고 발표했는데 여기에 환경보전 항목이 포함되었고 '환경보전기반의 구축', '수질오염방지', '대기오염방지', '폐기물관리', '교통소음방지' 등에 관한 대략적인 방침과 계획이 담겨 있었다. 이 계획에 폐기물의 분리수거도 포함되었다.

1981년 9월 25일 전두환은 월례 경제동향보고회에서 부산시 남구 대연동의 도시새마을운동의 성공 사례를 보고받은 뒤 "이 동네에서 하는 것처럼 쓰레기를 연탄재 등 완전 폐기물과 비닐 같은 재사용이 가능한 것으로 분리하여 수거하는 방안을 다른 도시로 확신시키라"고 관계부처에 지시했다. 전두환이 이러한 지시를 내린 배경으로 세 가지 정도를 생각해 볼 수 있다. 하나는 도시에서 배출되는 쓰레기의 규모를 행정 당국이 따라가지 못해 쓰레기 문제가 비등하자 이를 주민들 스스로 해결하게 하여 쓰레기 문제를 완화하려 했다고 보는 것이다. 이는 분리수거와 도시새마을운동과 연결했던 데에서 유추된다.

다음으로 아시안게임 및 서울올림픽과의 연관성이다. 정부는 올림픽을 준비하는 과정에서 서울의 미관을 정비하기 위한 각종 사업을 전개하였는데 환경 대책도 그 가운데 하나였다. 1982년 6월 서울시는 아시안게임과 올림픽을 앞두고 '푸른 서울 맑은 한강', '도시 기능의 현대화를 통한 선진 수도의 완성'을 1980년대 시정의 목표로 설정하고 도시 구조의 재편성, 시민생활편의 증진, 시민의식 함양, 인구 억제 등을 당면한 과제로 내세웠다. 이 계획에 분리수거를 7월부터 188개 동으로 확대 실시하고 쓰레기 소각장을 건설하며 청소차를 늘리겠다는 내용도 포함되어 있었다.

마지막으로 쓰레기 매립지의 부족이었다. 1980년대 초 수거된 쓰레기는 대부분 매립되었는데 서울의 경우 쓰레기를 모두 난지도에 매립했다. 문제는 쓰레기 배출량에 비해 매립지 수는 부족했고 사용되던 곳들도 사용할 수 있는 기간이 얼마 남지 않아 새 매립지를 확보해야 하는 상황이었다.

1981년 10월 10일 환경청은 도시 쓰레기의 수거 방식을 종전의 일괄 수거에서 분리수거 방식으로 바꾸고 12월 1일부터 전국 46개 시에서 2개 동씩 시범 실시를 하여, 그 결과에 따라 분리수거를 단계적으로 확대하겠다고 발표했다. 이에 따르면 쓰레기를 '연탄재', '나무 조각, 종이 등 소각이 가능한 가연성 물질', '쇳조각, 유리 조각 등 비가연성 물질', '폐합성수지 등의 재생 가능 물질' 등 4가지로 분류하여 수거할 것이며, 그중 재생이 가능한 쓰레기는 새마을 소득사업에 쓰고 가연성 물질은 소각 처리하며 연탄재는 도시 변두리의 저지대나 늪지대의 복토로 이용하며 비가연성 물질은 매립한다는 것이었다. 정부는 "폐기된 자원의 재활용과 환경보전을 목적으로" 합성수지 폐기물의 수집·처리 및 비용 부담 등에 관한 사항을 규정한 〈합성수지폐기물처리사업법〉을 1980년 1월 1일부터 시행하였고 이 법에 따라 한국자원재생공사가 설립되었다. 하지만 당시 분리수거의 주안점은 자원 재활용보다는 쓰레기를 소각하여 매립 쓰레기의 총량을 줄이는 데 있었다.

이에 따라 서울시는 쓰레기분리수거를 실시했다. 10월 22일 서울시는 쓰레기 분리수거를 단계별로 실시키로 하고 1단계로 12월 1일부터 다음 해 6월 말까지는 각 구청별로 1개 동씩을 선정하고 쓰레기분리수거를 시범적으로 실시하기로 결정하였다. '불연성', '가연성', '재활용가능 쓰레기용' 등 세 가지로 쓰레기통을 분리 설치하고 보관했다가 지정된 날짜에 수거하고

'청소부'들이 주택가를 돌며 타종하는 방식이었다. 서울시는 1단계 시범사업기간을 거쳐 2단계로 이듬해 7월 말~12월 말까지 분리수거 지역을 확대하고 3단계로 1983년 1월부터 시내 전역으로 분리수거를 확대하려고 했다.

11월 14일 서울시는 시범지역 18개 동을 선정하고 각 구별로 1개 동과 마포구의 2개 동에서 쓰레기를 분리수거하기로 했다. 수거 방법은 성동구 중곡동 등 7개 동에서는 문전 수거를 하고 종로구 평창동 등 11개 동에서 타종과 문전 수거를 병행하기로 하였고 강남구 내곡동에서는 타종 수거를 실시한다는 것이었다. 분리수거 실시일별로는 격일제로 수거하는 지역이 16개 동, 3일 수거 지역이 2개 동이었다. 이후 단계별 계획에 따라 분리수거 지역을 점차 확대했다. 분리수거 적용 지역의 확대를 계획함에 따라 서울시 당국은 분리수거의 원활한 실시를 위해 해당 지역 가정에 비가연성 쓰레기를 담는 봉투를 보급했고 청소차 구입, 적환장 개량 및 컨테이너화, 수거일자 단축, 문전수거제를 실시하여 분리수거를 실시하기 위한 장비 및 인력 확충을 계획하였고 수거 민영화율을 확대하여 단계적으로 민간업자에게 위탁했다.

정부 및 시 당국의 확대 시도에도 불구하고 시행 초기부터 분리수거에 대한 우려 및 문제제기는 계속 제기되었다. 하나는 주민들의 인식 부족 및 이로 인한 비협조였고 다른 하나는 장비·인력의 부족으로 인해 발생하는 기술적 문제에 대한 지적이었다. 먼저 분리수거에 대한 홍보 부족과 주민들의 인식 부족을 지적하는 것에 대해서 살펴보면, 분리수거가 "전적으로 국민들의 협조에 의존하고 있는데도 불구하고 국민들에게 제대로 알리지" 않고 있으며, "해당 지역 주민들이 분리수거를 실시하는지조차 모르고 있는 곳이"

많다는 것이었다. 그리고 이러한 지적을 하는 한편으로 "쓰레기분리수거 제도란 수거해 가는 방법 등에서 특수한 기계가 동원된다거나 기술이 필요한 것도 아니고 쓰레기를 배출하는 시민들이 집안에서 나오는 쓰레기를 애당초 분리해 두었다가 버리는 형태임을 감안하면 시민들의 적극적인 협조 없이는 사실상 불가능한 형편"이라는 것이었다. 분리수거가 원활하게 전개되기 위해서 가장 중요한 것은 쓰레기를 배출하는 곳에서 애당초에 분리되어 배출되어야 했다.

또한 쓰레기 배출량의 증가와 미흡한 분리수거 실적은 시민들의 환경 의식이 낮은 탓이라는 점이 강조되었다. "서울 시민들이 쓰레기가 환경오염에 미치는 영향을 피부로 실감 있게 느끼지 못하기 때문에 마구 섞어 버려 쓰레기의 양은 갈수록 늘어" 났다는 것이다. 이러한 입장의 결론은 "쓰레기 문제는 당국의 노력에만 기대할 수 없는 현대사회의 심각한 환경문제가 된 지 오래이며 따라서 시민의식에 입각한 쓰레기의 처리가 가정 단위로 이루어지지 않으면 별다른 묘책이" 있을 수 없었다. 이는 오랜 생활 습성 때문으로 지적되었는데 '그냥 쓰레기를 내놓으면 이른바 '넝마주이'가 그것을 뒤져 고물을 집어 가는' 생활 방식이 고착되어 있기 때문이었다.

시행 초기의 우려대로 분리수거는 제대로 시행되지 못했고, 서울은 시범지역 중 가장 부진했다. 그 원인으로 "홍보 활동이 집중된 서울에서 분리수거가 제대로 안 된 것은 반상회·새마을회 등의 조직이나 운영이 다른 지역에 비해 가장 부실"하기 때문이라고 지적되었다. "이대로 간다면 88서울올림픽이 열리게 될 때 '쓰레기 한국'이란 오명을 남기게 되지 않을까 우려가 앞선다."는 지적이 나올 만큼 분리수거는 실효성이 없다는 평가를 받았다.

그러나 분리수거가 잘 시행되지 못한 탓을 주민들의 비협조로만 돌릴 수는 없었다. 아래의 인용문은 서울 시민이 기고한 것은 아니지만, 가정에서 쓰레기를 분리수거하는 데 따르는 불편함과 애로 사항이 무엇인지 잘 보여 준다.

> 정부 시책에 따른 각 지역의 쓰레기분리수거는 불가피한 상황으로 청소부 아저씨들의 고충이 클 것으로 안다. 그러나 한 번 수고하면 될 것을 두 번으로 나누어 버려야 하는 쓰레기수거방식 때문에 이곳 (중략) 주부들이 고충과 애로는 크다. 새벽 5~6시면 쓰레기를 버려야 하기 때문에 꼭두새벽부터 쓰레기 종소리에 귀를 기울여야 함은 물론 미끄러운 골목과 높은 지역의 층계가 많은 주민들이 쓰레기를 머리에 이고 서두르는 쓰레기 행렬의 위험은 적지 않은 번거로움에 애를 먹곤 한다. 또한 쓰레기 종소리에 잠을 깨 평상복으로 갈아입고 서둘러 나가 보면 이미 차는 저쪽으로 가 버린다. 시 당국에서는 주부들의 활동이 편리한 새벽 이후의 시간으로 쓰레기 수거 시간을 조정, 주부들의 활동에 큰 도움이 되었으면 한다.

게다가 더욱 중요한 것은 수거된 쓰레기가 도착하는 장소였다. 분리수거를 실시한 목적이 매립되는 쓰레기의 양을 줄이려는 것이었음에도 불구하고 분리된 쓰레기들은 다시 섞여 매립지로 향했다. 정부는 자원 재활용을 위해 1980년에 한국자원재생공사를 설립하였으나, 1984년에도 전국에서 쓰레기가 자원으로 재활용되는 비율은 1.5퍼센트에 지나지 않았고 소각되는 비율도 4.3퍼센트에 불과했다. 쓰레기분리수거는 전형적인 '탁상행정'으로 인식되었고 주민들의 불편만 가중했다.

그러한 조건 속에서도 서울시는 분리수거 시범지역을 계속 확대했다. 1985년 8월부터 17개 시범동을 선정했고 이후 시범지역을 확대했다. 1986년 10월 13일에는 청소현대화 계획을 발표하고 1988년 내로 분리수거를 전면 실시하기로 했다. 수거 장비를 점차적으로 손수레에서 차량 수거로 전량 교체하고 신형 물청소차를 도입했고 1987년 4월부터는 일반쓰레기를 연탄재와 분리하여 비닐봉지에 싸서 내놓는 방식의 쓰레기 분리포장 수거방식을 아파트와 일부 고지대를 제외한 서울시 전역에서 실시했다.

한편, 환경청은 환경보전을 위한 국가의 장기목표를 설정한 〈환경보전장기종합계획 1987~2001〉을 작성했다. 이 계획은 대기분야, 수질분야, 폐기물 분야로 분류되었는데 폐기물은 일반폐기물과 산업폐기물로 나뉘었다. 그중 일반폐기물 처리 대책은 주로 수거 방식, 장비 및 처리 시설에 중점을 두었다. 분리수거와 재자원화 시설의 건설이 언급되고는 있으나 수거 운반 체계의 개선을 위한 시설과 장비의 확충이 중심 사안이었다. 또한 일반폐기물은 가연성물질·비가연성물질·연탄재로 분류되었는데, 이는 재활용보다는 소각을 통한 매립 쓰레기 감량을 염두에 둔 분류법이었다.

그사이 쓰레기 발생량은 크게 증가했다. 1988년 말 기준 한국의 1인당 쓰레기 발생량은 약 2.1킬로그램으로 서독 0.7킬로그램, 일본 1.0킬로그램, 미국 1.7킬로그램에 비교하여 매우 많았다. 쓰레기 중 연탄재가 전체의 43.3퍼센트로 그 비중이 가장 높았다. 분리수거가 제대로 정착이 되지 않은 상황에서 재활용이 가능한 자원이 쓰레기와 뒤섞여 배출되어 매립되는 쓰레기의 양이 증가하고 있었다.

여성·소비자 단체의 계몽 활동

1980년대 초반 정부가 추진하고 있는 분리수거의 실효성에 대한 문제제기가 있었지만 분리수거와 쓰레기 재활용의 당위성이 의문시되지는 않았다. 1984년 올림픽 개최 도시였던 로스앤젤리스에 대기오염이 심하다는 논란에 따라 다음 개최지인 서울의 환경오염도 관심의 대상이 되었고 작은 일이지만 쓰레기분리수거, 합성세제의 사용 제한 등 생활 속의 작은 반공해 실천이 강조되기도 했다.

일상 속 쓰레기분리수거를 홍보하고 계몽하는 일에는 여성단체와 소비자보호단체가 적극적으로 참여했다. 한국소비자연맹, 전국주부교실중앙회, 주부클럽연합회, YWCA, 여성단체협의회 등 소비자보호단체들은 1984년부터 '깨끗한 환경조성' 캠페인을 시작했고 1985년부터는 쓰레기 문제, 소음공해, 합성세제 덜 쓰기 운동 등을 전개하였다. 그중 주부교실중앙회는 쓰레기분리수거 계몽 활동에 적극적이었다. 또한 올림픽을 앞두고 소비자보호단체협의회는 1988년을 환경감시의 해로 정하고 재생쓰레기 모으기 운동을 전개하고 비닐봉지 사용 대신 장바구니 휴대 등의 행동지침을 마련하는 한편, 쓰레기 공해 예방을 위한 위생적 매립지, 무공해 소각장을 마련하고 쓰레기분리수거 체제를 갖추어 소비자가 쉽게 참여하도록 하고 생활폐기물 수거는 그 원인을 제공한 사업자 부담으로 할 것 등을 건의했다.

소비자단체들이 공해로 유발되는 생활환경의 오염과 이로 인해 발생할 수 있는 안전의 문제에 주목했다는 사실과 더불어 이 대부분의 일이 '주부'의 역할로 규정되었다는 점이 강조되어야 한다. 가정에서 배출되는 생활쓰레기를 관리하는 것은 살림에 속하는 일이기 때문에 이를 담당하는 것은 '주부'라고 인식되었다. 1970년대까지 주부들이 출산을 조절하고 아이를 양육하며 적절한 소비를 통한 저축으로 장기적인 살림을 설계하는 행위자로서 호명되었다면 1980년대부터는 적절한 소비와 더불어 소비의 결과인 쓰레기도 책임을 지고 적절히 배출해야 하는 역할도 이들에게 부과되었다.

1990년대 들어서도 여성단체들은 분리수거를 비롯한 환경운동을 적극적으로 추진했다. 그중 주부클럽연합회의 활동이 가장 주목된다. 이들은 1990년 쓰레기 3색 분리수거 운동을 펼쳤다. 검정색 비닐 주머니에는 썩는 쓰레기(음식물 및 채소류 찌꺼기 등)를, 미색 비닐 주머니에는 재활용 쓰레기(병, 깡통, 우유팩, 헌잡지, 비닐, 나무 및 유리 조각 등)를, 분홍색 비닐 주머니에는 가연성 쓰레기(헌옷, 기저귀, 휴지 등 타는 것)를 담아서 버리자는 것이었다. '쓰레기분리수거는 주부의 힘으로', '환경오염의 주범은 바로 나'라는 기치를 내세우고 '효율적인 쓰레기 3색 분리수거를 위한 간담회'를 비롯한 수차례에 걸친 간담회와 가정쓰레기분리수거 가두 캠페인, 환경보전을 위한 순회 소비자 교육을 전개하였다. 같은 해 7월 '쓰레기분리 모범 주부 표창식'을 실시했고, '자연보호 실천강령'을 배포하며 '자연보호 가두 캠페인'을 전개했다.

주부클럽연합회 회장 김천주는 정부나 정책 당국자에게만 미루지 말고 "주부의 힘으로 앞장서서" 쓰레기분리수거 운동을 실천할 것을 당부했고 "지금 국교 1년생이 앞으로 고교 1년생으로 되었을 때는 우리의 주변 환경이 보다 더 맑고 깨끗하게 정돈되어 풍요로운 삶을 누릴 수 있도록" 국민학교, 중·고등학교도 관심 있게 참여토록 노력해야 한다고 역설했다. 그는 "어머니의 솔선수범은 곧 그 자녀 교육에 영향을 주는 것이기 때문에 한 어머니는 백 명의 스승을 능가한다."라면서 주부들에게 "환경오염 감시자로서의 역할을 수행"할 것을 권유하였고, "화목한 가정과 건실한 사회건설을 위해 우리 모두 자부심과 자존심을 작고 환경오염 추방에 앞장"서자고 제안했다.

쓰레기분리수거의 의무화

여성·소비자·환경단체들의 계몽에 힘입어 1991년부터 쓰레기분리수거는 전면 시행되었다. 1991년 1월부터 서울시 전역에서 쓰레기분리수거가 실시되었고 7월부터 전국에서 의무 시행되었다. 분리수거 실시의 당위성을 부정하는 의견은 거의 없었으나 실시 초기 미흡한 수거 행정으로 인해 실효를 거두지 못하는 경우가 많았다. 시행 초기 아파트 단지를 중심으로 분리수거가 실시되었는데 공동 쓰레기통이 제대로 갖추어지지 않거나 기존의 쓰레기 투입구가 봉인되지 않고 사용되는 경우가 많았다.

또한 애써 분류해 놓은 재활용쓰레기가 적시에 수거되지 않는 경우도 많았고 환경미화원들이나 수집상들이 분류된 재활용쓰레기를 일반쓰레기와 섞어서 버리다 주민들의 항의를 받기도 했다. 또한 서울, 부산, 대구, 광주 등 전국 대도시 아파트 단지의 경우 쓰레기분리수거 방침에 따라 대부분 1층 현관 입구에 대형 쓰레기통을 설치했지만 제때에 수거되지 않아 쓰레기통이 넘쳐 주거 환경이 악화되었고 이에 따라 적지 않은 아파트 단지에서 분리수거 시작 후 폐쇄한 쓰레기 투입구를 다시 개봉해 사용하기도 했다. 그 원인으로 1회용품 사용으로 인한 쓰레기 배출량 급증, 쓰레기 소각장과 중계 처리장의 부족, 환경미화원의 인력 부족 등이 제시되었는데 특히 환경미화원 인력난이 심각했다. 서울의 경우 이로 인하여 수거일이 2~3일씩 밀리고 있었고 고지대 및 저소득층 주거 지역일수록 더욱 심각했다.

3월 30일 환경처는 전국 시행을 앞두고 쓰레기분리수거 제도의 정착을 위한 〈쓰레기수거업무지침〉을 마련했다. 이에 의하면 7월부터는 쓰레기를 재활용, 일반, 연탄재로 구분하여 지정된 날짜에 배출하여 수거하도록 했다. 빈병, 종이, 플라스틱통, 깡통, 금속, 폐비닐 등 재생할 수 있는 쓰레기는 흰색 또는 미색 비밀봉지에 담아 지정된 날짜에 배출하고 일반쓰레기는 반드시 검은색 비닐봉지에 담아 배출해야 했다. 또한 냉장고, 텔레비전, 옷장 등 대형쓰레기는 미리 시·군·구에 연락해 수거 날짜를 지정받도록 규정했다.

8월 21일 환경처는 1993년까지 3년간 206억 원의 예산을 투입하여 환경처 산하 한국자원재생공사 중심의 재활용쓰레기 수거체계를 확립하는 한편 전국에 쓰레기 재활용사업소를 설치하여 이 사업소에 재활용품의 수집과 선별 압축 등 재자원화를 위한 중간처리 기능을 전담시키기로 했다. 서울에는 9월 9일 서울 제1지구 재활용사업소가 마포구 성산동 난지도 쓰레기장 내에 설치되었고 1992년 말까지 전국에 81개의 재활용사업소가 설치되었다.

충분한 인력을 확보하고 시설을 확충하는 데에는 시간이 필요했지만, 쓰레기 감량은 당면한 과제였다. 이러한 상황에서 정부와 민간에서 분리수거에 대한 적극적인 홍보와 계몽 활동이 전개되었다. 1991년 1월 내무부는 〈쓰레기 감량 및 자원 재활용 운동 추진 지침〉을 작성하였다. 이에 따르면 쓰레기 감량 운동을 추진하기 위해 전국, 시도, 시군구 단위별로 감량 목표를 설정하도록 했다. 그리고 민간단체의 자율실천운동을 적극 독려하여 '쓰레기감량운동 실천', '장바구니 사용하기 실천', '쓰레기 함부로 안 버리기 캠페인'을 벌이고자 했다. 자원재활용운동은 새마을단체, 부녀회, 노인회의 참여하에 재활용품을 분리수집하고 부녀회 주관으로 알뜰교환시장을 운영하고자 했다. 그리고 학생과 부녀회 등을 대상으로 한 교육홍보활동을 전개하고 텔레비전, 라디오, 신문 등을 통한 홍보 활동을 펴고자 했다. 이러한 지침에 따라 학교에서 분리수거 교육이 실시되었고 분리수거 관련 광고가 방영되었다. 또한 서울시는 가정주부들을 대상으로 주부환경교실을 열었다. 시내 대단위 아파트 밀집 지역을 우선 지역으로 선정해 단지 부녀회 사무실에서 환경강좌를 운영하고 수료한 주부들을 모니터 요원을 활용하여 쓰레기분리수거, 지역환경문제 상담 등의 활동을 한다는 계획이었다. 1992년 동안 쓰레기분리수거 범국민운동이 전개되었고 노태우 대통령은 7월 18일 KBS 특집방송 〈쓰레기 줄이기 운동〉에 출연하여 "자원을 절약하고 재활용하여 쓰레기양을 줄이는 것은 우리 삶의 터전을 온전하게 지키는 지름길"이라며 쓰레기 감량과 재활용에 국민들이 동참해 줄 것을 요청했다.

이러한 대국민운동은 1980년대부터 전개된 여성·환경 단체들의 활동에 힘입은 것이었다. 앞서 서술했듯이 정부 당국의 준비 미비에도 불구하고 민간단체들 중심으로 분리수거 캠페인이 전개되었고 그 활동을 바탕으로 쓰레기 분리수거가 필요하다는 인식이 지역사회에서 시작되었다. 쓰레기분리수거가 본격 시행되었음에도 불구하고 불충분한 시설과 행정력은 또다시 시민들의 자발적인 실천으로 메꾸어졌다. 또한 주목되는 것은 쓰레기분리수거가 여성, 그중에서도 주부의 일로 상정되었다는 점이다. 쓰레기분리수거는 모두에게 요구되는 것이었으나 너무나 당연하게 주부가 그 일을 담당해야 한다고 생각되었다. 이는 일부 당국자들만의 시각이 아닌 전 사회적인 생각이었다.

쓰레기 종량제의 시행과 분리수거의 정착

분리수거 도입에도 불구하고 쓰레기 배출량은 크게 감소하지 않았다. [표 1]처럼 생활쓰레기 배출량은 분리수거를 도입한 1991년에 가장 많았고 이후 감소했다. 그러나 환경 당국은 그 이유를 계측 방법이 달라졌기 때문이라고 설명했다. 또한 연탄재 배출량의 급감이 주목되는데 도시가스가 보급되면서 연탄 사용량이 줄어 쓰레기 배출량도 함께 감소했다. 환경부는 1992년 쓰레기 배출량 감소의 주원인으로 분리수거보다는 계측 방법의 차

[표 1] 연도별 생활쓰레기 발생량 추이 (단위: 톤/일)

구분	1988년	1989년	1990년	1991년	1992년	1993년	1994년
합계	72,897	78,021	83,962	92,246	75,096	62,940	58,118
연탄재	28,994	30,401	28,061	26,254	17,750	9,780	5,534
음식물	17,055	19,790	23,003	26,311	21,807	19,764	18,055
종이류	7,756	9,565	11,870	13,656	13,125	11,546	12,468
금속·초자류	3,067	3,734	4,157	4,864	4,957	3,732	3,264
목재류	2,476	2,819	2,828	3,155	3,077	2,822	2,443
기타	13,549	11,712	14,033	17,646	14,380	15,296	16,354
1인당 발생량(kg)	2.1	2.2	2.3	2.3	1.8	1.5	1.3

(출처: 환경부, 《1995년판 환경백서》, 1995, 191쪽.)

[표 2] 연도별 생활쓰레기 처리 방법 비율 추이 (단위: %)

구분	1987년	1988년	1989년	1990년	1991년	1992년	1993년	1994년
매립	94.6	95.0	93.9	93.0	89.3	89.2	86.2	81.1
소각	2.2	1.7	1.9	1.8	1.6	1.5	2.4	3.5
재활용	2.3	2.4	2.9	4.6	7.4	7.9	11.4	15.4
기타	0.9	0.9	1.3	0.6	1.7	1.4	-	-

(출처: 환경부, 《1995년판 환경백서》, 195쪽.)

이와 연탄재 감소를 꼽았다.

그렇지만 분리수거의 효과가 없지는 않았다. [표 2]에 보이듯 재활용 비율이 꾸준히 상승했다. 동시에 [표 1]처럼 쓰레기 발생량도 감소되어 1인당 쓰레기 발생량은 1994년 1.3킬로그램으로 감소하였다. 이는 연탄재 감소와 더불어 재활용 비율이 높아졌기 때문이라고 할 수 있을 것이다.

재활용 비율의 꾸준한 상승은 분리수거 제도를 정착시키기 위한 노력이 전개되었기 때문이었다. 1993년 7월 서울시는 구청별로 분리수거 경진대회를 실시하고 모범 사례를 발표하고 모범시민, 공무원, 단체 등을 표창하는 등 대대적인 범시민운동을 벌였다. 또한 상공부는 1993년 7월부터 금속 캔, 합성수지 용기 등의 경우 분리수거 표시가 용이하도록 재질 표시를 하도록 의무화했다.

하지만 쓰레기 배출량이 줄어든 가장 큰 이유는 종량제의 도입이었다. 쓰레기 감량을 위해 종량제가 필요하다는 의견이 분리수거 도입 초기부터 제기되었다. 환경처는 1993년 3월 14일 〈쓰레기종량제 시행지침〉을 마련하여 1994년부터 종량제를 시행하기 위해 부처 간 협의에 들어갔고 1994년 4월

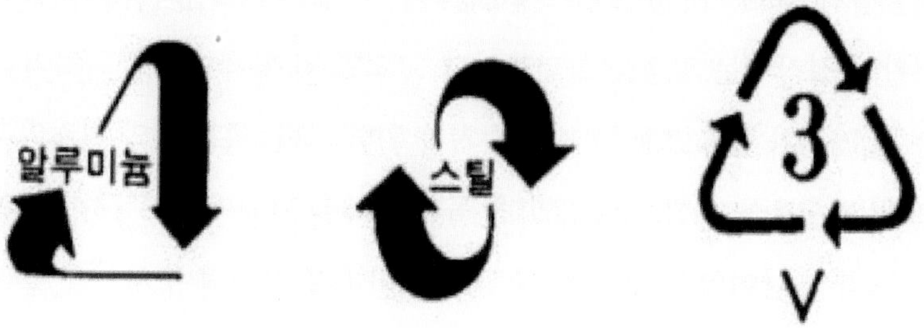

재질분류표시(알류미늄 캔, 철 캔, 합성수지용기)
(출처: 환경부, 《환경백서 1994년판》, 1994, 167쪽.)

부터 쓰레기종량제를 31개 시·군·구에서 시범 실시한다고 결정했다. 이에 따라 쓰레기는 반드시 해당 지방자치단체에서 제작한 비닐봉투에 담아 버려야 했고 이를 위반할 시 과태료를 부과했다. 1994년 2월 23일 환경처는 33개 시·군·구를 종량제 시범 실시 지역으로 확정했다.

1994년 4월 시범 도입된 후 무단투기를 하거나 쓰레기를 태우는 등 위반 사례들이 있었으나 전반적으로 종량제 도입은 효과적이었다. 1994년 5월 30일 환경처는 종량제 시범지역에서 쓰레기 배출량이 35퍼센트 감소하고 재활용품 배출량이 80퍼센트 증가했다고 발표했다. 또한 봉투 가격이 높을수록 감량효과도 높았다. 이에 종량제를 도입하는 지자체들이 늘어났고 서울의 경우 1995년 전면 실시를 대비해 하반기부터 시범지역을 확대했다. 1995년 1월 1일부터 쓰레기 종량제는 전면 실시되었다. 종량제 실시 후 서울의 1인당 생활쓰레기 발생량은 1994년 1.45킬로그램에서 1995년 1.33킬로그램으로 대폭 감소했고 재활용 비율은 1994년 20.5퍼센트에서 1995년 29.3퍼센트로 증가했다.

지금까지 1980~1990년대 쓰레기분리수거 제도가 도입되어 시민들의 일상생활에 정착되는 과정을 살펴보았다. 분리수거가 제대로 정착하기 위해서는 네 가지가 필요했다. 첫째는 수거를 위한 기반, 즉 장비와 인력의 확충 및 자원 재활용을 위한 기술이었다. 둘째는 배출 당사자들, 즉 시민들의 협조와 적극적 참여였다. 셋째는 종량제를 비롯한 강제적 조치였다. 그리고 마지막으로 연탄 소비 감소와 같은 생활양식의 변화이다. 이 네 가지 요인들이 상호작용하면서 현재 한국 도시민들의 쓰레기분리 배출의 양태를 결정했다. 그 가운데 가장 중요한 것은 쓰레기를 줄여 내 주변 환경, 더 나아가 지구의 환경을 아끼려고 한 시민들의 자발적 노력이었다.

정무용 _한신대 인문융합대학 한국사학 전공 조교수

한국의 근대화와 생태적 삶의 위기

이경란

서울 서부지역에 사는 나는 동쪽으로 가서 바다를 보려 한다. 남한강과 북한강이 만나는 양수리와 양평을 지나면서 유유하게 흐르는 강과 함께 다산과 몽양의 흔적을 마음에 담고 강원도의 산림지대와 바다로 향할 것이다. 나는 이 길에서 근대 100년의 산업화와 경제성장의 구호가 이 땅과 생명들과 사람들의 삶을 어떻게 무너뜨리고 현재의 위기를 불러왔는지, 그리고 그 속에서 희망을 발견하고자 하는 사람들은 무엇을 하였는지 찾고 싶다.

거대 도시 서울

출근시간이라 길이 몹시 막힌다. 서울과 수도권에는 사람도 차도 건물도 너무 많다. 2019년 현재 서울과 수도권 일대에는 전 인구의 50퍼센트가 산다. 그 반면 2022년 3월 기준 인구가 줄어 소멸될 위험지역은 113곳으로 전국 228개 시군구의 약 절반(49.6퍼센트)이 사라질 위기에 처했다. 아기의 울음소리가 끊어지고 노인만 사는 곳이 급속도로 늘고 있다. 이 원인인 사회·

고도성장의 이면, 미세먼지로 갑갑한 서울
화려한 경제성장의 뒤에는 생명위기의 위협이 그늘처럼 동시에 자리 잡고 있다.

경제·문화의 전반적인 격차를 해소하기 위한 사회적 과제가 심각하게 등장했다. 일제강점기 지주 위주의 농정 때문에 농민층이 몰락하고 도시화가 진행되면서 이농은 심각한 사회문제가 되었다. 그것을 이어 서울과 수도권의 거대화가 진행된 것은 1960~1970년대였다. 농촌경제는 어려워지고 지방산업과 문화는 낙후되는 대신 서울에는 교육과 문화의 인프라와 산업 환경이 집중적으로 조성되었다. 어떤 이유에서든 고향을 떠나야 했던 농촌 주민들은 지방도시가 아닌 서울과 그 주변에서 삶의 방편을 찾을 수밖에 없었다. 이 문제를 푸는 대안으로 지방자치·지역화·분권화·행정기관 이전이나 로컬푸드운동·귀농귀촌 등 지역을 살리려는 움직임이 일어나고 있다. 그렇지만 서울과 수도권의 사람과 돈과 물자의 집중을 막는 것은 참으로 어렵다.

최근 서울의 공기는 조금씩 좋아지고 있다고 보고되었다. 차량에 탈황장치를 달게 하고, 전기버스를 도입하고, 거리를 청소하고 나무를 심는 노력 덕분이었다. 그렇지만 서울과 수도권은 여전히 자동차가 내뿜는 매연과 공장·대형건물·수많은 아파트와 주택들이 배출하는 오염물질에 뒤덮여 있다. 2019년 국내 자동차 등록 2,500만 대라고 한다. 자동차 없이는 일상이 불가능하다고 느끼는 세상이다. 많은 차량이 원활하게 운행할 수 있도록 인프라를 갖춰야 한다는 요구에 따라 서울과 수도권 일대는 도로가 거미줄처럼 건설되었고 언제나 공사 중이다. 1990년대 중반 자동차 1,000만 대 시대를 예고할 무렵에도 자동차가 배출하는 일산화탄소와 아황산가스 등과 공장이나 가정에서 배출하는 대기오염물질이 합쳐 일으키는 여름철 광학성 스모그 현상이 빈번했다. 1997년도 오존의 환경기준 초과횟수는 196회였고, 스모그 예보도 잦았다. 차가 밀리는 길가에서는 일산화탄소와 부유분진과 탄화수소, 아황산가스 등 많은 물질들이 배출되어 호흡곤란을 느끼고 주택가에서 진폐증환자가 나오는 상황이었다. 2010년대 후반에는 차량과 화력발전소에서 배출하는 오염물질과 중국발 오염물질들이 복합적으로 만들어 내는 미세먼지가 사회문제의 중심에 떠올랐다. 2020년 코로나19 바이러스가 창궐하기 전부터 서울 주민들은 일상적으로 마스크를 착용했다.

서울은 시민들이 배출하는 쓰레기의 처리 문제로 골머리를 앓고 있다. 1970년대 난꽃과 지초가 가득 피어 있던 난지도를 쓰레기매립장으로 만들었지만, 그것을 가득 메우고도 모자라 1991년 김포매립장을 건설했지만 30년 만에 다 차 버렸다. 2020년대 초반 서울시는 쓰레기처리시설 설치 문제로 주민들과 갈등 상태에 있다. 1990년대 중반 이후 쓰레기소각장은 월남전 때 미군이 사용한 고엽제 첨가물질인 환경호르몬 다이옥신을 배출한다고 밝혀져서 사회문제가 되었다. 게다가 합성세제와 세탁기 사용이 보편화되면서 합성세제 내에 포함된 인산염이 강의 부영양화를 초래해 한강과 지천들이 썩어 갔다. 엄청난 재원을 들여 하수처리시설을 보완한 이후에야 한강이 조금 깨끗해졌다.

나는 이런 서울에서 산다. 서울을 빠져나오는 데만도 무려 2시간이 넘게 걸렸다.

사라진 원진레이온을 기억하며

남양주시를 지나고 있다. 옆으로 보이는 아파트 단지는 옛 원진레이온 자리이다. 세계 최초의 레이온공장이 만들어진 것은 1910년대의 일이었고 한국은 1966년부터 레이온을 생산했다. 천연섬유와 화학섬유의 장점을 모았다는 레이온은 생산과정에서 심각한 오염물질을 발생시킨다. 레이온의 원료는 목재펄프지만 수산화나트륨·이황화탄소·황산을 사용하는 화학공정을 거쳐 레이온이 된다. 특히 마지막 단계에서 배출되는 이황화탄소 기체는 인체에 매우 해롭다. 작업장의 배기시설과 환기장치가 적절하지 않으면 기체가 폐에 흡수되어 신경계통에 심각한 장애를 일으킨다. 원진레이온에서 그런 상황이 벌어졌다. 그 기계는 중국으로 수출되었고, 그 터는 아파트 단지가 되었다.

일반적으로 화석원료를 사용하는 공장들은 일산화탄소나 부유분진을 발생시킨다. 그런데 그보다 더 심각한 것은 화학공업과 제련·제철업 그리고 반도체공업이 일으키는 중금속 오염이다. 1967~1969년 울산 석유화학단지의 공장이 가동한 이래 주변지역의 농작물과 과일나무는 제대로 자라지 않았고 주민들은 각종 질환에 시달렸다. 1969년 한국알루미늄공장이 본격 가동되면서 벼가 말라죽자 주민들이 한국 최초로 공해피해보상운동을 벌이기에 이르렀다. 이후 경남 의창 진해화학의 폐수방출로 인한 양식장 피해, 1980년대 초 온산공단의 폐수방출로 인한 중금속중독인 온산병과 복합오염, 1990년대 여천석유화학공단의 오염은 화학공업단지의 폐수와 오염관리의 후진성이 지역민과 환경에 얼마나 심각한 문제를 발생시키는가를 잘 보여 준다.

제련업은 일제시기부터 광산수탈과 결합되어 상당히 발전한 분야이다. 일제강점기 북한지역에는 함북 이원광산의 원료로 특수강이나 철강을 제조하는 일본 고주파 성진공장과 미쓰비시광업, 일본 제철 청진공장이 세워졌다. 남한지역에서는 1936년에 조선총독부가 설립한 충남 장항의 조선제련소가 소유자를 바꿔 가며 현재까지 운영 중이다. 1970년대 경북 봉화에는 일제강점기에 세워진 미쓰비시칠성광업소 주변에 영풍석포제련소가 세워졌다. 영풍석포제련소는 일본에서 이타이이타이병을 일으켜 퇴출된 일본 동방아연과 기술제휴를 했다. 제련공장은 광물질을 선광할 때 화학물질을 사용한다. 아연과 납의 선광작업에는 청산가리, 유산동, 석회, 수은 등을 사용한다. 이때 발생한 찌꺼기는 따로 저장되지만, 비가 많이 와서 저장저수지가 터지면 바로 강으로 쏟아져 들어가거나 폐광 후에는 그대로 방치되기도 했다. 낙동강 상류에 있는 영풍석포제련소는 1970년대부터 현재까지 중금속오염문제를 계속 발생시켰다. 2020년 공장의 지하수에서 카드뮴이 기준치의 33만 배나 검출되었다. 장항 제련소에서도 지역주민들이 중금속 오

방독면도 막지 못한 죽음의 독가스
원진레이온에서는 쇠가 녹아내릴 정도로 독한 이황화탄소 가스로 자그마치 228명의 환자를 냈다.(변재성 한겨레 기자 제공)

염으로 인한 각종 암과 골다공증과 합병증 등에 시달리며 제련소와 정부에 환경오염피해 손해배상을 벌였다.

청정산업으로 불리는 반도체의 생산과정에는 여러 차례의 세척이 포함된다. 세척과정에는 트리클로로에틸렌 등 유기용매와 프레온이, 집적회로 제작과정에서 사용되는 물질은 독성 발암가능성 물질이 끼어 있는데, 대부분 회수되지만 그대로 방출되는 부분도 있다. 2007년 삼성반도체와 엘시디(LCD)에서 노동자들이 백혈병을 비롯한 각종 암과 질병들에 시달리는 사실이 발견되었고, 그것의 직업병 인정과 피해보상을 받기까지 피해자와 가족들은 11년 동안 투쟁해야 했다.

중금속은 다른 물질에 비해 물이나 토양 속에서도 쉽게 분해되지 않으며 아예 분해되지 않는 것도 있다. 이런 중금속 오염은 단지 광산지역에만 한정되지 않고 전국의 모든 공단지역에서 발생한다. 중금속은 토양과 주변의 수질을 오염시켜, 강 하류 주민들의 식수원을 고갈시킨다. 오염된 물은 염색산업 등의 공업용수로도 사용할 수 없으며, 농업용수로는 더욱더 그러하다. 토양이 오염될 때 양이 많으면 아예 식물이 자라지 못하지만, 적은 양이라도 농작물을 먹는 동물과 사람의 몸에 축적된다.

화학농업에서 흙과 생명을 살리는 농업으로

덕소를 지나면 본격적으로 한강과 만나 다산 정약용 선생의 묘소를 먼 빛으로 지나친다. 조금 더 가면 양수리다. 남한강과 북한강이 만나는 양수리에는 일찍부터 유기농법을 시작했던 두물머리농장이 있다. 지금은 친환경농업단지로 자리잡았으며, 상수원보호지역 일대는 친환경농업이 의무화되어 있다. 두물머리농장은 논농사에 유기농법을 도입할 때 오리농법을 사용했다. 오리가 해충을 잡아먹으니까 농약을 사용하지 않아도 되었기 때문이었다. 오리농법은 유기농법이 발달했던 일본에서 배워 와, 이곳과 충남 홍성의 풀무농장 등지에서 시도되어 전국 유기농가로 퍼져 갔다.

농약과 화학비료를 사용하지 않으면 농사를 망친다는 생각은 한국인들의 머릿속에 깊게 자리 잡고 있다. 화학비료를 사용하기 시작한 것은 1920년대 후반이다. 일제는 종자개량이란 이름으로 조선의 벼종자를 일본인의 입맛에 맞는 종자로 바꿔 일본의 산업화로 인해 발생된 식량수급문제를 해결하고자 했다. 이 종자들은 노동력과 비료와 물이 많이 필요했다. 산미증식계획은 관개시설, 비료, 농약을 사용하는 근대농법을 도입하여 토지생산성과 노동생산성을 높이기 위한 정책이었다. 일본은 서구의 농법을 도입하여 메이지농법을 정착시켰는데 이를 한국에 무차별적으로 적용하였다.

산미증식계획기를 거치면서 비료체계가 유기질비료에서 무기질화학비료로 전환되었다. 흥남질소비료공장을 비롯해 비료공장이 세워졌다. 이 시기 금융기관의 농가 대출총액에서 비료구입자금이 80~90퍼센트를 차지했다. 가계에서 차지하는 비료구매액은 1915년 0.7퍼센트에서 1935년에는 25.4퍼센트로 크게 늘었다. 비료 중 무기질비료가 차지하는 비중은 1929년 과반을 넘었고, 1933년 이후 90퍼센트 이상을 차지하기에 이르렀다.

화학농법에 의존한 농정은 해방 후에도 그대로 이어졌고, 농약을 이용한 해충 구제와 제초제 사용이 보편화되어 화학농업체제가 공고해졌다. 한국전쟁 직후 남한 내 비료생산시설은 파괴되었고 북한에서 도입할 수도 없어 남한의 화학비료사정은 매우 나빴다. 정부는 원조자금으로 미국에서 비료를 도입해서 당장의 수요를 채웠고, 1960년대 이후에는 충주비료공장 등의 비료공장을 건설하여 자급체계를 만들었다. 1970년대 들어 식량증산을 위해 강제되었던 통일벼는 비료를 많이 써야 하는 품종이었기 때문에 비료소비량은 매우 빠르게 늘었다. 화학비료 사용량은 1955년 기준으로 1987년에는 5배 정도 늘었다. 2000년대에도 유기농업 생산자가 늘긴 했지만, 여전히 화학농법을 사용하는 농가가 대부분이다. 특히 농촌고령화가 급격하게 진행되는 현실에서 가장 큰 노동인 풀뽑기를 생략하게 해 주는 제초제를 비롯한 농약의 사용은 일상화되었다.

그런데 화학비료와 관개수 중심의 농법은 장기적으로는 토지생산성을 떨어뜨린다. 화학비료는 중요 영양소로 구성되지만 식물에 필요한 양분을 다 갖추지는 못한다. 이 성분들은 용해된 상태로 토양유기체의 세포에 침투되어 수분을 빼앗거나 심지어 독성이 있어 유기체를 파괴하기도 한다. 토양유기체가 줄어들면 토양이 부식되어 고등식물은 질적으로 충분한 양분을 공급받지 못하여 해충의 피해를 받기 쉬워진다. 그래서 화학비료를 많이 사용한 토양에서 자라는 식물은 해충저항력이 떨어지기 때문에 농약 사용이 필연적이다.

농약은 1960년대부터 사용하였다. 화학물질인 살충제와 살균제는 세계적으로 1890년대부터 사용했다. 디디티(DDT)를 비롯한 초기의 농약은 1960년대까지 질병퇴치와 식량증산에 기여했지만, 부작용도 매우 심해 맹독성 농약의 위험성을 드러냈다. 현재 대부분의 나라는 맹독성 농약을 금지한다. 그렇지만 농약은 물에 녹지 않고 잔류하며, 지방에 잘 녹기 때문에 생물체 내에 축적되는 경향이 강하다. 초기에 살포되는 양이 적더라도 시간이 지나면 토양과 물속에 잔류해 있다가 먹이사슬에 의해서 생물체 내에 축적되는 양이 점점 많아진다. 그렇기 때문에 1980년대 농민의 70퍼센트가 농약중독을 경험했다. 그리고 살충제는 해충만이 아니라 천적인 곤충까지 전멸시켜 생태계를 단순화시키고 말았다. 이런 생태계는 외부의 약한 충격만으로도 파괴될 수 있다. 이런 화학농업의 위험성을 인식한 농민들이 유기농업으로 전환하기 시작했다.

근대농법은 한국의 쌀 자급이라는 큰 성과를 가져왔다. 아직도 세계적으로 식량부족 지역이 있는 현실에서 식량증산은 여전히 중요한 문제이다. 그러나 근대화학농법은 흙과 곤충과 식물과 동물들의 생태계를 파괴했고, 인간이 필요하다고 생각하는 일부 품종만으로 생태계를 단순화시켰다. 자연적인 생태계의 회복력은 사라지고 인간이 투입하는 화학물질로만 농업이 유지되므로 농업운영비 부담은 커졌다. 나아가 토양의 미생물이 사라져 흙은 죽고 생태계가 단순화되는 상황에서 농업의 기후위기 대응력은 떨어졌다. 이제 기후재난상황이 일상화되었고 농민들은 무엇을 재배해야 할지 난감해하고 있다. 최근 기후위기의 한복판에 놓인 농업현실에 대한 대안으로 생태계를 살리고 탄소를 저장하는 농업실천이 일어나고 있다.

목재벌채에서 스키장까지

홍천부터 오르막길을 따라 백두대간을 넘어가는 길은 남한 최대의 산림지대이다. 한국은 전 국토의 3분의 2가 산지라서 어디를 가나 산을 볼 수 있다. 그렇지만 대부분의 산에는 1970년대 이후 산림녹화사업 때 심어진 일본산 리기다소나무나 아카시 같은 나무들로 채워 있다. 특히 강원도로 들어서면 울창한 숲이 나타나고, 백두대간을 넘는 길과 대간자락에서 천연림도 만날 수 있다. 그러나 이조차 개발로 인해 위기에 처해 있다.

이 땅에서 본격적으로 산림개발이 시작된 것은 일제의 한국 침략과 같은 때였다. 러일전쟁 후인 1906년 일제는 대한제국 정부와 한일산림협동약관을 체결하여 압록강과 두만강 연안의 산림경영을 장악하였다. 여기서 시작된 일제의 한국산림 수탈은 압록강·두만강 유역의 거대한 산림만이 아니라 전국의 울창한 천연림지대 전부에 걸쳐 진행되었다. 일제는 임야조사사업을 토대로 산림 상태가 우수한 임야 531만 정보를 요존치림(要存置林 : 국유림)으로, 일반 산림은 불요존림으로 지정하여 관리하였다. 요존치림지역은 압록강·두만강 유역과 조선왕조에서 보호하던 봉산이나 금산, 명산대천에 있는 특수보호임지로서 상태가 매우 우수한 곳들이었다. 일제는 그곳을 목재로 벌채하려는 스미토모[住友]나 미스이[三井] 등 일본 재벌에게 대부해 주었다. 불요존림도 조림 명목으로 대부하여 개발하게 하였다. 1930년대 이른바 '북선개척사업'을 통해서 산림개발이 본격화되었다. 이 사업은 압록강과 두만강 상류지역을 대상으로 '임야보호와 개발'이라는 명목으로 진행되었는데, 이때 한국의 임야는 대규모로 수탈되었다. 1942년 임야면적은 1,627만 4,000정보로 1910년 1,584만 9,000정보에 비해 증가되었으나 임야축적은 10억 5,300만 척체에서 6억 7,100만 척체로 33퍼센트가 감소하였다. 영림창과 임야를 불하받은 일본 자본의 남벌 때문이었다.

해방 후에도 산림은 제대로 관리되지 못하고 개발 명목으로 계속 파괴되었다. 한국의 산림법은 일제가 만든 산림법에 기초를 두고 있다. 산림에 관한 기초인식은 변하지 않았다는 뜻이다. 남한지역은 북한지역에 비해 산림면적과 축적이 빈약하다. 해방 후 사회가 불안해지고 한국전쟁을 거치면서 상황은 매우 나빠졌다. 1946년의 임야축적은 1942년의 3분의 1에도 미치지 못했다. 게다가 한국전쟁 때 군 작전상 필요한 군수목재의 공급, 작전상 소각, 피난민 증가로 인한 판잣집 급조 등으로 목재수요가 급증되자 더욱 심해졌다. 정부수립 후 세워진 〈조림10개년계획〉은 휴전 후 황폐지 복구를 위

무분별한 골프장 건설
골프장은 육지의 생태계를 파괴하는 주범으로 꼽힌다. 산림지역의 황폐화와 홍수조절기능의 상실은 물론 잔디 관리를 위한 농약 살포는 수질 오염의 위험까지 가중시킨다.

해 '단기속성림 조림3개년계획'으로 바뀌었다. 산림계 운영 강화, 토탄 개발과 연료 절약 등이 시행되었다. 속성림으로 아까시나무·리기다소나무 등을 심는 이 계획은 이후 박정희정권을 비롯한 정부의 산림녹화사업으로 이어졌다. 그 결과 헥타르 당 임목축적은 1973년 11.3제곱미터에서 2015년 146제곱미터로 크게 늘어 현재의 푸른 경관을 이뤄 냈다. 그렇지만 그 이면에서 산림파괴도 엄청나게 진행되었다. 특히 일제가 요존치림으로 묶어 일반인의 이용을 금지하고 정책적으로 벌채를 자행했던 국유림 지역을 한국정부가 산업개발, 휴양지개발이라는 이름으로 파괴하였다. 지리산 국립공원의 성삼재 관통도로, 덕유산 국립공원의 무주리조트, 속리산 국립공원의 용화지구 온천 건설과 국립공원 접경 지역의 채석광산 개발, 오대산 국립공원 접경지역의 대규모 호텔 건설, 국립공원 접경지역인 점봉산 양수댐 등 국립공원조차 개발이 추진되고 있다. 그 결과 1973년 녹화사업 당시 산림면적은 6,586헥타르였던 것이 2015년에는 6,335헥타르로 줄었다.

강원도의 산림지대는 남한 최대의 그리고 최후의 천연림이 있는 곳이다. 동시에 산속 깊숙한 곳에서는 광산과 제련소, 시멘트공장, 채석장 등 지하자원 개발이 진행 중이다. 1980년대 이후 골프장과 스키장 등의 위락시설이 급증하면서 나지막한 산지는 골프장으로, 천연림지역은 스키장으로 바뀌어 보존수종인 주목 서식지까지 파괴되기에 이르렀다. 이러한 산림 파괴로 다양한 생물종이 멸종되었고 빗물저장고의 역할을 잘 할 수 없게 되었다. 그 결과로 수질이 오염되었고, 농업용수와 공업용수, 식수원의 고갈로 이어졌다. 공장폐수와 정화되지 않는 생활하수가 강과 바다의 오염을 가속화시켰다.

개발·보존 논쟁에서 지속가능한 개발로

구룡령을 넘기 전 왼쪽에 점봉산으로 들어가는 이정표가 보인다. 남한 최후의 원시림이라 불리는 점봉산에 대해서 1990년대 어느 잡지에 기사가 실렸다. “점봉산에는 등대시호 등 10여 종의 법정보호식물을 포함하여 한반도에 서식하는 식물종의 약 20퍼센트에 해당하는 식물종이 자란다. 그리고 포유류 중에서 멸종위기종으로 규정돼 있는 삵, 늑대, 목도리단비 등 4종도 서식하며, 천연기념물로 하늘다람쥐, 곰 등 31종이 서식한다. 또한 점봉산 일원은 지리산 전역에 서식하는 곤충의 1.5배에 이르는 종이 채집되는 등 국내 최고의 생물다양성지역으로 꼽힌다."

이런 점봉산 진동계곡에 정부와 한국전력은 점봉산에 상부댐을, 남대천의 후천에 하부댐을 만들어 양수발전소를 건설할 계획을 세웠다. 지역주민과 환경단체, 전문가들이 천연기념물의 서식지가 파괴되는 문제를 제기하고, 연어 자원 급감을 우려하는 수산청이 반대했다. 점봉산 양수댐 논쟁은 수력발전소 건설과 생물종 다양지역을 보호하자는 공익적 입장 사이의 충돌이었다. 결국 발전소가 건설되었다.

한국의 수력발전은 1920~1930년대 일제가 건설했던 장진강·압록강 등의 댐에서 시작되었다. 일제는 산미증식계획을 지탱하는 화학비료공장과 침략전쟁을 위해 군수산업용 중화학공장의 전력수급을 목적으로 이 댐들을 건설했다. 해방 후 북한지역의 전력원이 분단으로 끊기자 남한정부는 새로운 에너지원의 개발을 위해 화력과 수력발전소의 건설에 주력하였다. 그런데 경제적이고 주민 반대가 가장 적으며 환경친화적인 전력개발로 인식되는 수력발전은 심각하게 환경을 파괴하면서도 경제적으로도 유리하지 않았다. 수력발전소가 설치되는 지역은 인구가 희박한 산림지대이기 때문에 원시림에서 서식하는 미래의 자원인 희귀동식물은 멸종되고 만다. 댐 건설 이후 댐 하류의 수량부족으로 인한 수질오염과 용수부족 등의 문제도 각 지역에서 발생하고 있다.

1990년대 후반 정부와 한전은 2006년까지 원자력, 유연탄, 액화천연가스, 수력, 석유, 무연탄 등을 이용한 총 75기 3,595만 킬로와트 상당의 발전소를 더 짓겠다고 결정하였다. 이 가운데 화력발전은 화석원료에서 배출하는 일산화탄소문제로 1997년 도쿄환경회의 이래 제재대상이 되었으며 매장

량도 한계로 달해 있는 상태였다. 2000년대 들어 심각한 문제가 된 미세먼지의 원인 중 하나가 화력발전소이다. 대체에너지로 각광받았던 원자력발전은 핵연료를 사용하는 자체의 위험성과 더불어 온배수배출 문제와 핵폐기장시설과 관련하여 사회적 갈등을 심각하게 일으키고 있다. 핵발전소에서 도시지역으로 전송하는 송전탑 주변에 사는 주민들과 가축들의 건강에 심각한 문제가 발생했다. 2008년부터 2014년까지 진행된 밀양 주민들의 송전탑 반대운동은 전 국민이 핵발전의 또 다른 문제점을 인식하게 했던 사건이었다. 특히 한국인들은 2011년 가까이에 있는 일본 후쿠시마 원자력발전소 사고를 보면서 원자력발전의 위험성을 실감하였다. 2017년 정부는 탈원전 정책을 추진하여 신규 원전 건설계획 백지화, 노후원전 수명연장 중단, 월성1호기 폐쇄, 신고리5·6호기 공사 중단 등을 정책화하고 원전 비중을 2030년까지 30퍼센트에서 18퍼센트로 낮추고, LNG는 20퍼센트에서 37퍼센트, 신재생 에너지는 5퍼센트에서 20퍼센트로 높이겠다는 방향을 세웠다. 그러나 한국 에너지정책의 방향은 여전히 표류 중이다. 2022년 정부는 2030년 재생에너지 보급 목표를 30.2퍼센트에서 21.6퍼센트로 내리고 대신 원자력 발전 비중을 23.9퍼센트에서 32.4퍼센트로 높이는 정책 방향을 세웠다. 사회적으로는 에너지 문제가 사회와 생명의 지속가능성을 무너뜨릴 위기를 가져온다는 문제의식이 확산되어 갔다. 에너지 인식의 심화에 따라 새로운 사회운동으로서 에너지 전환운동이 등장했다. 전환운동은 지속가능하지 않은 에너지원과 대량생산과 대량소비, 그로 인한 기후재난의 가속화라는 산업사회적 삶의 방식 자체를 지속가능한 삶으로 전환하려는 방향으로 전개되고 있다.

근대화와 생명 위기

구룡령은 한계령이나 대관령·미시령과는 다른 맛이 있는 고개이다. 가장 늦게 포장될 수밖에 없을 만큼 험하다. 그만큼 장중하다. 이 구룡령을 넘으면 한계령에서 내려오는 길과 만나 양양, 바다로 향한다. 동해의 바다는 깊고 푸르러 마음이 확 트인다. 그래서 수많은 사람들이 동해를 찾는다. 그렇지만 생태계의 다양성은 갯벌을 품은 서해가 더 풍부하고, 인간의 이용은 파도가 크지 않은 남해가 더 활발하다.

갯벌은 조개나 낙지 같은 다양한 해양생물의 서식지이자 철새들의 중간 기착지이며, 물을 저장하여 해수면의 높이를 유지하고 육상에서 배출하는 각종 오염을 정화하는 역할을 한다. 서해안의 갯벌은 1990년대 세계 5대 갯벌지역으로 꼽혔는데, 갯벌 1헥타르의 생태학적 가치는 미화 9,990달러로 농경지의 가치 92달러의 100배 이상으로 평가되었다. 그런데 한국의 갯벌은 급속히 줄었다. 일제강점기에는 산미증식계획의 일환으로 일본인 농장이 주도한 전북 군산과 경남 김해, 함북 용천 등지의 간척지가 추진되었다. 해방 후에는 1960년대 계화도, 1980년대 시화지구와 서산대화지구, 1990년대 새만금간척지가 만들어져 서해안이 거의 직선화되었다. 농경지와 공업단지의 용지공급

떼죽음당한 새우
양식 어패류는 환경에 특히 민감하다. 고창군 고리포 새우양식장 옆쪽으로 발전소의 열 폐수구가 있다.(박진희 한겨레 기자 제공)

이 목적이었다. 간척사업의 결과 한때 5,000제곱킬로미터였던 갯벌 면적이 2018년 2,100제곱킬로미터로 줄었다. 이를 위기로 받아들인 정부는 2018년에 이르러 갯벌생태계 복원 사업을 추진하기 시작했다.

서울에서 동해까지 이 땅의 곳곳에는 과거 100년간의 근대화의 성과와 폐해가 드리워 있다. 작은 국토에서 선진국이 되었다고 자부할 만큼 성장한 한국 경제와 쌀 100퍼센트 자급, 일한 만큼 휴식을 찾는 국민의 욕구를 채워야 하는 상황이 되기까지 '근대화'라는 구호는 유용했다. 그러나 그 이면에 숨을 쉬기 어려운 공기와 생수를 사 먹어야 안전하다고 여겨지는 물과 화학농법으로 죽어 버린 흙과 멸종되는 식물과 동물들, 인간의 생명권조차 보장받을 수 없는 일터와 삶터의 환경이 있었다. 생태계의 순환고리가 깨져 나간 상태이다.

1992년 자연과 인간, 환경보전과 개발의 양립을 목표로 한 리우선언과 의제21, 그리고 지구온난화방지협약, 생물다양성협약 등이 국제적으로 진행되었다. 한국은 1996년 경제협력개발기구(OECD)에 가입할 때도 개도국이라는 이유로 협약에 참여하지 않다가 2002년에 이르러 이 협약들을 비준하였다. 비용논리로만 접근하다가 뒤늦게 한국도 생태파괴와 기후위기문제에서 벗어날 수 없음을 인식한 것이다. 지난 100년의 근대사회가 이뤄 낸 성과는 기후위기로 이어졌다. 인간과 생명과 지구의 위기를 해결할 다른 삶의 방식으로 전환하기 위한 새로운 노력이 필요한 때다.

이경란 _공동육아와공동체교육 공동대표